Hendrik Blomberg

SchlagArtig!

Bereit und treu ergeben

BDSM-Geschichten

Inhalt

Schweitzerhaus Verlag

Schrift * Wort * Ton

Karin Schweitzer

Frangenberg 21 * 51789 Lindlar * Telefon 02266 47 98 211

eMail: mail@schweitzerhaus.de

Satzlayout und Umschlaggestaltung: Karin Schweitzer, Lindlar

Fotos: ClipDealer

Besuchen Sie uns im Internet: www.schweitzerhaus.de

Auflage 2019

ISBN: 978-3-86332-058-4

First Class

Die Stewardess lächelte Jack an. «Mr. Lafitte, hat es Ihnen geschmeckt? Darf ich abräumen?»

Jack nickte und lehnte sich entspannt zurück in seinen Sitz.

Die Chefpurserin kam ebenfalls: «Mr. Lafitte, darf ich Ihnen noch etwas Rotwein nachschenken? Möchten Sie einen Cognac zum Kaffee?»

«Nein, danke,» antwortete er, «keinen Kaffee und keinen Cognac, aber den Rotwein, den möchte ich noch genießen. Der wäre zu schade, wenn er übrig bleibt.»

Jack zog einen Zigarillo aus der Hemdtasche und zündete ihn sich an. Genussvoll blies er den Rauch zum Compartment empor und beobachtete, wie schnell dieser weggesogen wurde.

Das ist schon der richtige Anfang, dachte er, *ab jetzt eine Woche Genuss pur. Die Swiss-Air ist schon eine der besten Airlines und hat die absolut komfortabelste First-Class. Es ist zwar eine A340, die täglich von Boston nach Zürich fliegt, aber die Sitze und das Ambiente hier ist vom Feinsten.*

Das Essen, das es kurz nach dem Start um 21:40 ab Logan Airport gab, gebeizter Balik-Lachs auf frischem Toast, Alman Beluga Kaviar, danach ein Wagyu Filetsteak mit Safran-Kartoffelspalten, war zwar entsprechend den begrenzten Möglichkeiten in einem Flugzeug zubereitet, aber immerhin auf edlem Royal Copenhagen Porzellan vorgelegt worden und hatte ihm vorzüglich geschmeckt.

Abgerundet wurde die Sache natürlich durch die Flasche Pauillac 1er Grand Cru Classé des Château Lafite Rothschild, Jahrgang 1988. Jacks Lieblings Bordeaux. Vielleicht war es auch deshalb seine Lieblings Domain, weil ihm der Name gefiel. Der schrieb sich zwar mit einem *t*, im Gegensatz zu seinem Familiennamen, aber dieser Wein war eben einer der Besten. Der Branchmanager der Swiss-Air hatte ihm schon in der Lounge am Flughafen mitgeteilt, dass diese Flasche gestern eigens für ihn von Europa nach Boston gebracht worden war und sich mit entsprechender Temperatur an Bord befinde. Die First Class der Swiss-Air ist das Prunkstück der Schweizer Fluggesellschaft. Hier fand Jack keine Kompromisse, sondern genoss allerhöchsten Service für so anspruchsvolle Individualisten, wie er es war.

Die Chefpurserin schenkte Jack's Glas vorsichtig halb voll und stellte es auf den großen Klapptisch des Sessels neben ihm, der frei geblieben war. Sie sagte auch nichts zu dem Zigarillo, obwohl eigentlich das Rauchen von Zigarillos an Bord verboten war. Bei einem hochkarätigen HON-Passagier, wie Jack es war, der Vorstandsvorsitzende des größten Modevertreibers, der jeden Monat diese Strecke mit ihrer Airline flog, machte man schon mal Ausnahmen.

Jack steckte seine Nase in das Glas, schnüffelte, nahm einen Schluck und lehnte sich wieder zurück.

Kann denn Rotwein Sünde sein?, dachte er und lächelte vor sich hin. «Diese Woche wird gesündigt!», sagte er laut zu sich selbst, «Und kann denn Liebe Sünde sein? Ganz bestimmt nicht!»

Er dachte noch an den Artikel in der Zeitung US-Today, die er in der First-Class-Lounge gelesen hatte. Da stand doch tatsächlich eine angeblich neue Umfrage, die ergab, dass nur 30 Prozent der Frauen und nur 52 Prozent der Männer beim Geschlechtsakt zum Orgasmus kommen. Jack lachte auf, «Das kann mir nicht passieren!»

«Geschlechtsakt ohne Orgasmus. Bei einem Mann. Unglaublich!» sinnierte Jack, als er sich in seinen Sitz zurückfallen ließ. «Und nicht nur beim Bumsen, auch bei meinen anderen Vorlieben muss ich kommen. Sicher, mir macht ein langes Vorspiel Spaß, wenn meine Frauen mit mir rumspielen. Aber irgendwann muss es dann zur Sache gehen - und los. Lieber dann nochmal hochbringen lassen.»

Er stellte das Glas ab, erhob sich und schaute kurz über die vor ihm stehende halbhohe Abtrennwand herunter auf seine beiden Frauen Esther und Sarah. Beide saßen gemütlich relaxed in den breiten Firstclass-Sitzen, hatten schon die dicken Bose-Kopfhörer aufgesetzt und auf den großen Bildschirmen vor ihnen liefen irgendwelche

Unterhaltungsfilme.

Jack stellte sich vor, dass er ganz sicher in den nächsten Tagen auch den schönen Mund seiner neuen jungen Frau Esther genießen würde. Vor so einem anmutig lächelnden Gesicht seine Stärke zu zeigen und dann zarte Lippen zu fühlen, das machte Freude. Und Esther sollte ruhig frühzeitig lernen, was ihm Freude bereitete. *Sie soll lernen, dass ich meinen Orgasmus brauche, wenn ich scharf bin. So wie es aussieht,* dachte Jack weiter, *wird Esther früher oder später eine sehr hohe Libido haben. Sie ist leicht zu erregen und ich bin mir sicher, dass sie gestern und vorgestern nach der kirchlichen Trauung schon richtig geil gewesen ist.*

Esther's Kopf kam oberhalb der Sitzlehne hervor und sie stützte sich mit ihren Armen auf die Sessellehne. «Geht es dir gut, Liebling?»

«Wunderbar. Dir auch? Bist du satt geworden, mein Schatz?»

«War ganz toll. Hab ich gar nicht erwartet. Ist ja auch mein erster Flug über den Atlantik.»

Jack musterte liebevoll ihr anmutiges Gesicht und ihren schlanken Hals, den das schwarze, schicke Samt-Halsband mit seinen Initialen JL zierte. Verwundert hatte sie ihn angeschaut, als er es ihr am Nachmittag umlegte und sie wissen ließ, dass es sein Wunsch war, dieses Halsband während der Flitterwochen zu tragen. Er schmunzelte bei dem Gedanken an die Springgerte in seinem Koffer.

Esther schaute auf das Rotweinglas. «Sagt unsere Kirche nicht, Wein ist Teufelszeug?»

Normalerweise wäre Jack aus der Haut gefahren, aber dazu hatte er viel zu gute Laune. Schließlich fühlte er sich als ein frisch verheirateten Bräutigam - außerdem hatte er sich nie um das strikte Alkoholverbot seiner Kirche gekümmert.

Er lachte laut vor sich hin.

«Liebste Esther,» begann Jack lächelnd, «Hast recht. Sagt die Kirche. Aber ich sage dir, was in der Bibel steht. Johannes Kapitel 2, Vers 1 bis 11. In jener Zeit fand in Kana in Galiläa eine Hochzeit statt, und die Mutter Jesu war dabei. Auch Jesus und seine Jünger waren zur Hochzeit eingeladen. Als der Wein ausging, sagte die Mutter Jesu zu ihm: Sie haben keinen Wein mehr. Jesus erwiderte ihr: Was willst du von mir, Frau? Meine Stunde ist noch nicht gekommen. Seine Mutter sagte zu den Dienern: Was er euch sagt, das tut! Es standen dort sechs steinerne Wasserkrüge, wie es der Reinigungsvorschrift der Juden entsprach; jeder fasst ungefähr hundert Liter. Jesus sagte zu den Dienern: Füllt die Krüge mit Wasser! Und sie füllten sie bis zum Rand. Er sagte zu ihnen: Schöpft jetzt, und bringt es dem, der für das Festmahl verantwortlich ist. Sie brachten es ihm. Er kostete das Wasser, das zu Wein geworden war. Er wusste nicht, woher der Wein kam; die Diener aber, die das Wasser geschöpft hatten, wussten es. Da ließ er den Bräutigam rufen und sagte zu ihm: Jedem setzt zuerst den guten Wein vor und erst, wenn die Gäste zu viel getrunken haben, den weniger guten. So tat Jesus sein erstes Zeichen, in Kana in Galiläa, und offenbarte seine Herrlichkeit, und seine Jünger glaubten an ihn.

So, ich hoffe, ich habe das richtig zitiert. Was sagst du jetzt?»

Esther war ganz erschrocken: «Das steht so in der Bibel?»

«Da musst du die Bibel noch genauer studieren. Aber, setz' dich ruhig wieder hin und schlaft beide ein wenig. Der Flug ist kürzer, als ihr denkt. Der Morgen kommt uns entgegen.» Jack gab ihr einen Luftkuss.

Die Purserin kam und überreichte den Damen flauschige Wolldecken und Kissen der Marke Zimmerli of Switzerland.

Jack machte ihr ein Zeichen und deutete auf sein leeres Weinglas. Nach nicht einmal einer Minute kam sie mit der Flasche und schenkte nach.

Der Rotwein war exquisit und Jack genoss jeden Schluck. Dies wird eine aufregende Hochzeitsreise werden. Es war schon gut, dass er zur UBAC konvertiert war. Die mormonische LDS in Salt Lake machte ihren Mitgliedern nur noch Schwierigkeiten mit den Mehrehen und selbst der Staat Utah hatte sich offiziell der Gesetzgebung der Vereinigten Staaten unterworfen und die Polygamie verboten.

Eine der letzten freien Kirchen, die United Bethlehem Apostolic Church, die UBAC, hatte ihn mit offenen Armen und überaus freundlich als neues Mitglied im Schoß ihrer Gemeinde aufgenommen.

«Jaja», Jack nickte mit dem Kopf, «Das sind noch Kirchenmänner mit Format!»

Na ja, er hatte auch großzügig gespendet. Seine gesetzlich angetraute Ehefrau Leah hatte zugestimmt und so hatte er vorletztes Jahr Sarah und jetzt Esther geheiratet. Natürlich nur in der kirchlichen Zeremonie der UBAC und mit dem Segen ihres Bischofs. Rechtlich waren Esther und Sarah nur Geliebte oder Konkubinen oder was auch immer, aber das störte Jack nicht. Sein riesiges Haus mit mehr als 20 Zimmern auf dem Redcliff am Atlantik zwei Stunden von Boston entfernt, bot genügend Platz für seine drei Frauen. Sie hatten alle ihr eigenes Refugium, wo sie machen konnten, was sie wollten, nur die drei Schlafzimmer waren über große Flügeltüren miteinander verbunden. Jack war es aber gewohnt gewesen, immer Leah und Sarah neben sich liegen zu haben und hatte für die Hochzeit mit Esther ein überbreites Pullmann-Bett kommen lassen, das für vier Personen genügend Platz bot.

Jack hatte auch vorgesorgt und alles organisiert. In Zürich wird sein alter Onkel Daniel Lafitte und ein Notar warten und Esther adoptieren, so wie er es letztes Jahr mit Sarah gemacht hatte. Dann wird Esther auch offiziell seinen Namen Lafitte tragen. Sie wird in zwei Tagen vom amerikanischen Konsulat einen neuen Pass erhalten und dann geht es in die Alpen, zum Chalet.

Da fiel es ihm wieder ein. Er muss sich

unbedingt dieses Buch besorgen. Der Bischof hatte davon erzählt. Wie hieß es? *Voices in Harmony* von der Mary Batchelor.

Jack ließ sich von der Stewardess einen Zettel und einen Stift bringen.

«Das Buch musst du lesen», hatte sein Freund der Bischof gesagt. «Und du musst sie mal treffen. Ich kenne sie gut. Meine Frau Betty hat mit ihr ein Interview fürs Woman's Monthly Magazine gemacht. Wurde heiß diskutiert. Mary Batchelor schreibt für die Vielehe. Sie ist eine attraktive Frau, Mitte Fünfzig. Sie ist eine von vier Frauen eines Mannes und sehr glücklich damit. Ihr Kernsatz ist immer: «Ich brauche nicht ständig einen Kerl um mich herum». Sie hat mit zwei ebenfalls polygam lebenden Freundinnen dieses Buch *Voices in Harmony* geschrieben. Sie sagte, sie wollten zeigen, dass in Utah Tausende von Menschen in der Vielehe glücklich sind und dass sie keineswegs nur aus Missbrauch bestehen. Sie schrieben an 700 Frauen, auch außerhalb von unseren Kirchen, die in Vielehe leben und baten sie, ihre Erfahrungen mit ihnen zu teilen. 95 Antworten kamen ins Buch.»

Jack machte sich eine Notiz und schaute dankbar zu, als die Purserin wieder sein Glas füllte.

Er hielt inne, als er sein Weinglas zum Mund führen wollte. Das helle Deckenlicht wurde ausgeschaltet und die einzelnen Leselampen gaben der großzügigen Kabine eine heimelige Atmosphäre. *Wie ein gemütliches Wohnzimmer, fehlt nur noch die Bücherwand und der offene Kamin.*

Jack erinnerte sich an Dick Cunningham, dem CEO seines großen Konkurrenten, der ihm im Boston Golf Club gestand, dass er ab und zu seine Geliebte in Frankreich besuche und dazu den firmeneigenen Privatjet benutzte. *Dazu muss er sich sechs Stunden in eine enge Kabine zwängen und kann sich, dickleibig, wie er ist, nicht bewegen.*

Jack schüttelte sich amüsiert und nippte an seinem Glas. Er verfolgte mit seinen Blicken die Purserin, die sich anmutig in ihren schwarzen High Heels bewegte. High Heels, Bahnhofstraße, schrieb Jack noch schnell auf seinen Einkaufs-Notizzettel.

Er hatte keine Lust, sich irgendeinen Film anzusehen. Seine Gedanken wanderten. Er dachte an den Ausritt am Vortag.

Er hatte Esther aufgefordert, mit ihm auszureiten. *Sie ist eine ausgezeichnete Reiterin mit ihren zweiundzwanzig Jahren und ich war mir sicher, dass sie auch noch etwas anderes begeistert lernen würde, als nur ein Pferd zu reiten.*

Sie waren in seinem Gestüt zu den Ställen gegangen und hatten die Pferde gesattelt. Er sein Arabisches Vollblut, Esther ihre Morgan Stute - sein Hochzeitsgeschenk für sie.

Als er ihr half, sie zum Sattel hochzuheben und seine Hand auf den wunderschönen kleinen Po in der viel zu engen Reiterhose legen konnte, war plötzlich sein Plan entstanden.

«Wir reiten zum Ende des Military Parcours, über die lange Lichtung, wer zuerst da ist, darf sich was wünschen,» hatte er Esther zugerufen, als er sich in seinen Sattel schwang.

Er hatte Esther keine Chance gelassen ihn zu überholen und war natürlich als Erster am Wendepunkt angelangt und sprang vom Pferd.

Er hielt ihr seine Hand hilfreich hin, als sie keuchend beim Absitzen hinabrutschte. Ihre Hand hatte er aber danach nicht losgelassen, sondern zog sie fest zu sich in seine Arme und umschlang sie.

«Du hast verloren, mein Weib, ich darf mir was wünschen,» hatte er streng zu ihr gesagt.

Esther wusste sofort um die Bedeutung seiner Worte und er hatte bemerkt, wie sie ihn ungläubig anblickte.

«Hier?», hatte sie erstaunt gefragt.

Er hatte geschwiegen, legte beide Hände auf ihren Po und drückte sie feste auf seinen Unterleib. Er wollte, dass sie sein steifes Glied in seiner Reiterhose spürte und hatte sich minutenlang an ihr gerieben.

«Ja. Hier!» hatte er dann knapp geantwortet.

Leah, seine besorgte Ehefrau, hatte ihn zwar nach dem Frühstück zur Seite genommen und ihm zugeflüstert, er solle Esther heute etwas schonen, der gestrige Tag hätte sie wohl sehr mitgenommen und sie könne kaum laufen. Zustimmend hatte er genickt und es sich auch vorgenommen. Aber das heftige Verlangen auf seine junge hübsche Frau ließen ihn alle Bedenken zur Seite schieben. Gestern hatte er Esther in sein

Büro gerufen und sie aufgefordert, ihr luftiges Kleid hochzuheben. Er hatte sie über seine Knie gezogen, ihr Höschen heruntergezogen und ihre Schamlippen gestreichelt. Sie war schnell feucht geworden. Dann hatte er seine Reitgerte genommen und ihrem wunderschönen Po ein paar zärtliche Hiebe zum Eingewöhnen gegeben. So wollte er eine gehorsame Frau vor sich haben. So hatte er es auch schon in der Hochzeitsnacht mit ihr gemacht, allerdings, bis sie in Tränen aufgelöst auf dem Bett lag, er sie in der Taille hoch gehoben und entjungfert hatte.

Auf der Lichtung, zwischen den grasenden Pferden stehend, hatte Jack schnell Esther's Hose geöffnet, streifte sie hinunter und hatte ihr kurzes Höschen hinterher geschoben. Wortlos hatte er seinen Reißverschluss geöffnet und schob sein heraus schnellendes Glied zwischen ihre Schenkel.

Seine Hände lagen flach auf Esther's nackten Pobacken, pressten ihre Scham gegen sein Glied, während er sie unendlich lange auf den Mund geküsst hatte. Als er bemerkte, dass ihre Muschi feucht wurde, hatte er sie umgedreht, beugte sie vor und legte ihre Hände auf den Sattelgurt des vor ihnen stehenden Pferdes und hatte sie geheißen, sich daran festzuhalten.

Er war ein wenig zurückgewichen, um sich ihren Po und die nackten Lippen ihrer Muschi anzusehen. Mit der flachen Hand schlug er mehrmals zu.

«Ist das nicht ein romantischer Ort, hier im Wald auf dieser Lichtung, mein Schatz?»

Ein leises «Ja, Sir», hörte er zwischen ihrem schluchzenden Stöhnen.

«Du wirst es lieben lernen!»

Weitere Klapse mit der flachen Hand konnte er sich nicht verkneifen. Mit der Handkante war er zwischen ihre Pobacken zu ihren Schamlippen vorgedrungen, hatte sie geöffnet und suchte mit der Spitze des Zeigefingers ihren Kitzler. Mit der anderen Hand hatte er ihren Oberkörper weiter heruntergedrückt, sodass sie ihm die ganze Schönheit ihres nackten Po's preisgab. Allein dieser Anblick der rosa Pobacken war ein Genuss.

«Stöhn laut!», hatte er ihr befohlen, als er ein keuchendes Stöhnen von ihr vernahm, «hier kann uns niemand hören. Haben dir die Hiebe gefallen?»

«Ja, Sir.»

«Was will ich jetzt von dir hören?»

«Bitte, Sir. Ficken Sie mich!»

«So ist es brav. So möchte ich es aus deinem Mund hören.»

Mit beiden Händen hatte er ihre Lenden ergriffen und drang dann mit einem Ruck tief in sie hinein.

«Halt still. Du bist jetzt meine Stute», hatte er energisch zu ihr gesagt.

Während er sie festhielt und unentwegt zustieß, hatte er Esther ein paar mal aufgefordert, ihm laut und deutlich zu sagen, dass sie seine Stute sei und von ihm gefickt werden will.

Das mochte er da draußen hören. Es machte ihn rasend, aus ihrem Mund diese Worte zu hören, dabei den zarten Po von oben zu betrachten und auf sich herabzublicken, wie er sich seinen Weg bahnte.

Er hatte sich gar nicht bemüht, sich zurückzuhalten. Mit seinem typischen Gebrüll hatte er sich in seine junge Frau entladen.

Jack nahm wieder einen Schluck von seinem Rotwein. Der Ausritt und der Fick mit Esther war gerade wie ein Film in seinem Kopf abgelaufen.

«Das sind die Genüsse des Lebens,» sagte er mehrmals zu sich, «Möge der Herrgott mich und meine Frauen gesund und munter halten, damit wir noch viel Freude miteinander haben.»

Er war noch lange nicht müde genug und dachte ausschließlich an seine kommenden Freuden, die er so richtig entspannt genießen wollte. Die kubanischen Zigarren der Marke Cohiba Behike, die er bei seinem Tabakhändler in Zürich in der Bahnhofstraße endlich wieder kaufen und zu einer Tasse Kaffee und einem Remy Louis XIII Cognac genießen konnte. In den traditionellen Räumlichkeiten der alten Börse im Herzen von Zürich, befindet sich die AURA Smoker's Lounge. In der Lounge, die mehr einer eleganten Bibliothek eines Gentleman-Clubs gleicht, konnte man sich hervorragend den Genüssen des Lebens hingeben. Die Bedienung war äußerst zuvorkommend und man fand in der gediegenen Atmosphäre stehts die nötige Muße, um diese feinste Zigarre der Welt richtig genießen zu können.

Bei der Ankunft in Zürich empfängt uns der persönliche VIP Agent des Hotels Baur Au Lac direkt beim Flugzeug und fährt uns in der Limousine zur Passkontrolle und danach in die exklusive VIP Lounge. In dieser First-Class Lounge können wir nach dem Nachtflug entspannen und uns erfrischen, während der Chauffeur das Gepäck Handling übernimmt und uns später für die Fahrt zum Hotel dort abholt.

Jack dachte an die großen Doppelbetten im exklusiven Baur-Au-Lac Hotel morgen Abend, Sarah in seinen Armen rechts, seine Zunge in ihrem Mund tanzen lassen, ihre üppigen Brüste kneten und immer wieder mal auf den sich hoch und nieder bewegenden Kopf von Esther und ihren herrlichen nackten Rücken und ihren rosa Po, den sie zuvor durch seine Hand erhalten wird, zu blicken und dabei ihre kräftig saugenden Lippen um sein Glied zu spüren.

Übermorgen, wenn ich mit meinen Beiden in dem Chalet auf der Bettmer Alp bin, wird meine unerfahrene Esther unter der Peitsche begreifen, was ich unter Hochzeitsreise verstehe. Mit rotem Po wird sie auf dem Zuchtbock angebunden von mir anal entjungfert, wird ihre verweinten Augen weit aufreißen und ich will ihre Schreie hören. Sarah wird eine besondere Lektion bekommen. Im Chalet sind genügend Ketten, Leder-Manschetten, Mundknebel, Spreizstangen und Halteringe – und meine Sammlung wertvoller Peitschen und Lederriemen. Beide werden in der Woche die Peitschen der Reihe nach zu spüren bekommen, wenn sie angekettet durch das Fenster die Schönheit der herrlichen Walliser Alpen mit den schneebedeckten Gipfeln bewundern und ihre rot gestriemten Popos mir die höchsten Genüsse ermöglichen können. Die schweren und dicken Blockholzwände werden verhindern, dass die Schreie nach außen dringen. Ein wahrer Ort der Lust. Sie sollen lernen, was es heißt, eine gehorsame Ehefrau zu sein.

All diese Gedanken ließen ihn wieder erregt werden.

Ich habe drei O's. So, wie ich es immer haben wollte.

Vor etlichen Jahren hatte Jack das Buch *History of O* gelesen.

Die New York Times hatte die Veröffentlichung der *Geschichte der O* als *ein Ereignis von herausragender Bedeutung* genannt. Es war ihm gelungen, sich sofort ein Exemplar zu beschaffen. Das Buch war nichts weniger als eine Hommage an die Hingabe. Die Geschichte der zunehmenden und vorsätzlichen Unterwerfung der schönen jungen Pariser Modefotografin O, die im Lauf der Geschichte in der freiwilligen sexuellen Unterwerfung einen Weg zu innerer Freiheit und persönlicher Selbstverwirklichung fand. So, wie es mit seiner Ehefrau Leah begonnen hatte. Sie war seine O geworden, die ihre Erfüllung in einer selbstgewählten Hörigkeit gefunden hatte. Das von einer Frau geschriebene Buch, mit seiner kompromisslosen Darstellung hatte Jack tief geprägt, da es ein Annäherungsversuch an das war, was weibliche Sexualität zu einem Teil ausmacht. Jack hatte gelesen, dass der Roman einer der wenigen bekannten Bücher war, der eindeutig weiblichen Sexphantasien zum Gegenstand hatte, und aus diesem Grund in seiner Bedeutung nicht hoch genug zu rühmen war. Das Buch hat die erträumte Sexualität von Frauen im Fokus, die Jack nur zu gut kennengelernt hatte und bestätigen konnte. Diese hochgradig geprägte Erotik, mit Schmerz und Lust, formt das Beherrscht-sein-Wollen, das Verlangen danach.

Jack dachte amüsiert an eine ganz bestimmte Stelle im Buch. *O bemerkt, als sie gerade von ihrem Geliebten gepeitscht wird, dass seine Pantoffeln abgenutzt sind und sie ihm neue kaufen muss.*

Genau das ist es, dachte er. Gemäß ihrer unterlegenen gesellschaftlichen und wirtschaftlichen Stellung liegt es nahe, dass vornehmlich Frauen masochistisch empfinden. Entsprechend einer weiteren Passage im Buch, verlangt er von seinen Frauen auch den Satz: *Ich gehöre dir, ich werde sein, was du willst, das ich sein soll.*

Das Buch hatte er seinen Frauen nie zu lesen gegeben. Es lag in seinem Safe. Auch hatte er nie Andeutungen zu dem Buchstaben *O* gemacht. Seine Frauen brauchten das nicht zu wissen.

Ich weiß, worauf zu achten ist, ich weiß, wie weit ich gehen kann ohne zu schaden. Ich bestrafe sie, wenn sie etwas falsch machen oder nicht gehorchen. Es sind immer Bestrafungen mit Peitschenhieben - und ich peitsche sie nicht nur zur Bestrafung, sondern auch nur zu meiner Lust. Sie gehören mir und ich kann über sie verfügen. Nicht nur was ihre Körper angeht, wenn ich Lust habe, auch alles andere. Ich entscheide, was ich tun darf und was nicht. Die Peitsche deshalb, weil die Erziehung weiter geht. Zur Erinnerung, zur Auffrischung, zur Festigung ihres Gehorsams, zur Förderung ihrer Persönlichkeit.

Obwohl sie öfter übers Knie gelegt worden war, hatte Sarah sehr schnell die Vorzüge einer wohlversorgten Zweitfrau zu schätzen gelernt und sich seinem Verlangen nach Disziplin unterworfen.

Esther wird es auch begreifen.

Als ihm Esther das erste Mal gegenüber stand, klopfte ihr Herz. Er konnte es förmlich sehen. Als sie das erste Mal vor ihm kniete, wurde ihr anders – und als sie in der Hochzeitsnacht das erste Mal nackt über seinen Knien lag, eingerahmt von Leah und Sarah und die überraschenden Schläge mit der Hand erhielt, wusste sie, er ist mein Herr und sie wollte bei ihm bleiben. Sie hatte sich erstaunlich schnell mit ihrer neuen Rolle abgefunden und ihm lächelnd gezeigt, dass sie seine Autorität anerkennt.

Sie wird eine O und sie muss lernen. Ich darf nicht erwarten, dass sie alles auf einmal kann und richtig macht. Sie wird meine Ziele erreichen, dazu wird sie erzogen, doch es muss für sie erreichbar sein. Ihre Erziehung steht noch am Anfang, zu lernen hat sie noch sehr viel. Sie trägt dieses Halsband aus Stolz und Demut, um sich daran zu erinnern, was ich bin. Denn dies soll ihr bewusst sein und mit jedem Hieb brenne ich es mit roten Striemen in ihre Haut. Die Hiebe erhält sie als Zeichen, dass ich immerwährenden

Gehorsam verlange. Leah, Sarah und Esther stammen aus streng gläubigen Familien der UBAC und sind eine strikte Erziehung mit körperlicher Züchtigung gewohnt. Die UBAC befürwortet, dass der Mann das Oberhaupt der Familie ist und das Recht hat, seine Frauen zu disziplinieren, was mir diese Kirche auch so sympathisch gemacht hat. Wie Leah und Sarah, wird auch Esther die Disziplin lieben lernen.

«Ich lebe meine Neigung zu 100 % - Tag und Nacht», murmelte Jack vor sich hin.

Träumend blickte Jack rechts durch das schmale Fenster und sah tief unten vom Vollmond silbrig grau angestrahlte Wolkenfelder.

Hoffentlich ist die Nacht bald vorüber, dachte er, als er den letzten Schluck Rotwein langsam die Kehle hinunter rinnen ließ, sein Glas der wartenden Purserin reichte, sich genussvoll in den dick gepolsterten First-Class-Sessel zurücklehnte und dem sonoren Brummen der Triebwerke lauschte.

Hamilton

Der mit Passagieren vollgestopfte Tender brachte uns mit hoher Fahrt weg von unserem weißen Traumschiff, das langsam in der Ferne kleiner wurde. Nach den langen Seetagen von den Azoren hierher zu den Bermudas hatte die AIDAblue in der großen Great Sound Bucht, die tief in die Inselkette der Bermudas hineinschneidet, den Anker geworfen. Alle freuten sich auf den ersten Landgang nach vier eintönigen Tagen und Nächten auf See.

Die Bermudas sind eine romantische Inselgruppe von ca. 20 bewohnten und 300 unbewohnten Inseln weit draußen vor der amerikanischen Küste im Atlantischen Ozean und eines der exklusivsten Reiseziele für betuchte US-Bürger.

Man hatte uns gesagt, dass die Inseln seit mehr als zweihundert Jahren britisch und daher absolut friedlich und sicher sind und keinerlei Kriminalität kennen.

Man sieht schon die traumhaften Uferstrände, als wir zwischen kleineren Insel zum Anleger der Hauptstadt Hamilton fahren. Eine wunderschöne üppige Vegetation mit einer Vielzahl von Pflanzen wie Hibiskus, blühender Oleander, hohe Palmen und grüne Bananenstauden. Es ist ein einzigartiger Blick auf das glasklare blaue Wasser mit seinen schwarzen und weißen Korallenriffen und diesen berühmten Pink Beaches, den rosafarbenen Stränden, die von schroffen Korallenfelsen eingerahmt, durch den rötlichen Korallensand gebildet werden.

Hinter dem Fähranleger, an dem wir aussteigen können, beginnt direkt die lange Front Street entlang des Hafens, die einzige Haupt- und Geschäftsstraße von Hamilton.

Die Stadt ist klein und verträumt und hat heute immer noch das Flair der früheren englischen Kolonialzeit. Zahlreiche niedrige viktorianische Häuser in hellen Pastellfarben säumen die Straße und Souvenir Shops und Restaurants reihen sich aneinander. Die wenigen Autos auf der Straße und die hohen Palmen auf beiden Seiten lassen die friedliche karibische Idylle spürbar werden.

Meine Bekannten von Bord wollen keine Zeit verlieren und los zum Shopping, denn in eineinhalb Stunden wollen sie mit einen Boot zu dem Star unter den rosafarbenen feinen Sandstränden, dem Horseshoe Beach, der seinen Namen nach seiner Form bekommen hat, die an ein Hufeisen erinnert.

Ich verabschiede mich kurz mit dem Hinweis, dass ich keine Souvenirs benötige und lieber eine gemütliche Kneipe suchen will.

An den unzähligen Mode- und Andenkenläden entlang sieht man tatsächlich einige einheimische Männer, gekleidet in dem typischen Bermuda Shorts und dazu lange Kniestrümpfe.

Selbst der Polizist auf der anderen Straßenseite ist so angezogen. Ich wandere die Front Street entlang, die sich teilt und denke mir, da ich bis jetzt nichts Richtiges gefunden hatte, gehe ich halt die Straße weiter.

Sie heißt jetzt Cavendish Street, wie ich auf dem lustig gerahmten Schild lesen kann und die Anzahl der Souvenirläden lichtet sich. Irgendwann biege ich links ab in eine leicht ansteigende Straße. An den Querstraßen lese ich die Schilder, First Avenue, Second Ave, Third Ave. In der Fourth Avenue entdecke ich eine Reklame der Biermarke Guinnes und wandere hin. Es ist eine Kneipe und sie ist geöffnet.

Ich blicke durch die offen stehende Tür, sehe einen Mann hinter der Theke stehen, der eine Zigarette raucht und gehe hinein.

Es sieht innen aus wie ein englisches Pup, ein paar Tische, eine Bartheke mit Barhockern und aus einem Lautsprecher erschallt Reggae-Musik. Die Wände sind dekoriert mit unzähligen Gegenständen - von Schiffen, von Fischern, Korallenstücke, Netze und, was mir auffällt, an den Wänden hängen sehr viele Bilder von Haile Selassie, dem alten Kaiser von Äthiopien.

Ich setze mich auf einen der Barhocker und schaue zu dem Barkeeper. Er ist ein richtiggehender Rastafari mit den schulterlangen Dreadlocks, den Monate alten geflochtenen Haaren, und sein dunkelbraunes Gesicht ist unter einem ungestutzten Bart zur Hälfte verborgen.

Eigentlich habe ich erwartet, dass er mich anspricht, um mich zu fragen, was ich trinken möchte. Aber er nimmt wortlos ein Glas, öffnet den Zapfhahn, lässt dunkles Bier hineinströmen und stellt das Glas genauso wortlos vor mir auf die Theke.

Ich wundere mich und sage. «Thanks.»

Er weicht etwas zurück, lehnt sich an ein hinter ihm stehendes Regal und starrt mich an. Es ist ein durchdringender Blick aus schwarzen Augen, denen ich mich auch nicht entziehen kann, als ich mein Glas nehme und trinke.

Beim zweiten Schluck wird mir schon mulmig, weil der Barkeeper mich nach wie vor in einer Art und Weise anstarrt, die mir Angst einflößt. Da ist keine Regung in seinem Gesicht zu erkennen, sondern ausschließlich dieser feste finstere Blick, der nur auf mich gerichtet ist.

Plötzlich erscheint aus einer Hintertüre der Bar eine junge schlanke Frau. Sie ist eine Weiße, hat lange blonde Haare und eine Traumfigur. Das extrem kurze und bunte Kleidchen, das nur von zwei hauchdünnen Spaghetti-Trägern gehalten wird, flattert förmlich und bedeckt nur knapp ihren Busen.

Der Keeper fährt sie mit für mich unverständlichen Zischlauten wütend an. Er ergreift sie am Hals, zieht sie zu sich her und presst gewaltsam seinen Mund auf den ihren.

Während er sie küsst, knetet seine andere Hand ihre Brüste. Sie versucht sich zu entwinden, aber es gelingt ihr nicht. Im Gegenteil, der Mann hat ihren Hals fest im Griff, als würde er sie würgen, hält jetzt ihren Kopf zurück und greift mit seiner anderen Hand in ihren Schritt. Als sie aufschreit, dreht er sie seitlich, allein mit der Kraft seiner Hand am Hals und hebt ihr Kleid hinten hoch. Ich kann einen nackten Po erkennen und in dem Moment schlägt er ihr mit der flachen Hand kraftvoll auf den Po. Er spricht mit ihr und ich verstehe es nicht.

Er lässt sie los und sie kommt um die Bar herum, zieht ihr Kleid bis zur Taille hoch, setzt sich mit ihren nackten Hintern auf dem Barhocker neben mir und öffnet ihre Schenkel.

Ich erblicke ihre Möse und sitze erstarrt auf meinem Barhocker. So etwas hatte ich nicht erwartet. Ich frage mich, ob ich in eine Zuhälter-Kneipe gelandet bin.

«One Piccolo for me?»

Ich nicke.

Der Keeper stellt den Piccolo vor ihr hin und seine Augen blicken mich wieder unausweichlich finster an. Dieses brennende Stieren macht mich hochgradig nervös.

Dann plötzlich macht er den Mund auf. Ich sehe, dass ihm etliche Zähne fehlen und er zischt fast unverständlich zu mir: «Ficky, ficky?»

Ich schaue ihn verständnislos an und es dauert eine ganze Weile, bis ich mir der wahren Bedeutung seines Satzes bewusst werde.

Die Blonde setzt ihr Glas ab, nimmt meine Hand und führt sie an ihre Muschi. Sie ist feucht.

«You want me?», säuselt sie in mein Ohr.

Mir ist nicht danach und ich ziehe meine Hand zurück. Sie zuckt mit den Schultern.

Der Rasta-Keeper kommt um den Tresen zu uns, nimmt die Blonde bei der Hand und steuert auf eine Türe zu. Er macht mir ein Zeichen zu folgen.

Es ist ein Abstellraum mit einer verschlissenen Couch in der Mitte. Er führt das widerstrebende Mädchen von hinten an die Lehne und beugt sie darüber. Er ergreift eine Leine, schlingt sie um ihre ausgestreckten Arme und befestigt sie an den Füssen der Couch. Dann zieht er ihr das Kleid bis zu den Schultern hoch, fährt mit einem Fuß zwischen ihre Beine und schiebt sie auseinander. Er nimmt einen Rohrstock und schlägt kräftig auf ihren nackten Po. Dann steckt er seinen Finger in die Muschi und fickt damit das Mädchen, bis sie quiekt.

Er grinst über das ganze Gesicht und reicht mir den Rohrstock. «Half a hour, hundred Dollar.»

Ich überlege. Aber alle guten Vorsätze waren vergessen. Dies war eine einmalige Gelegenheit. Wann bekommt man so etwas, sagte ich mir. Ich holte aus meinem Portemonnaie einen 100 $ Schein. Sofort verließ er die Kammer und schloss die Türe.

Ich bin allein mit einem hübschen blonden Mädchen und habe einen Rohrstock in der Hand.

Vor mir liegt eine nackte Schönheit, mit einem wunderbaren Po und ich sehe ihre glänzenden Schamlippen. Ich bin verwirrt.

Ich schlage zu.

Sie gibt keinen Laut von sich. Ich schlage wieder zu. Fester. Sie stöhnt etwas.

Ich streichle ihre Schamlippen und massiere ihren Kitzler. Jetzt stöhnt sie wollüstig.

Ich schlage richtig zu. Mehrmals. Sie zuckt bei den Hieben. Wieder tätschle ich ihren Po und ihren Kitzler.

Es fasziniert mich. Wann hat man die Gelegenheit, ein hübsches Mädchen zu schlagen? Zu peitschen?

Ich schlage kräftig zu, bis ich höre, dass sie weint. Es erregt mich noch mehr und schlage immer fester.

Sie heult richtig. Ich denke, der Barkeeper müsste es hören, aber nichts passiert.

Ihr Po hat mittlerweile einige rote Striemen. So habe ich es noch nie zuvor bei einer Frau vor mir gesehen. Es macht mich geil und ich spüre, wie meine Hose schier platzt.

Ich setze ihr noch ein paar rote Striemen und hoffe, dass jetzt nicht die Polizei hereinstürmt und mich festnimmt. Als ich ihre Möse wieder streichle, zittert sie am ganzen Körper und ist feucht.

Ich öffne meine Hose und hole meinen Ständer hervor. Es überkommt mich, nochmals mehrere Male zuzuschlagen, bevor ich in sie eindringe.

Ich bin so hochgradig erregt, dass ich nicht

lange brauche. Ich ziehe mich nicht zurück, sondern spritze alles in sie hinein. Sie schreit. Aber nicht aus Abwehr, sondern aus Geilheit.

Ich bin im Barraum. Der Keeper schaut mich an. «Only 15 Minutes? Not good?», fragt er mich.

Schweiß bricht bei mir aus. Ich will raus und zahlen.

«Check please. Two beer, one Piccolo.»

In seinen Augen sehe ich wieder diesen bösen Blick. Er geht zu der Kammer und hinein. Ich gehe hinterher, will zahlen. Ich sehe, wie er das Mädchen kräftig peitscht, sodass sie laut schreit.

Ich will eingreifen. *Glaubt er, es wäre nicht gut für mich gewesen? Dass das Mädchen etwas falsch gemacht hat? Nicht gehorsam war? Und er sie dafür bestraft? Wird sie jeden Tag von diesem Rasta Tyen, ihrem Zuhälter, geschlagen? Wird sie bestraft, wenn sie nicht eine halbe Stunde dient?*

Überlege aber dann, ob ich mich mit ihm herum streiten solle. Diese hünenhafte muskelbepackte Gestalt lässt mir bewusst werden, dass es besser sei, es sein zu lassen.

Trotzdem regt mich diese Situation auf. Ich nehme eine herumstehende leere Flasche und schlage sie dem Zuhälter auf den Kopf. Bewusstlos sinkt er zu Boden und das Mädchen strahlt mich.

Habe ich das wirklich getan? Ich beuge mich herunter und fühle seinen Puls. Er lebt.

«Kommen Sie mit mir!», rufe ich zu dem Mädchen, «ich nehme Sie mit nach Europa.»

«Das wollen Sie wirklich machen?»

«Ja. Schnell. Haben Sie einen Pass?»

«Er hat ihn in seinem Schrank verwahrt. Ich weiß, wie man ihn öffnet.»

Strahlend kommt sie mit dem Pass und einer kleinen Reisetasche und wir laufen aus dem Lokal hinunter auf die Straße und weiter zum Anleger der Tenderboote.

Ihr schwedischer Pass lautet auf Solveig Anderson. Mit dem Offizier der AIDA komme ich erstaunlich schnell zu einer Einigung. Ich kann die junge Frau auf meine Kosten bis zum Ende der Kreuzfahrt in Miami mitnehmen. Das ist möglich, weil ich allein eine der hinteren Innenkabinen auf dem Schiff habe, mit einem hochgeklappten zweiten Bett.

Solveig überfällt mich in der Kabine mit Küssen. Schnell öffnet sie meine Hose, lässt sie fallen und kniet vor mir. Sie bläst meinen Schwanz bis er steht und schaut mich dabei dankbar an.

Sie schiebt mich zurück, damit ich mich aufs Bett setze und zieht sich vollkommen nackt aus. Aus meiner Hose zieht sie meinen Gürtel, reicht ihn mir und legt sich mit ihrem nackten Po über meine Knie.

«Hit me. Hit me hard!», ruft sie hoch zu mir.

Ich schlag sie mit meinem Gürtel. Es überkommt mich und ich schlage immer öfter, bis sie schreit und weint. Ich werfe sie aufs Bett und nehme sie von hinten.

Seit zwei Monaten sind wir verheiratet und leben in meinem kleinen Fachwerkhaus am Niederrhein, am Rande von Langst-Kierst, dem Ortsteil von Meerbusch, das ich von meiner Oma geerbt hatte. Wie jeden Freitagnachmittag wandern wir zum Rheinufer und suchen gemeinsam den schönsten und geradesten Weidenzweig aus, schneiden ihn ab, schälen und waschen ihn.

Ich freue mich auf heute Abend nach dem Abendessen, wenn ich ihren wunderschönen zarten Po mit roten Striemen zeichnen kann. Das Haus liegt einsam und niemand hört ihre süßen Schreie.

Isabel

Isabel Rodriguez saß in ihrem Büro im ersten Stock ihres komfortablen Hauses in Chia Cundinamarca, nur eine Stunde Fahrt von der City der Hauptstadt Bogota entfernt, an ihrem Schreibtisch mit der Aussicht auf die grünen Freiflächen hinunter zum Rio Frio. Ihr Papagei Roberto ließ sie ab und zu lachen, wenn er seine seltsamen Sprachversuche unternahm.

Isabel war Secretario de finanzas des mächtigen Drogenbosses Diego Rodríguez Gonzalo Santos, Chef des Juárez Kokain-Kartells und verwaltete sowohl alle Zahlungseingänge der District-Leader aus New York, Miami, Boston, Chicago und Detroit, als auch die Erträge aus dem Kokainhandel in Mexico, Panama und den Karibik-Inseln, bis hin zu Zahlungen aus Europa. Sie verschob spielerisch die Zahlungseingänge auf verschiedene Konten verschiedener Banken in verschiedenen Länder und besaß immer größere Bargeldbeträge in US$, manchmal bis zu einer Million. Auch deshalb war das Haus wie eine Festung gebaut und in dem ähnlichen Nachbarhaus wohnten ihre Bodyguards und Fahrer mit ihren jungen Frauen.

Sie war stutzig geworden, als sie die Belastung einer Kreditkarte auf dem Bildschirm sah. Sofort nahm sie Kontakt zu der Kreditkartengesellschaft auf und erhielt eine detaillierte Aufstellung der Buchungen der letzten zwei Wochen.

Über ein spezielles Handy wählte sie Diegos Nummer.

«Isa, mi alma fiel», hörte sie und freute sich darüber, dass Diego sie immer wieder seine Isa, seine treue Seele nannte. «Was hast du?»

«Mi maestro!» Sie nannte ihn immer so, da sein Name nicht gesagt werden sollte. «Ich habe etwas entdeckt! Carlos Kreditkarte, auf den Namen Juan Sanchez, ist für Flugbuchungen benutzt worden.»

Isabel wusste, dass Carlos, Diegos rechte Hand, vor zwei Wochen in Macao verhaftet und von den chinesischen Behörden an die USA ausgeliefert worden war. Er war mit seinem anderen Pass, auf dem Namen Juan Sanchez und seiner neuen Freundin auf einem Trip in Asien unterwegs gewesen. Da er bei allen Auslandsreisen den Namen Juan benutzte und er ihn auch gerne hörte, kannten fast alle Freunde und Geschäftspartner ihn nur als Juan.

«Erzähl!»

«Seine Freundin Juanita hat es geschafft mit der Karte Flüge von Hong Kong nach Hawaii und anschließend nach Panama City zu bekommen. Über ein unscheinbares chinesisches Reisebüro in Hong Kong.»

«Oh. Hat sie es geschafft. Haben die Behörden sie vergessen oder bewusst laufen lassen?»

«Sie logiert jetzt im Hotel Lisboa, Avenida Cuba, in Panama City und hat für Freitag, also in drei Tagen einen Flug mit der Copa Airlines, Flug CM 0535, nach Bogota gebucht und bezahlt.

Abflug 07:52 ab Panama City - Tocumen International PTY, Ankunft 09:29 im El-Dorado International Airport, Bogota.»

Diego überlegte eine Weile. «Mi novia. Lass sie nach der Ankunft abfangen und check sie durch. Vielleicht hat sie Sender am Leib und ist geschickt worden. Und dann befrage sie ausführlich, was sie weiß. Du hast alle Vollmachten.»

«Ja, gut, Maestro. Ich werde mich melden.»

Juanita war wirklich nach der überfallartigen Festnahme ihres «Freundes» durch das Einsatzkommando in dem luxuriösen Venetian Macao Hotel-Casino vergessen worden und hatte fluchtartig das Hotel verlassen. Sie hatte ihren Pass und Juans Brieftasche mitgenommen und das Geld hatte gereicht, um mit der Fähre nach Hong Kong und in ein kleines Hotel in Kowloon zu kommen. Sie wusste, dass Juan die rechte Hand des Drogenbosses war und war froh, dass er verhaftet worden war. Er war in Wirklichkeit nicht ihr Freund, sondern sie war ihm vom Drogenboss als Sklavin übergeben worden.

Als das Bargeld nicht mehr reichte, hatte sie festgestellt, dass sie mit Juans Kreditkarte überall bezahlen konnte und niemand Fragen stellte. Schließlich war sie in eine kleine chinesische Reiseagentur gegangen, hatte einen Flug über Hawaii nach Panama City gebucht und das Ticket anstandslos erhalten.

Jetzt saß in der alten Boeing 737 der Copa Airlines und freute sich darauf, wieder nach Bogota zu kommen, um ein früheres Freundespaar zu besuchen, die ihr helfen sollten, unterzutauchen.

Nachdem sie den kleinen Reisekoffer, den sie sich in Hong Kong gekauft hatte, vom Gepäckband genommen hatte, steuerte sie den Ausgang an.

Als sie die Ankunftshalle verließ, um nach einem Airport Bus in die City Ausschau zu halten, traten zwei Männer in schwarzen Anzügen vor sie, zeigten ihr Ausweise der Policía Nacional de Colombia und baten sie, mitzukommen.

Sekunden später fuhr ein dunkler Van vor, die Seitentüre wurde geöffnet und Juanita hineingeschoben.

Sie saß zwischen den zwei Herren hinter dem Fahrer. Links neben ihr ein bärtiger junger Mann und rechts setzte sich einer der Beamten zu ihr, während der andere vorne neben dem Fahrer Platz nahm.

Die Fahrt dauerte recht lange und sie traute sich den Beamten neben sich zu fragen, wo sie denn hingebracht werde. Anstatt einer Antwort, gab der Mann dem anderen ein Zeichen und sie ergriffen jeweils Juanitas Arme, bogen sie auf den Rücken und legten ihr Handschellen an. Dann zogen sie ihr einen schwarzen Sack über den Kopf.

Der Wagen hielt wenig später und die beiden Männer griffen ihr unter die Arme, halfen ihr aus dem Wagen und führten sie in ein Haus und über eine Treppe. Als sie den Sack abgenommen bekam, befand sie sich in einem Kellerraum, den sie kannte und vor ihr saß Señora Isabel Rodriguez.

Juanita war geschockt. Isabel Rodriguez war es gewesen, die sie auf Geheiß Diegos an Juan als Sklavin vermittelt hatte.

Juanita konnte die Männer, die sie hergebracht hatte, nicht mehr sehen. An ihrer Stelle standen zwei junge Mädchen neben der Señora in High Heels, bekleidet nur mit einer Korsage, die ihre Brüste frei ließen und mit nackter Scham.

«Juanita, mi querida niña", wurde sie von der Señora begrüßt, die auf sie zukam und ihre Wangen tätschelte.

Juanita fiel mit einem Mal alles wieder ein. Die Señora betrieb eine Modecasting Agentur, die sich High Fashion Model Management nannte und bei ihr hatte sie sich vor einem halben Jahr gemeldet.

Nachdem sich herausgestellt hatte, dass Juanita ohne familiären Anhang aus Venezuela nach Bogota gekommen, restlos blank gewesen war, ohne Unterkunft, hatte die Señora sie begutachtet, auch nackt, und ihr unumwunden erklärt, dass sie äußerst hübsche Modelle als Hostessen für ihren Begleitservice suchte, der gewisse Liebesdienste für die Herren beinhaltete. Juanita wusste, was es bedeutete, aber das großzügige Angebot, bei der Señora zu wohnen und jede

Menge Geld zu verdienen, hatte sie schnell überzeugt.

Schnell lernte Juanita von der überaus strengen Señora, dass sich nicht nur die Agentur um sie kümmern, sondern ihr auch den notwendigen Respekt lehren würde. Diese Lektionen zu Gehorsam und Liebesdiensten, die sie auch der Señora zukommen lassen musste, geschahen dann mehrmals mit der Peitsche, die die Señora zu lieben schien. Juanita stöhnte entsetzt.

Die Señora griff ihr unter das Kinn. «Mein liebes Mädchen. Hab keine Angst. Wenn du brav bist, wird dir nichts passieren. Du hast eine lange Reise hinter dir und ich weiß, das dies eine Überraschung für dich ist. Ich verstehe, dass du aufgeregt bist. Aber zuerst muss ich dich untersuchen, ob du nicht verwanzt bist."

Sie beorderte die beiden Mädchen näher zu kommen und sie legten Juanita lederne Manschetten um die Fesseln und befestigten sie an Ringen im Boden. Breitbeinig stand Juanita auf dem Boden und wurde von den Mädchen festgehalten und gestützt.

Mit einem elektronischen Gerät wurde Juanita von oben bis unten abgetastet.

Dann nahm die Señora das Ende einer Kette von der Wand hinter ihr und zog es aus der Führung über ihren Kopf herunter. Sie legte Juanita auch Manschetten um die Handgelenke, öffnete die Handschellen, führte eine Hand nach vorne und befestigte sie an der Kette. Danach befestigte sie auch die andere Hand mit dem Karabinerhaken und zog die Kette hoch.

Die Mädchen kamen mit Scheren in der Hand und schnitten Juanitas Kleidung und Unterwäsche auf, bis sie vollkommen nackt mit ihren erhobenen Armen vor der Señora stand.

«Nehmt die Kleidung und verbrennt sie!", sagte die Señora ruhig. «Ihr könnt gehen!"

Señora Rodriguez hielt Juanita das Gerät an den Mund, dann an ihre Scham, spreizte hinten ihre Pobacken und tastete den Hintern ab.

Mit ihrer Hand fühlte sie Juanitas Scham und drang mit dem Finger in sie ein. Das gleiche tat sie mit Juanitas Rektum. Juanita stieß einen Schrei aus, als sich der Finger der Señora tief in ihrem Anus bewegte.

Señora Rodriguez brachte ein Glas Wasser und hielt es an ihren Mund, damit sie trinken konnte. «Du scheinst sauber zu sein. Gut. Jetzt erzähl mir mal, was da in Macao passiert ist."

Etwas erleichtert erzählte sie. «Juan hatte mich aufs Bett gebunden und mich von hinten geliebt, als die Polizei hereinstürmte."

Immer mehr wollte die Señora von ihr wissen, auch was Juan die Tage vorher mit ihr gemacht hatte.

Es war stickig in diesem schalldichten Kellerraum und die Señora zog sich ihre weiße Bluse und den Rock aus. Sie trug eine Unterbrustkorsage, die ihre gewaltigen Brüste hochhoben und sonst gar nichts. Juanita war erschrocken, als sie die Señora mit nackter Möse vor sich sah und sie konnte sich denken, auf was es hinauslaufen sollte, da sie die Vorliebe der Señora kannte, sich in einem solchen Outfit zu zeigen.

«Erzähl mir, was du mit Juan erlebt hast. Warst du mit bei Besprechungen?" Sie nahm eine Reitgerte in die Hand, stellte sich seitlich zu Juanita und schlug dreimal kräftig auf ihren Po.

Es schmerzte fürchterlich. Weinend erzählte Juanita, dass Juan sie zu einer Besprechung mit einem Chinesen mitgenommen hatte.

«Erzähl mir genau, was da abgelaufen ist!", und wieder versetzte die Señora Juanita drei kräftige Hiebe, die wie Blitze auf ihrem Hintern einschlugen. «Ich will alles wissen."

Juanita erinnerte sich an die drei Monate, die sie zu Beginn bei Señora Rodriguez gewesen war und wie sie von ihr erzogen worden war. Wenn die Señora mit der Peitsche zuschlug, hatte sie immer gesagt, dies sei die Educación necesaria. Im Haus hatte sie, bis auf eine zarte Korsage, die ihre Brüste frei ließen, nackt zu sein. Nur selten durfte sie sich bekleiden, wenn sie von der Señora zu Einkäufen mit in die Stadt genommen oder Besuch im Hause war.

An Hand von Dildos bekam sie gelehrt, wie sie ein männliches Glied mit dem Mund zu verwöhnen hatte oder musste sich auf den, auf einem Stuhl befestigten Gummidildo setzen, um Ausdauer ihrer Liebesbewegungen zu trainieren.

Bei diesen Lektionen stand die Señora immer ebenfalls nackt mit der Reitpeitsche in der Hand neben ihr und bei der kleinsten Ungeschicklichkeit oder Pflichtverletzung erhielt sie schmerzhafte Hiebe auf ihren Hintern. Die Señora besaß eine ganze Sammlung von Sadomaso Literatur, aus der ihr teilweise vorgelesen wurde oder sie selbst vorlesen musste. Amerikanische Bücher über die Erziehung von Ehefrauen, der Domestic Discipline, SM-Handbücher und Anleitungen Frauen und Mädchen zu Gehorsam zu erziehen. Juanita hatte rasch erkannt, dass die Señora größten Wert auf absoluten Gehorsam legte und Ungehorsam immer konsequent bestrafte. Manche Bestrafungen mit der Peitsche waren dabei reine Auffrischungslektionen, die in ihr bleibenden Respekt erzeugen sollten und ihr einen stundenlangen roten und schmerzenden Hintern beschert hatten.

Um weitere Hiebe zu vermeiden, erzählte sie alles detailliert und dass sie mitbekommen hatte, dass es sich in den Verhandlungen, zu denen Juan sie mitgenommen hatte, um Bitcoin Geschäfte in Millionenhöhe drehte.

«Brav mein Liebling. Auf die Knie!", und sie ließ die Kette nach.

Juanita kniete auf allen Vieren und die Señora stellte sie so vor sie, dass ihre Scham genau vor Juanitas Gesicht war.

«Du hast doch nicht verlernt, wie du mir dienen kannst? Oder? Zeigs mir!" Dabei drückte sie ihre Scham auf Juanitas Mund.

Gehorsam begann Juanita die Señora zu lecken.

«So ist es brav. Du hast nichts verlernt. Wir werden uns später weiter unterhalten."

Die Señora ließ nach einem ersten wollüstigen Stöhnen von ihr ab, führte Juanita zu einer ledernen Liege, ließ sie darauf abliegen, befestigte ihre Arme mit Handschellen an eisernen Ringen und tätschelte zärtlich ihre Wangen und Brüste. Lächelnd nahm Isabel ihre Bluse und ihren Rock und zog sich an.

In ihrem Büro griff Isabel zu ihrem Handy.

«Mio Maestro!»

«Mein Engel. Wie läuft es?», antwortete Diego.

«Ich habe unser Vöglein. War kein Problem. Sie ist sauber.»

«Hast du sie untersucht?»

«Innen und außen. Mit dem Wanzen Aufspürgerät KKmoon. Keine Anzeige.»

«Was sagt sie? Wie ist sie da rausgekommen?»

«Nach der Festnahme Juans durch ein bewaffnetes Einsatzkommando ist er sofort weggebracht worden. Sie war plötzlich allein im Zimmer und hat die Gelegenheit genutzt. Sie hat sich ihren Pass, den Juan immer in Verwahrung hatte, und seine Brieftasche aus seiner Jacke genommen, hatte sich ein Kleid übergeworfen, da sowohl sie, als auch Juan bei der Festnahme nackt gewesen waren und war einfach zum Fahrstuhl gegangen. Die zwei chinesischen Beamten im Flur hätten sie nicht aufgehalten.»

«Erstaunlich.»

«Was weiß sie über Juan?»

«Sie weiß, dass er für dich gearbeitet hat und den Namen deines Kartells.»

«Mierda!»

«Sie war bei einem Gespräch mit dem Chinesen, dem Broker in Hong Kong dabei, als es um die Bitcoin Zahlungen aus Chicago ging.»

«Was? Das hat sie gehört? Juan ist ein Schwachkopf.»

«Sie hat gehört, dass Zahlungen auf eine Bank in Panama gehen sollen.»

«Ach du Scheiße. Sie muss weg! Der Chinese ist schon weg, der kann nicht mehr reden.»

«Soll ich das erledigen lassen?»

«So schnell wie möglich.»

«Maestro. Sie ist bildhübsch. Eine absolute Schönheit. Sie hat eine super Figur, wie es sie nur selten gibt. Ich wüsste eine bessere Lösung. Als ich sie Juan gegeben habe, hatte ich ihm gesagt, dass er sie mir nach ein paar Monaten zurückgeben soll und er eine neue Dienerin bekommt. Ich hatte Juan wissen lassen, dass ich sie eigentlich unserem Freund, dem Pferdezüchter bei Cartagena verkaufen wollte. Bei ihm wäre sie gut aufgehoben und so gut wie in der Versenkung verschwunden. Don Miguel ist zuverlässig. Du weißt, welche Vorlieben er hat und er will ausschließlich solche, die eine Top Figur haben.»

«Tja, wenn du meinst. Aber dann schnell.

Bevor sie dir abhaut und irgendwelchen Blödsinn anstellt.»

«Ich werde das zu deiner Zufriedenheit erledigen. Sei unbesorgt.»

«Gut, meine Seele. Mach es so!»

Es dauerte eine Weile, bis Isabel Don Miguel am Apparat hatte.

«Hallo, liebster Don Miguel. Hier ist Isabel Rodriguez aus Bogota.»

«Oh, das erfreut mich. Seien Sie gegrüßt.»

«Liebster Don. Ich soll Ihnen Grüße von Diego bestellen!»

«Danke. Hab schon einige Zeit nichts von ihm gehört. Welche Überraschung!»

«Ich habe eine großartige Überraschung für Sie. Ein Mädchen, wie man es sich nur in Träumen vorstellen kann. Ein Mädchen, das alle Wünsche erfüllen könnte. Wären Sie interessiert?»

«Ich weiß, dass Sie keine falschen Versprechungen machen. Was ist so besonders an ihr?»

«Absolute Traum Figur. BH-Körbchengröße D, Körper schlank, sehr schlank. Einen niedlichen Po. Sehr brav, ausgebildet mit der Peitsche. Sehr belastbar. Aber das Wichtigste, sie hat keinen Anhang, Herkunft nicht nachvollziehbar, Sie hätten absolute Verfügungsgewalt über sie, selbst finale Lösungen. Diego wüsste sie gerne in ihren Händen. Es soll ein Geschenk sein.»

«Oh. Ein Geschenk. Ich staune. Was für ein Angebot. Außergewöhnlich. Da kann ich nicht nein sagen, auch um Diego nicht zu enttäuschen, nicht wahr?»

«Er wäre Ihnen sehr verbunden, wenn Sie sein Geschenk annehmen würden.»

«Wann kann ich sie holen?»

«Sie steht ihnen ab morgen bereit.»

«Gut. Das passt mir sogar. Ich schicke einen Privat-Jet vom Las Flores Airport bei El Banco. Können sie das Mädchen am Airport Bogota rechts ins Gebäude der General Aviation bringen? Lassen Sie sie im Wagen. Ich werde erreichen, dass sie an der Maschine vorfahren können, um sie zu übergeben. Es gibt keine Kontrollen, da es ein privater Inlandsflug ist. Ich werde sie anrufen, wenn meine Vertraute startet.»

«Danke, Don Miguel. Ich werde mit dem Mädchen da sein.»

«Sagen Sie, Isabel. Hätten Sie nicht Lust mitzukommen? Ich veranstalte morgen Nachmittag eine Pferde-Auktion, ein Hazienda-Festival und anschließend ein Barbeque und einen gelockerten Abend. Sie verstehen, was ich meine. Es kommen nur geladene Herren, das heißt, einige mit ihren Ehefrauen. Es sind Polizeipräsidenten, Richter, Unternehmer und Industrielle. Ich habe genug Mädchen zur Verfügung, die an dem Abend dienen können.»

«Das hört sich verlockend an, Don Miguel.»

«Ich würde Sie am Sonntag oder Montag zurückfliegen lassen. Wann immer Sie wollen.»

«Danke. Ich habe von Ihren wunderbaren Festivals gehört und es wäre vielleicht gut, wenn wir uns dabei besser kennenlernen.»

«Ich weiß Ihre Worte zu schätzen. Isabel, ich bin Ihnen sehr verbunden. Ich erwarte Sie.»

Isabel ging hinunter ins Wohnzimmer, in dem ihre beiden Mädchen vor dem Fernseher saßen. Sie überlegte und kam zu dem Entschluss, dass eine kleine Playtime vor dem Abendessen nicht zu verachten wäre. Zu sehr war sie erhitzt von den Gedanken an Don Miguel.

Isabel wusste, dass Don Miguel nicht nur erfolgreicher Pferdezüchter auf seiner Hazienda war, sondern auch ein kleines und feines Drogenkartell in Cartagena betrieb, von dem aus er hohe Beamte und ausgesuchte Herren, bis hin zu den Inseln Auruba, Curaçao und Trinidat, mit Kokain und willigen und wohlerzogenen Mädchen versorgte.

Diego hatte Isabel einmal von einem solchen Festival bei Don Miguel vorgeschwärmt und er war begeistert gewesen. Erotik pur. Wie Isabel dem entnommen hatte, war Don Miguel als Pferdezüchter ein Liebhaber der Reitgerte, genau wie sie. Das machte ihn sehr sympathisch, obwohl Isabel an Männer nicht interessiert war.

Sie rief Rafaela zu sich und reichte ihr ein ledernes Halsband, an dessen Ring eine lange Kette befestigt war. «Geh mit Maria hinunter und hol Juanita hoch. Hier sind die Schlüssel!»

Dann stand sie auf, ging zu einem Schalter an der Wand und im ganzen Haus senkten sich stählerne Rollos, bis auf das Wohnzimmer mit dem sagenhaften Ausblick. Das große Fenster bestand aus schusssicheren Glas und gleichzeitig verriegelten sich sämtliche Außentüren elektrisch. Lässig zog sie ihre Bluse und ihren Rock aus und setzte sich in ihren modernen Lehnsessel.

Juanita hatte sich gewundert, als die beiden Mädchen der Señora zu ihr kamen, ihr das Halsband anlegten und sie von den Handschellen lösten.

Nackt wurde sie an der Kette hoch ins Wohnzimmer geführt und vor die Señora gestellt.

Schweigend wurde sie von Señora Rodriguez lange betrachtet.

«Maria», sagte sie, «hol ein paar Korsagen. Die ledernen. Wir wollen sie anprobieren.»

Sie wandte sich an Juanita und stand auf. «Dreh dich herum!» Sie strich mehrmals über Juanitas Pobacken. «Die Striemen von vorhin sind schon verblichen. Hat Juan dich oft gepeitscht?»

«Ja, Señora.»

«Wie oft?»

«Mehrmals in der Woche.»

Isabel ergriff eine Reitgerte und hielt sie Juanita vors Gesicht. «Du weißt, was du bekommst, wenn du nicht gehorsam bist?»

«Ja, Señora.»

Sie knetete Juanitas Brüste und betastete deren Scham. «Wir müssen dich für morgen schön machen. Du musst rasiert werden. Da sind zu viele Härchen. Das machen wir nach dem Abendessen, bevor wir ins Bett gehen.» Dabei reichte sie Juanita ein Glas Wasser, sas diese begierig austrank.

Marie kehrte mit einer Handvoll Korsagen zurück und reichte sie der Señora. Sie wählte eine aus und gab sie Rafaela. «Ziehe sie ihr an! Maria, komm zu mir.»

Isabel setzte sich in ihren Sessel, spreizte ihre Beine und zog den Kopf der vor ihr knienden Maria zu ihrer Scham. Sie brauchte nichts zu sagen. Maria wusste, was sie tun musste und begann die Señora zu lecken.

Als Juanita die erste Korsage trug, schüttelte Isabel den Kopf. «Nein, nein. Die ist zu groß und zu hoch. Sie verdeckt die Nippel. Die müssen frei bleiben. Nimm die nächste.»

Es war eine kurze Unterbrust Korsage, die nur angedeutete Körbchen besaß und da Rafaela hinten die Verschnürung kräftig anzog, pressten sich die Brüste wundervoll hervor.

«Oh ja», meinte Isabel. «Die passt hervorragend. Das sieht geil aus. Juanita dreh dich herum und bück dich. Tiefer und mach deine Beine breit. Ich will deine Möse sehen!»

Sie reichte Rafaela die Reitgerte. «Schlag zu!»

Es waren leichte Hiebe, die Juanita von Rafaela bekam.

«Ruhig etwas fester», meinte Isabel. «Sie muss wieder Gehorsam lernen.»

Juanita erhielt einige feste Hiebe, die sie aufschreien ließen.

Das war das Bild, was Isabel liebte und woran sie sich nicht satt genug aufgeilen konnte. Ein hübsches junges Mädchen, das vor ihr gepeitscht wurde. Richtig und formvollendet zelebriert, war eine Auspeitschung immer ein Genuss, der ihren ganzen Körper in höchste Spannung versetzte und Entladung brauchte - und es dauerte nicht lange und Isabel zitterte und stöhnte, als sie unter der emsigen Zunge Marias ihren Orgasmus bekam.

«Sehr schön. Jetzt wollen wir uns etwas zu essen machen. Juanita, komm her.» Isabel war aufgestanden, umarmte Juanita und küsste sie innig. «Bist ein braves Mädchen!»

Juanita saß in der engen Kabine des Privat-Jets gegenüber der Señora und fragt sich, was das alles zu bedeuten hatte. Es war eine Überraschung, als Señora Rodriguez ihr am Morgen angekündigt hatte, dass sie heute gemeinsam zu einem Freund fliegen würden. Die Nacht hatte sie im Bett der Señora verbringen müssen, hatte ein paar Mal die Peitsche zu spüren bekommen und dann die Señora mehrmals mit ihrer Zunge und einem Dildo zum Orgasmus gebracht.

Sie war erschrocken, dass die Señora ihr im Flugzeug vor der anwesenden Stewardess den Mantel ausgezogen hatte, denn sie trug nur eine enge transparente schwarze Bluse. Die kurze Korsage hob ihre nackten Brüste an und die Nippel drückten sich erkennbar vor. Außerdem trug sie nur einen ultrakurzen Rock, der vorne knapp ihre Scham verdeckte, hinten ihren halben nackten Po zeigte und an ihren langen schlanken Beinen schwarze halterlose Strümpfe.

Die Stewardess lächelte und reichte der Señora und ihr kleine Wasserflaschen.

Angeregt unterhielt sich Isabel nach dem Start mit der Stewardess, die ihr offenbarte, dass sie von Don Miguel an die Fluggesellschaft gegeben worden war und sie sehr glücklich sei. Als Isabel sie fragte, wie sie Juanita fände, gab sie zur Antwort, dass sie begeistert von der Schönheit dieses Mädchens sei. Sie könne das mit Bestimmtheit sagen, da sie schon viele Mädchen von Don Miguel in dieser Maschine gesehen habe.

«Ist sie für Don Miguel vorgesehen?», fragte sie vorsichtig.

«Ja», antwortete Isabel. «Sie ist ein besonderes Geschenk.»

«Oh. Da wird er sich sicher freuen.»

«Sie kennen seine Hazienda?»

«Ja. Ich muss öfter bei ihm dienen. Auch heute Abend, beim Festival.»

«Das freut mich zu hören. Sie sind eine sehr attraktive junge Frau.»

«Danke, Señora.»

«Wie kleidet man sich dort am geschicktesten?»

«Nun, zur Pferde Auktion und dem Barbeque sportlich. Die Herren sind alle in Reiterkluft.»

«Und was zieht man Abends an?»

Die Stewardess lächelte. «Nach dem Barbeque? Nicht viel. Die Korsage, die ihr Mädchen trägt, ist wunderbar. Das trägt man dort. Mehr auch nicht.»

«Alle Frauen?»

«Ja. Es werden heute Abend auch einige Ehefrauen oder Geliebte dabei sein. Sie sind alle sehr jung und attraktiv.»

«Sind Sie oft bei Auktionen dabei?»

«Immer. Weil ich die meisten Mädchen zu beaufsichtigen habe.»

Isabel schmunzelte. «Ich werde mich freuen, sie heute Abend wiederzusehen. Ich werde zum ersten Mal dabei sein.»

«Das Gestüt liegt unweit San Felipe, 50 km vom Flugplatz Magdalena Airport entfernt, der unser Ziel ist. Es liegt traumhaft, ganz einsam, von Hügeln und Tälern mit Urwald umgeben.»

«Ist Don Miguel sehr streng?»

«Oh ja. Sie werden es sehen. Er lässt nichts ungestraft durchgehen. Deshalb muss ich sehr streng auf die Mädchen aufpassen, damit sie bei der Bewirtung und anschließend beim gemütlichen Teil alles richtig machen.»

Beide lachten herzhaft und Juanita fragte sich, was das alles bedeuten könnte.

«Wenn Sie nach der Landung einen kurzen Moment warten, kleide ich mich um und fahre mit Ihnen. Ein Range Rover wird bereitstehen.»

«Dann sollte Juanita zum Aussteigen wieder den Mantel anziehen.»

«Das ist nicht nötig. In Magdalena wird sich niemand daran stören und der Fahrer erst recht nicht. Sie sollten sie so, wie sie ist, dem Don vorführen. Vielleicht mit einem Halsband.»

«Halsband und Kette? Das habe ich dabei.»

«Das würde ich Ihnen empfehlen. So mag es der Don am liebsten. Alle Mädchen werden Halsbänder tragen und die Ehefrauen erkennt man leicht daran, dass sie meistens an der Kette geführt werden.»

«Na, das scheint interessant zu werden.»

«Wussten Sie über diese Art Party Bescheid?»

«Ja. Ich wurde informiert. Sie dürfen ruhig wissen, dass ich diese Art Partys liebe.»

Die Fahrt vom Flughafen dauerte mehr als eine Stunde und ging über Stock und Stein. Es war eine überwältigende Anlage, wie Isabel empfand, als sie die Hazienda erreichten. Stallungen über Stallungen und Koppelanlagen.

Vor einem weißen Luxusgebäude hielt der Wagen und die Stewardess stieg aus. Sie öffnete hilfsbereit die hintere Außentüre. Schwarz glänzende Lackreitstiefel bedeckten ihre Füße bis zu den Beinen unterhalb der Knie und die sehr eng anliegende beige Reithose und die Reitgerte, die sie in der Hand trug, wirkten mehr als erotisch. Isabel, die während der Fahrt Juanita das Halsband und die Kette angelegt hatte, stieg aus und überreichte ihr die Lederschlaufe am Ende der Kette. «Gehen Sie nur vor und zeigen mir den Weg. Ich nehme meine Reisetasche.»

An der Kette führte die Stewardess Juanita,

die nur stolpernd in ihren überhohen High Heels folgen konnte, über einen Weg aus weißem Marmor zu einem gläsernen Eingang.

Ein Dienstmädchen mit weißer Schürze und durchsichtiger Bluse mit üppigen Brüsten öffnete die Türe. «Willkommen, Señora Antonia», begrüßte sie die Stewardess.

«Sagen Sie Don Miguel Bescheid, dass Señora Isabel aus Bogota mit der Sklavin Juanita da ist.»

Juanita war wiedermal geschockt. Sie wurde hier offiziell als Sklavin bezeichnet und bekam Angst.

Das Dienstmädchen führte sie durch eine Halle mit Marmorboden in ein angrenzendes riesiges Wohnzimmer, in Dimensionen, wie Isabel es zuvor nie gesehen hatte. Etliche Sitzgruppen aus Sofas und Sesseln waren verteilt, mehrere Vitrinen und Edelholzschränke, zwei offene Kamine und eine atemberaubende Fensterfront mit Blick auf Koppeln mit Pferde.

Don Miguel erhob sich aus einer Sitzgruppe am Fenster. «Buenos Dias, liebste Isabel. Ich sehe, sie haben mir ein wunderschönes Geschenk mitgebracht.»

«Don Miguel. Ich grüße Sie.»

Der Don kam näher und küsste Isabel rechts und links. Dann betrachte er wohlgefällig Juanita von oben bis unten.

«Wirklich, außerordentlich hübsch. Und so schick gekleidet!»

Er wandte sich an Juanita, ergriff eine Brust durch die Bluse und knetete sie. «Wunderbar.

Sehr schöne Titten.»

Genauso direkt hob er Juanitas Rock, betrachtete ihre nackte Scham und befühlte sie. «Außerordentlich. Isabel. Das ist wirklich eine freudige Überraschung. Kommen Sie, nehmen Sie doch Platz. Die Sklavin darf sich knien. Was möchten Sie trinken. Ein gutes Glas Wein?»

«Danke, liebster Don. Bitte, und ein Glas Wasser.»

«Kommt sofort! Rosanna! Bring Wein und Wasser für die Señora und mich. Isabel erzähl. Wie war der Flug?»

«Sehr schön. Ihre nette Stewardess hat mich gut unterhalten.»

«Ja. Antonia weiß sich zu benehmen und Gäste zu deren Zufriedenheit zu betreuen. Deshalb brauche ich sie auch heute zur Organisation. Ich muss Sie warnen. Heute Abend wird es sehr expressiv.»

«Keine Sorge. Da freue ich drauf. Ich weiß von Diego, was ein solcher Abend bietet.»

«Dann ist ja gut. Die beiden Mädchen vom letzten Jahr waren von Ihnen gut erzogen. Ich war sehr zufrieden. Ihre Agentur ist ein exzellentes Institut für Erziehungsfragen», lachte er. «Zum Wohl!»

«Zum Wohl, Don Miguel.»

Isabel setzte ihr Glas ab. «Haben Sie sie noch?»

«Eine. Die andere ist jetzt die Ehefrau eines hochrangigen Oberst. Aber sagen Sie mir, wie komme ich zu der großzügigen Ehre?»

«Ach, Don Miguel. Das ist eine längere

Geschichte. Ich müsste sie Ihnen persönlich erläutern.»

«Aha. Ich verstehe. Antonia! Nimm du die Kette. Wir führen die hübsche Juanita zu einer der besonderen Boxen. Kommen Sie mit mir Isabel. Ich zeige Ihnen dann mein Anwesen.»

Antonia kam herbei, half Juanita beim Aufstehen, knöpfte ihre Bluse auf und zog sie aus. Ebenso deren Rock und ließ ihn fallen. Sie drehte Juanita herum und beugte sie vor, um dem Don den anmutigen nackten Hintern zu zeigen.

«Wunderbar!», schwärmte er. «Diese Lenden! Ein Augenschmaus. Wir wollen gehen.»

Antonia zog die bis auf die knappe Korsage bekleidete, sonst nackte Juanita hinter sich her. Wie sie vor Isabel und dem Don vorher ging, war es ein Genuss für Isabel. Sie fand diese Welt unheimlich erregend und warf sich vor, nicht schon längst zu Don Miguel gereist zu sein. Eine solche erotische Atmosphäre findet man kaum auf der Welt.

«Schauen Sie, Isabel», sprach der Don andächtig. «Dieser unbeholfene Gang des Mädchens, wie der Gang einer jungen Stute.»

«Ich stimme Ihnen zu. Es sieht wunderbar aus.»

«Ich züchte hier das feingliedrigere und etwas kleinere Paso Fino Pferd. Eigen ist dieser Rasse die Gangart des Tölt, einem reinen Viertakt ohne Schwebephase, der den Hacienderos ein bequemes Reisen entlang den Grenzen meiner Großgrundstücke ermöglicht. Das Zuchtmaterial wird nach Bequemlichkeit im Sattel und eleganter Repräsentation, verbunden mit Bedürfnislosigkeit in Haltung und Härte im Einsatz ausgewählt. Genauso, wie ich es bei den Mädchen mache. Diesen gleichmäßigen anmutigen Gang des Tölt haben sie, wenn sie nackt an der Kette durch den Innenhof gehen oder sie von mir im Longierparcours an der Leine im Kreis geführt werden.»

«Das machen Sie?», fragte Isabel erstaunt.

«Ich bin ein Anhänger perfekter Schönheit und wenn man diesen Schönheiten Stil beibringen kann, werden sie veredelt. Für mich ist Longieren so viel mehr! Longieren ist eine wundervolle Möglichkeit sich mit dem Mädchen gemeinsam zu bewegen, mit dem Mädchen zu kommunizieren, in Kontakt zu kommen und dabei gleichzeitig das Mädchen in Sachen Balance, Haltung und Laufmanier zu schulen. Für mich ist gute Longenarbeit eine Bewegungsschule für ein Mädchen. Gutes Longieren bringt Abwechslung ins Training, baut Muskulatur und Kondition auf und macht, wenn es richtig ausgeführt wird, dem Mädchen und ihrem Herrn gleichermaßen viel Spaß! Ein gutes Training, nicht lange, ein paar Runden nur, sollte im Idealfall das Mädchen auf allen Ebenen ansprechen, also auf der physischen und auf der psychischen – und genau das kann Longenarbeit, wenn sie abwechslungsreich und gut ausgeführt wird, erreichen. Wissen Sie, viele meiner Freunde, die von mir Mädchen erhalten, wollen körperliche Schönheiten, die zugleich auch einem aufrechten anmutigen Gang aufweisen. Sie sind regelmäßig begeistert, wenn ich ein Mädchen in ihrer nackten Anmut longiere.»

«Ich bin hingerissen von ihrer Beschreibung, lieber Don.»

«Sagen Sie. Wie alt wird die Stute sein.»

«Sie ist 19 Jahre.»

«Wunderbar. Isabel. Das passt. Dieser Gang, diese Lenden, einfach umwerfend.»

«Ja. Ihr Gang und das Auf und Ab der Pobacken ist ein Genuss zu sehen.»

«Ein wundervoller Po, elegante Linie. Perfekt für hohen Genuss bei der Erziehung.»

«Liebster Don. Ihre Worte gefallen mir immer mehr.»

«So. Antonia öffne die Türe! Wir kommen jetzt zu einem besonderen Trakt. Por mi placer yeguas!»

Isabel musste lachen, «Für meine Vergnügungsstuten! Gut gesagt. Ihre Luststuten, herrlich.»

Hinter der Türe befand sich ein etwa zehn Meter langer Gang und rechts und links befanden sich jeweils zwei typische Außenboxentüren von Pferdeställen.

Antonia öffnete eine der Türen, deren Obertür eine Fensterfunktion hatte und separat geöffnet werden konnte. In der Box befand sich kein leibhaftiges Pferd, sondern ein mit Leder gepolstertes Pferd, wie man es aus Turnhallen beim Sporttraining her kennt. Es stand auf vier massiven Holzfüßen mit Eisenringen unten.

Der Don übernahm die Kette, führte Juanita vor den Bock und beugte sie darüber. Ein paar mal schlug er mit der Hand auf ihren nackten Po, lachte und schickte sie dann in den hinteren Teil zu einer Liege. «Leg dich hin. Ich werde mich zu gegebener Zeit um dich kümmern.»

Isabel war begeistert. «Eine tolle Einrichtung.»

«Ja. Hier werden sie dressiert. Dies sind meine Dressurboxen», sagte der Don und schloss die Türe ab. Dann öffnete er an der Box gegenüber die Obertüre und ließ Isabel hineinschauen. Auf der Liege lag ein nacktes blondes Mädchen auf der Seite und ihr Po zeigte etliche rote Striemen.

«Eine Amerikanerin. Heute morgen musste ich die Stute trainieren. Sie ist manchmal schwierig. Um Mitternacht wird sie versteigert.»

«Ein schöner Anblick, diese roten Striemen. Ich liebe es. Man erkennt, sie sind ein Könner. Vielleicht werde ich mit steigern. Ich liebe schwer erziehbare Mädchen.»

«Na, muten Sie sich nicht zu viel zu.»

«Oh. Ich denke, ich bin da sehr erfahren.»

«Na ja», lachte der Don. «Wenn Sie es schaffen, erhalten Sie Rabatt.»

Als sie draußen im Hof an den Stallungen vorbeigingen, fragte der Don: «Sagen Sie mir. Weshalb erhalte ich dieses Geschenk? Diego ist doch sonst im Geschäft immer knallhart. Die

Stute ist viel wert. Sagen Sie es mir.»

«Juanita weiß einige Interna zu viel über das Geschäft. Juan hat sich da nicht richtig verhalten und sie bei brisanten Besprechungen dabei gehabt.»

Der Don stöhnte. «Ja, Juan. Ein Hitzkopf. Aber liebenswert. Schade um ihn. Ich habe gehört, dass die Amerikaner ihn haben.»

«Damit Juanita nicht in Versuchung kommt, irgendwelchen staatlichen Stellen Informationen preiszugeben, habe ich Diego vorgeschlagen, sie Ihnen zu überlassen, da ich weiß, dass Sie sie entsprechend halten werden. Sonst müssten andere Wege eingeschlagen werden und es wäre doch schade um eine solche Schönheit.»

«Aha. Deshalb die Bemerkung, ‚absolute Verfügungsgewalt.»

«Ja. Das ist ernsthaft gemeint. Sie können mit ihr machen, was Sie wollen. Es gibt nirgendwo einen Hinweis auf sie. Letztendlich gibt es sie gar nicht. Diego wäre Ihnen zutiefst verbunden.»

«Das hört sich gut an. Ja, das passt mir. Richten Sie Diego meine Versicherung aus, dass diese Stute bei mir in den absolut richtigen Händen ist. Ich werde heute noch eine verschlüsselte Nachricht an Sheik Al Kasim schicken. Seine 100 Meter Megayacht liegt im Hafen von Aruba.»

«Ein Scheich?»

«Prinz Kasim ist der Sohn des reichsten Herrscher aus einem der Emirate. An ein hübsches junges Mädchen mit solch einer unbekannten Vita ist er immer interessiert. Ich denke, Juanita kann ich für eine viertel Million Dollar verkaufen. Diego ist wirklich sehr großzügig zu mir.»

«Danke, Don Miguel. Damit helfen Sie uns.»

«Man wird nie mehr etwas von ihr hören.»

«Das wäre in Diegos Interesse.»

«Ich war vor zwei Monaten als Gast auf seiner Luxusyacht. Der Prinz hat nur einen griechischen Kapitän und einen versoffenen englischen leitenden Ingenieur. Die restliche Mannschaft besteht aus ausgebildeten jungen Frauen, ganz erstaunlich. Eine sehr nette nautische Offizierin, nebenbei bemerkt. Sie sind alle Eigentum des Prinzen.»

«Eigentum?»

«Er bezeichnet sie alle als seine Frauen. Ob offizielle Ehefrauen oder Konkubinen, die ja im Islam erlaubt sind, weiß man nicht. Ich blicke da nicht durch. Ist eine Welt für sich. Insgesamt hat er mehr als fünfundzwanzig Frauen an Bord. Zehn, als weibliche Offiziere für die Schiffsführung und Service, die anderen fürs Vergnügen. Er selbst hat mir gesagt, er schaffe mehr als vier Frauen am Tag.»

«Erstaunlich!»

«Ja, ein tatkräftiger Mann. Er wird Juanita mit neuem Namen und neuen Papieren seines Landes ausstatten und dann wird es Juanita nicht mehr geben. Der Prinz betreibt zu Hause auch eine große Pferdezucht und weiß daher, wie man eine Reitgerte benutzen kann. Er wird Juanita sehr glücklich machen. Ich werde mich nach unserem Rundgang mit ihr unterhalten. Zuerst sollten Sie aber ihr Gästezimmer sehen. Ich habe hier Zimmer für 30 Personen. Kommen Sie.»

«Darf ich Sie fragen, wie der Ablauf des heutigen Tages sein wird?»

«Nun ja. Zwischen 13 und 15 Uhr reisen die Gäste an. Einige kommen mit ihren Privatmaschinen zum Magdalena Airport, andere mit dem Wagen von Cartagena, immerhin fünf Stunden Fahrt. Für die Gäste gibt es ein Empfangsessen im Innenhof und so um 16 Uhr beginnt die Auktion an Koppel eins. Ich habe mehr als 50 Pferde und werde heute zehn Stuten und zwei Hengste versteigern. Es wird interessant. Die Hengste werden am Ende vorgeführt. Meine Mädchen werden ihre Schwänze mit Öl massieren, damit sie ihre volle Kraft und Stärke zeigen können. Immer wieder ein bewegender Moment.»

«Oh ja», lachte Isabel. «Das glaube ich.»

«Danach kann man sich im Pool, in der hergerichteten Außen-Lounge oder mit einem meiner Mädchen in den Stallanlagen vergnügen. Das Barbeque beginnt um acht. Dazu haben wir die Pavillons da hinten aufgestellt. Ich habe abgehangene T-Bone und Entrecôtes. Später am Abend, nach dem Barbeque, wechseln wir in die große Lounge. Sie hat für alle Platz und meine Mädchen können sich etwas mehr zeigen und dienen. Auch alle Gäste dürfen vor Ort zugreifen oder ihre Ehefrauen vorführen. Das gefällt vielen und deshalb bringen sie ihre Frauen mit. Es sind Liegen und Zuchtböcke vorhanden. Um Mitternacht werden wir einige Mädchen für die kommende Nacht versteigern und als Höhepunkt die Amerikanerin. So, ich werde Sie mit Antonia allein lassen, sie soll Ihnen ihr Zimmer zeigen. Ich muss mich um ein paar organisatorische Dinge kümmern.»

Isabel hatte sich frisch gemacht und war kurz vor vier zu Koppel eins gegangen. Vielleicht mehr als fünfzig Personen standen dort. Die Stuten wurden einzeln vorgeführt und longiert und dann wurde jeweils gesteigert. Es ging Schlag auf Schlag. Die Vorführung der Hengste war eine Riesenshow. Vor allen Gästen sichtbar, massierten zwei Mädchen des Don die armlangen imponierenden Schwänze der Hengste und erhielten Beifall.

Isabel sah sich die Gäste genauer an. Attraktive Männer, das konnte sie nicht abstreiten. Aber sie erblickte auch vier, fünf junge Frauen, deren Ketten von nebenstehenden Männern gehalten wurden. Diese Party gefiel ihr, die so ganz anders war, als die Orgien bei Diego. Auch Don Miguel entpuppte sich als ein stilvoller Mann, der sie respektierte. *Wenn er es schafft, Juanita an diesen Scheich zu verkaufen,* dachte sie, *wäre es ein Glücksfall für Diego.*

Die junge Frau eines Mannes erweckte Isabels Interesse. Sie trug ein überbreites Lederhalsband mit einem großen Metallring und eine schmale Unterbrustcorsage unter einer weißen transparenten Bluse, die ihre Brüste emporhoben und ihre Nippel erkennen ließen. Dazu trug sie einen total engen schwarzen Lederrock, der bis zu ihren Fesseln reichte. Sehr elegant und zugleich äußerst erotisch, dachte sich Isabel und war hingerissen. Die Frau konnte nur kleine Trippelschritte machen, aber ihrem Mann gefiel es wohl, so wie er sie hinter sich herzog und herumwanderte, um sie vorzuführen.

Wenig später, als die Auktion beendet war, entdeckt sie das Paar allein an einem Dreiertisch im Bereich der Lounge im Innenhof. Da alle anderen Sitzgelegenheiten besetzt waren, ging Isabel zielstrebig zu dem Paar und fragte den Mann, ob sie sich setzen könne.

«Ich habe Sie hier noch nie zuvor gesehen», begann der Mann. «Gehören Sie zu Don Miguel?»

«Nein», lachte Isabel. «Dazu bin ich nicht jung genug.»

Auch der Mann musste schmunzeln. «Ja. Das meinte ich nicht so. Sie sind eine sehr attraktive Frau.»

«Danke. Ich bin aus Bogota. Ich bin eingeladen.»

«Oh. Aus unserer Hauptstadt. Gefällt Ihnen dieser besondere Ort?»

.«O ja. Ich bin begeistert und fasziniert.»

«Sie tragen kein Halsband. Sind Sie ohne Begleitung?»

Isabel lächelte ihn verschmitzt an. «Ich gehöre niemanden. Ich betreibe in Bogota eine Model-Agentur und befasse mich intensiv mit der Ausbildung junger Frauen zu attraktiven Partnerinnen.»

«Das ist ja interessant.»

«Ich habe heute für Don Miguel ein neues Mädchen mitgebracht.»

Der Mann war von Isabel eingenommen. Aufgeregt fragte er sie: «Möchten Sie etwas trinken?»

«Ja, gerne ein Glas Wein. Falls eines der Dienstmädchen kommt.»

«Nein. Carmen, steh auf und hole der Señora ein Glas Wein.»

Die machte nicht den Eindruck, aufstehen zu wollen, sondern antwortete: «Da wird gleich eines der Mädchen kommen.»

Es entstand sofort eine schweigende peinliche Situation und Isabel amüsierte sich über die Respektlosigkeit, die er als Mann erlitten hatte und seinen Kopf hochrot anlaufen ließ.

Die Frau erkannt ihren Fehler. «Verzeih mir», stotterte sie. «Das wollte ich nicht gesagt haben», und sie stand von ihrem Sitz auf.

Isabel schaute der Frau hinterher, die auf dem Kiesboden mit ihren High Heels und ihrem super engen Rock kaum richtige Schritte machen konnte.

Ihrem Mann hatte es immer noch die Sprache verschlagen und Isabel machte leise eine Bemerkung in einem lustigen Ton: «Tja, manchmal brauchen junge Frauen etwas länger, bis sie begreifen.»

«Das hat Konsequenzen. Eine Respektlosigkeit sondergleichen.»

«Darf ich Sie fragen, was das für Konsequenzen sind, an die Sie denken?»

«Dafür wird sie bestraft. Aber heftig. Das kann ich nicht durchgehen lassen. Sie müssen entschuldigen. Ich habe sie erst vor einem Jahr geheiratet und versuche ihr richtiges Benehmen beizubringen.»

«Das finde ich sehr gut. Ein Mann muss sich Respekt verschaffen, auch wenn manchmal die dafür notwendigen Maßnahmen drastisch sind.»

«Oh. Sie sprechen mir aus der Seele. Ich bin erfreut, das von einer erfahrenen Frau zu hören. Ach ja, jetzt begreife ich. Sie sind aus dem Fach, nicht wahr?»

«Ja. Ich vermittle Frauen an anspruchsvolle Herren und dadurch muss ich mich mit gewissen Problemen und den dazugehörenden Korrektur-Maßnahmen befassen.»

«Reden wir über körperliche Korrektur-Maßnahmen?»

«Exakt. Nur die helfen bei einer erfolgreichen Ausbildung. Gerade Respektlosigkeit muss immer schnell korrigiert und bestraft werden. Diese Strafen müssen konsequent sein, da die kleinsten nicht geahndeten Verstöße Schwächen zeigen und zu weiterer Respektlosigkeit führen. Dies sagen und schreiben etliche weise Herren und Damen, die sich mit der Materie auskennen. Respektlosigkeit führt immer zu Problemen, wenn ein Mann seine Dominanz nicht durchsetzt.»

«Ich bin fasziniert. Welch weise Sätze. Sie

sprechen mir aus dem Herzen.»

Amüsiert sah Isabel, wie die Frau mit ihren niedlichen Trippelschritten, das Glas Wein balancierend, zum Tisch zurückkam und Isabel das Glas reichte.

«Señora, bitte schön», sagte sie und setzte sich. Dies tat sie sehr vorsichtig, da der enge Rock sie hinderte und sie ihn am Schenkel nur schwierig etwas hochziehen konnte.

Isabel nahm das Glas in die Hand und trank. Dabei musterte sie die Frau genauer. Sie war vielleicht Mitte zwanzig, hatte ein sehr hübsches klares Gesicht mit viel Makeup und lange schwarze Haare, die zu einem Knoten hinter dem Kopf zusammengefasst waren. Ihre durchsichtige Bluse, die hier anscheinend alle Frauen tragen mussten, zeigten wohlgeformten stramme Brüste. Ihr Halsband war außergewöhnlich. Es war mindestens zehn Zentimeter breit und hob ihr Kinn mit einem ausgestellten Lederteil unnatürlich an. Dazu war vorne ein übergroßer schwerer silbern glänzender Metallring mit einer Halterung angenietet. Isabel kannte diese Art Halskrausen, die vornehmlich in der SM-Szene beim Submissions Training benutzt werden.

«Während du fort warst», begann ihr Mann, «habe ich mich mit der Señora über deine bodenlose Unverschämtheit der Respektlosigkeit unterhalten.»

«Der Rock!», entgegnete die Frau. «Es ist so schwer aufzustehen und …!»

«Ich glaub es nicht», rief ihr Gatte aus. «Sie widerspricht mir schon wieder. Hast du vergessen, was Respekt ist? Was erlaubst du dir eigentlich? Zu Widersprechen? Du hast zu gehorchen. Das weißt du doch. Oder hast du das auch vergessen?»

«Verzeihung, Maestro», kam es von der geknickten Frau, die es nicht wagte, aufzublicken.

«Schau mich an, wenn ich mit dir rede!», fauchte er sie an. «Du weißt, was das nach sich zieht!»

An Isabel gewandt, sagte er: «Diesen Rock mag sie nicht. Ich verlange es aber. Ich habe ihn extra anfertigen lassen. Sie hat ihn zu tragen, wann immer ich es wünsche. Ich habe sie eigens letzte Woche zu Hause trainiert, damit zu gehen und sich zu setzen. Sie kann es, wenn sie will. Hör gut zu! Die Señora ist im Bereich der Eheberatung tätig und verfügt über eine große Erfahrung bei Erziehungsproblemen. Auch sie ist der Meinung, dass Respektlosigkeit konsequent bestraft und geändert werden muss. Nicht wahr, Señora?»

«Ja. Ich sagte Ihnen, die kleinsten nicht geahndeten Verstöße bei mangelnden Respekt zeigen Schwächen und führen zu weiterer Respektlosigkeit, die eine Partnerschaft schwächen. Señora, Sie müssen Ihren Gatten verstehen. Er möchte doch nur Ihr Gutes und Sie zu einer perfekten Partnerin ausbilden.»

«Hörst du die Señora? Sie hat Erfahrung und sagte, dass ein Ehemann so etwas bestrafen muss. Siehst du das ein? Antworte!»

Die Augen der Ehefrau wurden glasig. Leise

kam aus ihrem Mund: «Ja, Maestro. Das sehe ich ein.»

«Und?»

«Maestro, ich bitte um eine Bestrafung.»

«Der erste Weg zur Besserung. Den zweiten Weg bekommst du jetzt gezeigt. Komm mit! Wir gehen hoch ins Zimmer!»

Nachdem sich beide erhoben hatten, sagte der Mann zu Isabel: «Ich würde Sie gerne bitten, uns zu begleiten. Es würde mir Genugtuung geben und ich könnte Ihnen zeigen, dass ich Respektlosigkeit nicht akzeptiere.»

Isabel überlegte kurz. Die Aussicht war zu verlockend. «Ich werde ihrer Bitte nachkommen.»

Im Zimmer des Ehepaares wies der Mann Isabel einen Sessel zu und drehte den ihr gegenüber stehenden Sessel herum. An der Kette, die er vom Innenhof bis ins Zimmer nicht losgelassen hatte, zog er seine Frau vor den Stuhl und beugte ihren Oberkörper tief über die Lehne. Mit seiner Reitgerte schlug er kräftig auf den Lederrock.

Dann sah Isabel zu ihrer Überraschung, dass der Mann einen kaum sichtbaren horizontalen Reißverschluss über die ganze Länge ihres Pos an dem engen Lederrock aufzog. Danach zog er jeweils auf der rechten und der linken Seite zwei weitere, senkrechte Reißverschlüsse auf und das Lederteil fiel wie eine Klappe hinunter. Es offenbarte nun den nackten Po und die kaum versteckten Schamlippen der Frau.

«Oh, was für eine sinnvolle Einrichtung», meinte Isabel erstaunt.

Stolz erwiderte der Mann: «Das war meine Idee, damit ich bei diesem engen Rock immer schnell Zugriff habe. Es ist sehr praktisch.»

Er stellte sich neben der Frau und schlug zu.

«Danke, Maestro», murmelte die Frau.

«Du zählst mit! Verstanden? Carmen? Das ist für deine Ungeheuerlichkeit. Damit du die Konsequenz nicht so schnell vergisst, erhältst du jetzt eine Bestrafung, die sich gewaschen hat!»

Mit aller Kraft platzierte er den Hieb gekonnt in die Mitte über beide Pobacken und sofort zeigte sich ein rosa Striemen.

«Zwei. Danke, Maestro.»

Der nächste Hieb.

«Drei, Danke Maestro.»

Wieder ein Hieb. Vier hellrote Striemen zeigten sich.

Vier, Danke, Maestro», schrie die Frau unterdrückt und begann zu weinen.

«Fünf, Danke, Maestro.»

Isabel gab der Frau eine Pause. «Ich sehe, sie ist nicht schlecht erzogen. Sie bedankt sich sehr ordentlich. Das ist erfreulich.»

«Ja, das habe ich ihr auch als erstes beigebracht. Hat lange gedauert, bis sie es eingesehen hat. Wenigstens das hat sie gelernt.»

Der nächste Hieb schlug laut auf den Po.

«Sechs, Danke, Maestro.»

«Sieben, Danke, Maestro.» Die Frau weinte jetzt heftig.

«Acht, Danke, Maestro.»

«Neun, Danke, Maestro», konnte Isabel kaum noch verstehen.

«Zehn, Danke, Maestro.» Die Frau schrie laut.

Isabel erhob sich, ging hinüber und betastete den mit roten Striemen übersäten Hintern.

«Haben Sie Öl dabei?», fragte sie.

«Nein, aber eine Wundcreme. Sie liegt auf dem Nachttisch. Glauben Sie, das es eine wirksame Bestrafung ist?»

Nachdrücklich antwortete Isabel: «Ich denke, das ist nicht genügend, um einen bleibenden Eindruck zu hinterlassen. Eine solch schlimme Verfehlung durch Ihre Frau, bedarf einer nachhaltigeren Bestrafung. Sie wollen doch nicht, dass es sich schnell wiederholt.»

«Sie haben recht.»

Während Isabel zu dem Nachttisch ging, um die Creme zu holen, hörte sie die wimmernden Sätze: «Elf, Danke, Maestro. Zwölf, Danke, Maestro. Dreizehn, Danke, Maestro.»

Isabel drückte etwas Creme aus der Tube und bestrich damit den Po und auch kurz die Schamlippen der Frau ein. «Ich denke zwanzig Hiebe würden reichen.»

Grinsend begann der Mann weiter zu schlagen, bis er die Zwanzig erreicht hatte. Isabel nahm wieder die Tube und strich dicke Creme auf die Schamlippen. «Sie sollten ihrer Ehefrau jetzt zeigen, dass sie ihr verziehen haben und zeigen, dass Sie sie lieben. Ich werde Sie jetzt allein lassen.»

Isabel ging noch um den Sessel herum und hob das Kinn der heftig weinenden Frau an.

«Bedanken Sie sich jetzt bei Ihrem Gatten für die gerechte Bestrafung und er wird Ihnen zeigen, dass er Ihnen damit verzeihen konnte.»

Kläglich kam es aus dem Mund der Frau: «Danke, Maestro. Danke für die gerechte Bestrafung.»

Isabel wandte sich nochmal an den Mann. «Zu Hause sollten Sie ihr regelmäßig eine eindrucksvolle Auffrischung ihres Bewusstseins für Respekt geben. Ich meine, eine wirklich sichtbare und ausdauernde Auffrischung. Mehr als jetzt. Das sollten Sie auch jede Woche wiederholen, auch wenn kein aktueller Ungehorsam stattfand. Es dient einfach dazu, ihren Respekt zu festigen. Dazu empfehle ich Ihnen, einen flachen Lederriemen oder eine Lederklatsche zu benutzen. Die notwendig wirksamen Schmerzen sind die Gleichen, aber damit können sie viel öfter und nachhaltigere Bestrafungshiebe setzen, als mit einer Reitgerte, die zu schnell zu Verletzungen führt.»

«Sie sind eine bemerkenswerte Beraterin. Ihren Rat werde ich beherzigen. Ich werde mir eine argentinische Lederklatsche besorgen. Die habe ich schon einmal in einem Lederwarenshop gesehen.»

Auf dem Weg zurück zum Innenhof strahlte Isabel über das ganze Gesicht. Das war eine Vorstellung gewesen, wie sie es liebte. Nur so konnten ungehorsame junge Frauen erzogen werden.

Isabel entdeckte Antonia und schloss sich ihr auf einen Drink an.

«Ah, haben Sie sich ausgeruht?»

«Nein, nein. Ich habe gerade der Erziehung einer ungehorsamen Ehefrau beiwohnen dürfen. Es war sehr interessant und hat mir außerordentlich gefallen.»

«Welches Ehepaar war es denn?»

«Ich weiß die Namen noch nicht mal. Doch! Sie heißt Carmen.»

«Oh. Carmen und Alfonso Mallarino. Alfonso ist der Polizeipräsident von Cartagena. Ein hohes Tier. Sehr wichtig für Don Miguel. Seine Frau Carmen hat er vom Don geschenkt bekommen. Er hat sie bestraft?»

Isabel lachte. «Sie hat ihn tatsächlich in meinem Beisein dumm da stehen lassen. Eine wirkliche Respektlosigkeit und die hat er gekonnt betraft. Ihr Hintern wird auch jetzt noch rot sein.»

«Ja. Ich habe schon letztes Mal mitbekommen, dass er sie streng erzieht. Sie ist aber sonst immer äußerst gehorsam.»

«Ich denke, es war ihr unüberlegt herausgerutscht. Das darf natürlich in Gesellschaft nicht passieren.»

«Sie sind auch streng.»

«Ja, wenn es nötig ist.»

Die Auktion war beendet, die Pferde gut verkauft und Don Miguel war zufrieden. Jetzt brauchte er Abwechslung.

Er trat in Juanitas Box und zog sie an der Kette von der Pritsche. Sofort ergriff er mit der freien Hand ihre Brüste und zog an ihren Nippeln, bis Juanita quiekte.

«Du wirst lernen, das zu mögen.» Mit diesen Worten ergriff er von hinten ihre linke Hand, zog sie hinter ihren Rücken und befestigte sie an einer Kette mit einer Handmanschette, die von der Decke hing. Das gleiche tat er mit ihrer rechten Hand an einer zweiten Kette. Dann zog er beide Ketten stramm. Die Arme hinter Juanitas Rücken streckten sich nach oben und sie wurde dadurch vorgebeugt.

Der Don stellte sich hinter Juanita, strich mit der Hand zwischen ihre Schenkel und massierte ihre Möse.

Dann öffnete er seine Hose, ging etwas in die Knie, nahm sein Glied in die Hand und führte es von hinten in ihre Muschi.

Plötzlich entzog er sich ihr, spreizte weit ihre Beine auseinander und befestigte sie mit Fußfesseln, die auf dem Boden nach außen liefen.

Juanita fragte sich, was er vorhatte. Als sie die lang geflochtene Peitsche in seiner Hand sah, erschauderte sie.

«Ich werde dich peitschen, weil es mir Spaß macht, deinen anmutigen Po zu peitschen. Weil es geil macht, dich nackt auszupeitschen. Weil ich deine schrillen Schmerzensschreie hören will. Weil du damit meinen Schwanz steif machst, richtig dick machst, um dich ficken zu können.

Weil das deine Bestimmung ist. Ein paar Striemen, die ich dir verabreichen werde sind für mich das sichtbare Zeichen, dass du dich mir hingeben kannst. Keine andere Handlung kann das gleichwertig ersetzen. Gestriemte, rote Hinterbacken erfreuen, zeigen sie mir doch - sichtbar und fühlbar – was deine Bestimmung ist. Ich werde dir Lust und Schmerz schenken, um für mich das höchste Maß an Wollust zu gewinnen. Auf diesem Weg dahin werde ich dich führen und du weißt, es gibt kein Entrinnen. Das nenne ich hier Erziehung. Du brauchst nicht daran zu denken, zu fliehen. Die Hacienderos werden dich mit den Hunden jagen und bedenke, der Urwald um uns herum ist voller giftiger Schlangen.»

Plötzlich knallte es laut.

«Hast du den Knall gehört? Juanita? Ist das nicht ein schöner Sound einer Bullwhip? Du musst die Bullwhip kennenlernen.»

Ehe sich Juanita versah, erhielt sie einen äußerst schmerzvollen Hieb, schrie laut auf und zerrte mit den Armen an ihren Ketten.

Juanita erhielt zwei weitere schmerzhafte Hiebe. Sie schrie kurz auf. Seine beiden Hände packten sie in der Taille und zogen sie auf sein Glied und er stieß kraftvoll zu.

Sie wimmerte und versuchte ihren Po seitwärts auszuweichen. Sofort erhielt sie Schläge.

«Halte still, so wirst du benutzt!»

Im Nu steckt das Glied wieder in ihr und die Griffe in ihrer Taille wurden fester. Juanita ergab sich. Sie spürte die ganze Länge seines Schwanzes als Marterpfahl, dick, so ausfüllend - so gewaltig. Er steckte tief in ihr – und bewegte sich rhythmisch.

«Du wirst es lieben lernen. Peitschen und Ficken gehört zusammen. Das wirst du hier lernen, bevor ich dich an einem Freund geben werde.»

Zwei Hiebe mit der flachen Hand schallten auf ihrem Hintern.

Fest und rhythmisch wurde sie gefickt, mit kleinen Pausen.

Es schien ihr eine Unendlichkeit, bis sie an seinem Keuchen und Stöhnen erkannte, dass er sich in sie verströmte.

Er verblieb lange in ihr, bis er sich zurückzog. Juanita erhielt zwei Hiebe auf ihren Po und der Don grunzte befriedigt: «Ich bin zufrieden mit dir, meine Stute.»

Erschöpft hing Juanita mit ihren Armen in den Ketten und war froh, als diese gelöst wurden und sie sich wieder aufrichten konnte.

«Ich hoffe, du hast begriffen, was hier deine Aufgabe ist. Du darfst dich im Innenhof und beim Barbeque frei bewegen. Komm mit mir, ich führe dich zum Barbeque. Da kannst du essen und trinken.»

Der Don führte Juanita durch eine lange Stallung auf die andere Seite.

Innen waren zwei vollkommen nackte Frauen mit erhobenen Händen an Dachbalken gebunden und hinter ihnen standen zwei Männer in Reiterkluft und peitschten sie mit überlangen Bullwhips.

Die Schreie hallten durch den Stall und Juanita wollte sich abwenden, aber der Don zwang sie dazu, es sich länger anzusehen. «Hier siehst du eine Bullwhip, wie du sie eben gespürt hast und weißt jetzt, wofür sie einzig und allein benutzt wird. Zum Reiten braucht man keine Bullwhip. Hier werden sie ausschließlich für junge Frauen benutzt.»

Die Schreie der Mädchen waren echt und die roten Striemen, die über ihren Po hinaus auch auf deren Bauch zu sehen waren, zeigten, dass hier wirklich gepeitscht wurde.

Als sie durch den Gang einer anderen Stallung gingen, mussten sie an einem Mädchen vorbei, die an dem Gitter einer Stallbox angebunden war, ihr Rock war hochgeschlagen und sie wurde von einem Gast von hinten gefickt.

Draußen nahm er sich Juanita, küsste sie fest und versetzte ihr einen klatschenden Hieb auf den Po mit der Hand. «Lauf. Meine Stute!»

Die tiefe Sonne schien von einem blauen Himmel und spiegelte sich flackernd in einem kleinen Swimmingpool, um dem unzählige Liegestühle standen. Ein paar Paare saßen dort mit Tellern in der Hand. Dahinter, unter weißen offenen Zelten, war die lange Reihe des Barbeque-Buffets aufgebaut. Juanita sah die Schlange davor.

Es war wirklich unglaublich, welches Bild sich ihr bot. Viele Männer, nur in Reitstiefeln mit weißen Reiterhosen und freiem Oberkörper oder mit langen schwarzen Hosen aus Leder bekleidet. Daneben sah sie einzelne Frauen, die knappe lederne Bikinis trugen. Dazwischen die hilfreichen Mädchen des Don in transparenten weißen Blusen, sodass man ihre Brüste sehen konnte. Aber sie war nicht die Einzige, die unten herum nackt war. Sie sah auch zwei Ehefrauen, die nichts als ein kleines Bustier trugen und mit ihren Männern in der Reihe standen.

Isabel sah Juanita und holte sie zu sich und Antonia an den Tisch. Als sie Juanitas frische rote Striemen auf ihren Hintern sah, sagte sie: «Oh. Wie ich sehe, hast du vom Don eine kleine Lektion bekommen. Womit? Sags mir!»

«Mit einer Bullwhip», antwortete Juanita verschämt.

«Es sieht gut aus. Es ziert dich. Sei stolz!»

Antonia musste herzhaft lachen. «Hat er seine Stute auch zugeritten?»

Juanita blickte fragend auf.

«Hat er dich gefickt?»

«Ja, Señora.»

«Gut, dass ich das weiß. Dann wird er erst spät Abends ein neues Mädchen vögeln wollen.»

Jetzt musste Isabel lachen. «Sie müssen sich auch darum kümmern?»

Antonia zuckte mit den Schultern. «Nein, das organisiert eigentlich immer seine Hausdame, Señora Esmiralda. Ich bin ja nur zu besonderen Veranstaltungen hier dabei. Mein Chef, der Inhaber der Flugbereitschaft ist auch hier. Er ist zugleich mein Liebhaber. Ihm bin ich übergeben worden.» Sie lachte schallend. «Wegen gutem Benehmens. Mit ihm werde ich sicher heute die Nacht zu dritt erleben. Deshalb kommt er immer mit her. Er mag den Dreier. Möchten Sie auch ein Mädchen für die Nacht?»

«Ich wäre nicht abgeneigt, wenn ich sie auch züchtigen darf.»

«Natürlich. Dazu sind sie da. Schauen Sie sich um, welches Mädchen Ihnen gefällt. Ich werde es mit Señora Esmiralda einrichten.»

«Eigentlich würde ich gerne die Amerikanerin ersteigern. Sie ist schön. Eine heiße Katze.»

«Ja. Mit Krallen.»

«Das ist mein Spezialgebiet. Da habe ich schon ganz andere Fälle gezähmt.»

Antonia schmunzelte. «Ja, das trau ich Ihnen zu. Es muss herrlich sein, zu zähmen.»

«Ja, das ist es. Wie heißt es bei den Reitern. Bei jungen Stuten muss man das Ausbrechen beim Zureiten mit der Peitsche verhindern.»

«Sie kennen sich aus.»

«Juanita. Das Barbeque ist eröffnet. Hole uns was zu essen und noch eine große Flasche Wasser.»

Nach dem Barbeque begab sich Isabel mit Antonia und Juanita in die große Lounge und sie setzten sich nebeneinander am Rand auf eines der Sofas.

Alle teilnehmenden Paare und Gäste dieses elitären Kreises hatten sich nach dem Barbeque in der Lounge versammelt. Sie hatten es sich in Sesseln, Korbstühlen und auf den Sofas bequem gemacht und bildeten einen Zuschauerkreis um eine kleine offene Fläche, die von hellen Scheinwerfern anstrahlt wurde.

Etwas weiter hatte Isabel gesehen, dass ein Mädchen noch auf einem Bock gebunden war und von einem Mann gepeitscht wurde. Isabel hatte gestaunt. Wohl mehr als zehn Mädchen waren hier vorhin noch an oder über diverse Möbel gefesselt und gepeitscht worden. Deren Schreie und Stöhnen hatten eine gespenstisch erotische Atmosphäre erzeugt, die Isabel mehr als erregten.

«Unglaublich. Was für eine Welt», meinte sie zu Antonia.

«Sind sie entsetzt?»

«Nein. Überhaupt nicht. Ich bin begeistert. Ein solches aufregendes Schauspiel zu erleben, ist etwas Außergewöhnliches.»

«Es ist eben hier so üblich. Dies ist kein Kindergarten. Hier werden eben auch Luststuten trainiert. Sie werden es noch sehen und werden viele Schreie hören. Ja, es ist ein außergewöhnlicher Ort, aber alle, die hier sind, freuen sich darauf, immer wieder herkommen zu können.»,

«Ja. Das kann ich mir vorstellen. Ich glaube, ich würde auch wieder gerne herkommen.»

«Sie mögen die Peitsche, nicht wahr?»

«Ich kann es nicht leugnen. Es ist herrlich, einen zarten Popo mit der Gerte zu zeichnen.»

«Oh. Ein schöner Satz.»

Isabel sah Alfonso, der seine Frau an der Kette durch die Reihen führte.

Sie winkte Alfonso zu und bot ihm an, sich mit seiner Frau zu ihnen zu setzen, was der freudig annahm. Alfonso bot Isabel den Hintern seiner Frau zur Begutachtung an. «Sieht es nicht gut aus? Sie hat gelernt und ist ganz lieb.»

«So soll es auch sein», antwortete Isabel. «Tut es noch weh?», fragte sie die Frau.

«Es geht. Ich möchte mich bei Ihnen bedanken, dass Sie meinem Mann geholfen haben, mir so schnell zu verzeihen. Er hat mir empfohlen, Ihnen das zu sagen. Es kommt aber aus dem Herzen.»

«Sehen Sie, Señora», warf Alfonso ein, «wie Ihr Rat geholfen hat, meine Carmen zu einem neuen, liebenswerten Menschen zu machen? Ich habe Don Miguel gesagt, dass Sie eine ganz außergewöhnliche Frau sind und man von Ihnen viel lernen kann.»

«Oh, bitte, gerne.»

Er deutete auf Juanita, die nur mit ihrer Korsage bekleidet war und ansonsten nackt auf dem Sofa neben Isabel saß, die ihre Kette in der Hand hielt.

«Ist das Ihr Geschenk an den Don? Er hat es erwähnt.»

«Ja. Das ist Juanita. Eine ganz Liebe.»

«Soll sie nicht für den Rest der Nacht versteigert werden?»

«Ja. Das habe ich vom Don gehört.»

«Carmen. Ist das nicht ein schönes Mädchen?»

«Ja, Maestro. Sie ist sehr schön.»

«Meinst du nicht, eine Nacht mit ihr könnte amüsant werden?»

«Ja. Maestro. Eine Nacht mit ihr könnte Ihr Herz erfreuen.»

«Ist sie nicht ein Engel?», fragte Alfonso Isabel.

«Señor. Ich beglückwünsche Sie zu Ihrer Frau. Sie ist wirklich eine ganz aparte Person und ich denke, auch eine gehorsame Ehefrau.»

«Ja. Das ist sie.»

Isabel war fasziniert von dieser zarten jungen Frau und versuchte sich ihren Alltag zu Hause vorzustellen. Sie würde zu gerne wissen, wie oft Alfonso seine Frau züchtigte. Zu welchen besonderen Diensten er sie zwang. Sie war sich sicher, dass Alfonso einen ausgeprägten Drang nach besonderen Liebesspielen hatte. Eine solche SM-Halskrause und dieser Rock, mit dem offensichtlich sexuellen Charakter, legten das nahe.

Sie wechselte ihre Position und setzte sich zu Alfonso. «Gestatten Sie mir, dass ich Sie etwas frage?»

«Nur zu, werte Isabel.»

«Hier ist meine Karte mit der Telefonnummer und der Mailadresse. Ich würde gerne mit Ihnen in näheren Kontakt bleiben. Sie haben mir imponiert und ich denke, dass sie ein sehr interessanter Mann sind, der eine Frau erziehen kann.»

«Erziehungsfragen interessieren Sie?»

«Es gibt wenige gestandene Männer, die der Erziehung ihrer Frau die nötige Aufmerksamkeit schenken. Ich halte Sie für jemanden, der es beherrscht.»

«Danke für das außergewöhnlichste Kompliment, das ich je von einer Frau erhalten habe. Sie gefallen mir. Lassen Sie uns einen kurzen Spaziergang draußen machen, dann können wir freier reden. Das Programm geht erst um Mitternacht weiter.»

Alfonso stellte sich mit Isabel in eine Ecke des Innenhofes.

«Meine Frau muss nicht mitbekommen, wenn wir über Erziehungsfragen reden. Sie hat zu gehorchen.»

«So schätze ich Sie ein - und das ist auch gut so. Ich würde gerne mit Ihnen in Kontakt bleiben und könnte Ihnen Hinweise zur Intensivierung der Ausbildung vorschlagen, die es Ihrer Frau ermöglichen, schneller und hingebungsvoller zu dienen. Das sollte doch die ureigenste Aufgabe einer Ehefrau sein.»

«Sie haben ja so recht. Ich bin begeistert. Ich muss übrigens nächste Woche nach Bogota fliegen. Ich habe zwar viele Termine, aber vielleicht lässt sich ein kurzes Treffen einrichten.»

Isabel war es mehr als recht. Einen Polizeipräsidenten als Freund zu haben könnte immer sehr hilfreich sein.

«Oh. Bringen Sie ihre Frau mit. Sie können in meinem Haus residieren. Ich habe genügend Gästezimmer.»

«Das wäre zu überlegen.»

«Ich habe auch einen schalldichten Keller mit dem üblichen notwendigen Mobiliar für eine erfolgreiche Ausbildung und zwei besonders hübsche Mädchen, die Sie erfreuen könnten.»

«Ich staune über ihr Angebot. Ja, das ist wirklich interessant. Ich denke, das könnte gehen. Ich wäre sehr dankbar, wenn ich weitere hilfreiche Hinweise von Ihnen bekommen kann.»

«Aufgrund meiner Erfahrung könnte ich Ihnen einige neue Möglichkeiten zeigen. Auch weitergehende Ausbildungsmethoden, die Sie Ihrer Frau zugute kommen lassen können. Die auch bei hoher Belastung ihre Einsicht fördern, ausgefallene Wünsche besser und gehorsamer zu befriedigen. Die Ausbildung soll doch einem Mann die zufriedenstellende Erfüllung seiner Wünsche ermöglichen.»

«Ich sehe, wir verstehen uns. Sie haben mich mehr als überzeugt. Wir werden kommen, vielleicht zu einem verlängertem Wochenende.»

«Ich würde Ihnen gerne zeigen, wie Sie Ihre Frau mit neuen weitergehenden Trainingsmethoden dazu erziehen zu können, Ihnen ungeahnte sexuelle Befriedigung zu verschaffen. Sie sind so ein Mann, der seine Frau in den Subspace bringen kann.»

«Was ist ein Subspace?»

«Das kommt aus dem amerikanischen. Da gibt es viel Literatur drüber und sehr hilfreiche Hinweise.»

«Erklären Sie es mir!»

«Das Nervensystem reagiert bei starken Züchtigungen aufgrund der typischen Einbeziehung von Schmerz und Vergnügen, Angst und sexuelles Verlangen und schüttet körpereigen Opiate aus. Die Freisetzung der natürlichen Endorphine bei einer schmerzhaften Züchtigung tragen zu drogenähnlichen Emotionen bei. Dieser morphinähnliche Zustand wird die Schmerztoleranz Ihrer Frau nicht nur erhöhen, sondern es erzeugt ein schwebendes Gefühl, den Space und dadurch kann die schmerzhafte oder sexuelle Belastung der Frau gesteigert werden, um mit außergewöhnlichen sexuellen Praktiken Befriedigung zu finden. So, wie ich Ihre Frau jetzt kennengelernt habe, denke ich, dass es bei ihr notwendig wäre.»

«Mein Gott, was sagen Sie mir da?»

«Ich erkläre Ihnen nur, mit was ich mich befasse. Ich denke, ich habe Ihre Frau erkannt. Sie ist nicht sehr gewissenhaft. Das bedarf einer umfassenden Korrektur.»

«Da haben Sie recht. Sie ist manches Mal so nachlässig, dass ich die Wände hochgehen könnte. Ich werde mit ihr kommen. Ich gebe Ihnen Bescheid.»

«Ja. Tun Sie das. Sie sind mein Gast. Ein verlängertes Wochenende ganz im Zeichen der Ausbildung. Das wird Sie erfreuen.»

Isabel war zufrieden, als sie zur Sitzgruppe zurückkehrte. Alfonsos Frau Carmen würde mehr erleben, als morgen zu Hause. Isabel wollte die Tränen der Frau sehen und sie laut weinen hören, wenn ihr Mann sie nach ihrer Anweisung ausbildete.

Später kam Don Miguel zu ihnen. «Wie gefällt es Ihnen, Isabel?»

«Wunderbarer Abend. Ich bin begeistert. Das Barbeque war hervorragend.»

«Das freut mich. Alfonso hat mir gesagt, dass Sie eine Bereicherung für diesen Tag sind und ihm gute und interessante Ratschläge gegeben haben.» Dabei blickte er zu Alfonso, der zustimmend nickte.

«Aber, entschuldigen Sie. Ich muss Ihre Juanita entführen. Sie wird gleich, mit ein paar besonders hübschen Mädchen, für diese Nacht versteigert.» Dabei nahm er die Kette aus Isabels Hand, ließ Juanita aufstehen und zog sie zu einem gesonderten Ausgang.

Die ausgesuchten Mädchen wurden später am Abend splitternackt an Ketten einzeln vorgeführt und zu Preisen zwischen 2000 und 5000 Dollar versteigert. Die Nutzung war bis zum morgigen Tag auf zwölf Uhr beschränkt. Auch Juanita wurde hereingeführt und erreichte 6000 Dollar. Sie ging an das Ehepaar Carmen und Alfonso.

Dann kam die große Auktion.

Die widerspenstige Amerikanerin wurde splitternackt an ihrer Kette und mit auf den Rücken gebundenen Händen von einem baumstarken Mann hereingezogen. Ab und zu schlug ein weiterer Mann mit der Gerte auf ihren nackten Hintern.

«Liebe Freunde», begann der Don. «Etwas ganz Besonderes. Dieses hübsche Mädchen soll endgültig versteigert werden. Sie kann Ihr

Eigentum werden. Sehen Sie sich ihr schönes Gesicht und die blonden Haare an. Wunderschön. Und ihre Titten, prall und weich. Eine wunderbar rasierte Muschi, die viel Freude macht und ein zarter Po mit einem engen Löchlein. Ein außergewöhnliches Objekt. Stimmkarten können bei mir abgeholt werden.»

Isabel stand auf, ging zu dem Don und erhielt die Karte mit der Nummer Fünf.

Die Auktion wurde aufgerufen mit 25000 Dollar. Schnell wurden die Karten gehoben und der Preis erhöhe sich auf 35000 $. Ab 38000 stockte die Versteigerung, bis schließlich Isabel 40000 $ bot. «Zum Ersten, zum Zweiten und zum Dritten. Die Nummer fünf erhält den Zuschlag. Gratuliere!»

Die junge Amerikanerin, mit dem Namen Sophie wurde Isabel zugeführt und ihre Kette übergeben. Schnell war sie sich mit dem Don einig geworden, da sie das Geld nach dem Rückflug in Bogota der Antonia cash geben würde.

Als Sophie in Isabels Zimmer stand, sagte sie: «Ich hätte nicht geglaubt, dass mich eine Frau ersteigert.»

«Daran wirst du dich gewöhnen müssen», antwortete Isabel trocken. «Ab jetzt gehörst du mir!»

Blitzschnell legte sie ihr Handschellen an und griff nach einer Kette, die von der Decke hing und klickte sie ein. Mit erhobenen Armen stand die nackte Sophie vor Isabel und wurde betastet. Es war Isabel ein Vergnügen, Sophies Schamlippen und ihren Kitzler intensiv zu streicheln und massieren. Als Sophie zu stöhnen begann, nahm Isabel ihre Reitgerte zur Hand und schlug zu.

Sophie schrie entsetzt auf.

«Du kannst sicher sein, dass ich mich dich heranziehen werden. Du wirst erzogen, und zwar konsequent. So, wie ich dich gebrauchen und benutzen will. Und wenn du nicht gehorchst, wird es schlimmer.» Wieder setzte sie zwei äußerst kräftige Hiebe, bevor sie von neuem Sophies Möse streichelte.

«Wunderbar, wie schnell du feucht wirst.»

Das wiederholte Isabel mehre Male, peitschen, streicheln, bis sie Sophie soweit hatte, dass sie unter den Hieben jammerte und erfreut stöhnte, wenn ihr Kitzler bearbeitet wurde. Es dauerte nicht lange und das Mädchen erlebte einen unbeschreiblichen Orgasmus.

Isabel ließ die Kette weit nach, nahm sie ihr aber nicht ab. Sie zog Sophie auf das nahestehende Sofa und setzte sich zu ihr. Sie spreizte deren Beine und rieb erneut ihren Kitzler.

«War da nicht ein schöner Orgasmus?»

«Ja, Señora», stöhnte Sophie.

«Das kannst du bei mir öfter haben, wenn du gehorsam bist. Bei mir wirst du lernen, dass dir die Peitsche ungeahnte Orgasmen schenken kann. Du wirst ausgebildet werden, sie zu lieben. Der kurzzeitige Schmerz der Peitschenhiebe kann dich in einen Lusttaumel bringen. Nur durch Hiebe ist das erreichbar. Das ist der sogenannte Lustspace. Du wirst im Himmel sein und dich nur noch danach sehnen. Aber damit beginnen wir morgen, wenn ich dich mitnehme. Jetzt knie vor mir und leck meinen Kitzler. Ich bin furchtbar geil. Ich verlange geleckt zu werden, bis ich komme. Mit kräftiger Zunge. Und zwar ohne Pause. Sonst wirst du gepeitscht. Dazu werde ich dich trainieren.»

Isabel öffnete ihre Schenkel und zog ihre Schamlippen auseinander. «Siehst du meinen geilen Kitzler? Merk dir die Stelle und jetzt leck mich!»

Während Isabel immer erregter wurde, dachte sie daran, dass Sophie eine ideale Besetzung für Dannys Filme sei. Danny produzierte MS-Pornovideos und zu seinem Studio könnte sie Sophie zeitweise mitnehmen und beim Dreh dabei zusehen. Danny brauchte für den Export blonde Mädchen als Darstellerinnen.

Zur gleichen Zeit kniete Juanita neben der Ehefrau des Mannes, der sie für die Nacht ersteigert hatte, gemeinsam auf dem Sofa. Der Ehemann stand mit steifen Glied hinter ihnen und peitschte sie abwechseln. Er fühlte die Mösen der beiden, bis sie nass waren und peitschte weiter. Die Ehefrau, nicht viel älter als Juanita begann zu weinen.

Er drang in sie ein und fickte sie einen Moment. Dann kam er hinter Juanita und drang auch in sie ein. Er war ein stürmischer Ficker.

Er ließ von ihr ab und peitschte wieder seine Frau und Juanita. Ab und zu steckte er seine Zeigefinger in den Anus von Juanita und seiner Frau. Dann befahl er ihr, Juanitas Pobacken auseinander zu ziehen.

«Willst du sie in den Arsch ficken?», fragte sie verschnupft.

«Natürlich. Dazu ist sie da. Sei ruhig, Carmen. Du kommst auch noch dran.»

Er drang kraftvoll in Juanita und fickte sie ausgiebig. Dann wechselte er und fickte seine Frau in den Arsch. Während er fickte, schlug er mit der Gerte auf Juanitas Po. Das gleiche machte er mit seiner Frau, als er wieder in Juanita steckte.

Es dauerte unendlich, er schlug kräftig auf seine Frau, die laut heulte, bis Juanita aus seinem Gebrüll entnehmen konnte, dass er sich in ihren Hintern ergossen hatte. In Juanita kamen die Erinnerungen hoch an die Nacht in Macao. Als sie von Juan in ihren Hintern gefickt wurde und die SEK Einheit ins Hotelzimmer stürmte, Juans stützende Arme weggerissen wurden und er mit seinem vollen Gewicht auf sie fiel.

Erschöpft legte sich Alfonso auf den Rücken und beorderte beide Frauen zu sich. Mit seiner riesigen Hand ergriff er den Hals seiner Frau und schob ihren Kopf zu seinem Glied. «Bemüh dich. Mach ihn wieder steif. Ich will unser kleines Mädchen nochmal ficken!»

Er zog Juanita zu sich heran, knetete ihre linke Brust. «Du bist süß. Du hast einen schönen

Arsch. So eng. Wenn er mir steht, wirst du wieder gefickt. Meine Frau kann mir ihren Arsch morgen anbieten. Heute Nacht gehörst du mir. Dafür hab ich bezahlt.»

Er küsste Juanita, während seine Frau seinen Schwanz wichste und blies.

«Schau! Wie lieb sich mein Engel um meinen Schwanz kümmert!» Beide blickten hinab zu ihr, die seinen Schwanz immer wieder tief in den Mund nahm.

Es dauerte sehr lange, bis sein Schwanz wieder eine stattliche Größe aufwies und seine Frau ihn kräftig wichste.

«Na, gefällt er dir?», fragte er Juanita und deutete auf seinem Steifen. «Den bekommst du jetzt. Dreh dich rum. Auf die Knie! Carmen, mach deine Beine breit. Sie soll dich lecken.»

Juanita tat wie geheißen, ging auf die Knie und vergrub ihr Gesicht zwischen den Schenkeln der Ehefrau und begann sie zu lecken.

Der Mann postierte sich hinter Juanita, schlug ein paar Mal mit der Hand auf ihren Hintern, zog ihre Backen auseinander und setzte sein Glied an ihr enges Löchlein an. Mit lautem, genussvollen Stöhnen drang er kraftvoll in Juanitas Hintern und fickte sie ununterbrochen. Zwischendurch schlug er öfter mit der flachen Hand auf ihren Po.

Juanita wunderte sich, das er so lange brauchte. Schließlich ließ er von ihr ab, stand auf und holte seine Reitgerte. «Du brauchst ein paar rote Striemen. Leck meine Frau und bewegt deinen Hintern.»

Kräftige Hiebe trafen Juanita und sie musste öfter schreien. Es war wie ein Gewitter und ununterbrochen trafen die Blitze ihren nackten zarten Hintern, der mit der Zeit von Striemen übersät war.

Dann setzte der Mann wieder seinen Schwanz an und drang ohne Vorwarnung mit der ganzen Länge in Juanitas Anus. «So mag ich einen Arsch. Schöne rote Striemen», rief er. «Mein Schatz, die bekommst du morgen auch. Es wird Zeit, dass du wieder mal auf den rechten Pfad der Tugend gebracht wirst. Morgen bist du dran!», schrie er in seiner Ekstase und ergoss sich zum zweiten Mal in Juanitas Po.

Als er neben seine Frau sank, befahl er Juanita, ihm ihren Hintern zu zeigen.

«Sieh ihn dir an, Carmen. Ist das nicht ein schöner Arsch. Schöne rote Striemen. Die erhältst du morgen auch. Bereite dich vor. Du hast gehört, was die Señora empfohlen hat. Jede Woche eine nachhaltige Auffrischung.»

Seine Frau begann zu weinen. Wutentbrannt erhob er sich, drehte seine Frau auf den Bauch und schlug mit der Reitgerte zu. Unzählige Hiebe ließen ihren Hintern erglühen und rot werden.

«Du hast dich zu bedanken, wenn ich dir das ankündige. Hast du verstanden? Antworte!»

Schnupfend antwortete die Frau kaum hörbar.

«Ich danke Ihnen Maestro, dass Sie mir morgen eine Auffrischung geben werden.»

«Ja, siehst du. So will ich dich haben. Immer dankbar sein und deinen Gehorsam zeigen.

Wofür solltest du dich noch bedanken?»

Heulend antwortete die Frau: «Danke, Maestro, dass Sie mich in den Arsch gefickt haben.»

«Das will ich hören. So ist es brav. Ich glaube, ich muss dich strenger erziehen. Siehst du, Juanita, wie brav eine Ehefrau sein kann, wenn sie regelmäßig gepeitscht wird?»

Am nächsten Tag, gegen Mittag, kam Isabel zu Juanita, um sich zu verabschieden, da sie mit Antonia und Sophie zurück nach Bogota fliegen wollte.

«Wie war deine Nacht?»

Juanita seufzte etwas, aber sie antwortete: «Es war zum Aushalten. Der Mann war übel. Er hat seine Frau mehr gepeitscht als mich.»

«Tja, so ist das manchmal. Ich habe gehört, dass Don Miguel sehr zufrieden mit dir ist.»

«Ja, er hat es mir gesagt. Das hat mir gutgetan.»

«Kopf hoch. Er ist streng, aber kein Sadist. Du wirst es hier sehr gut haben, wenn du brav bist.»

«Das werde ich.»

«Mach es gut. Ich komme vielleicht nächsten Monat wieder hierher. Bis dann.»

In dem Privat-Jet holte sich Isabel nach dem Start Sophie zu sich und ließ sie auf ihren Schoß

Platz nehmen. Sie öffnete Sophies Bluse und knetete ihre nackten Brüste.

Antonia schaute schmunzelnd zu.

«Sophie war sehr lieb und gehorsam die Nacht.»

«Das freut mich zu hören, Señora Isabel.»

«Die Striemen auf ihrem Po sind nur noch schwach zu sehen. Nicht wahr, Sophie.»

«Danke, Señora.»

«Sie waren nötig, damit wir uns besser kennenlernen.»

«Ja, Señora. Ich bin Ihnen sehr dankbar, bei Ihnen zu sein.»

«So will ich es von dir hören, Sophie.» Isabel griff ihr unter den Rock und streichelte ungeniert ihre Möse. «Wenn du so brav bist, bekommst du auch immer Belohnungen.»

«Ich bin Ihnen so dankbar, Señora», stöhnte Sophie laut. «Ich werde sehr gehorsam sein.»

Die eigenartige Atmosphäre und das luxuriöse Ambiente in dem kleinen Jet ließen Isabel sehr mutig werden und sie rieb Sophies Kitzler heftig.

«Wenn du brav bist, bekommst du eine Filmrolle. Ich habe einen guten Bekannten, er ist Produzent für erotische Filme. Das wäre doch etwas für dich, oder?»

Sophie musste immer mehr stöhnen. Zu geil war Isabels Spiel an ihrer Möse. «Ja», hauchte sie. «Eine Filmrolle.»

«Du bist wie geschaffen dafür. Es sind sehr erotische Filme. Nichts Unnatürliches. Du wirst gepeitscht und gefickt.»

Sophie hatte vor lauter Geilheit die Augen geschlossen und murmelte nur: «Vor der Kamera?»

«Du bist eine Schönheit. So rein. So unschuldig. Es wird wunderschön sein, wenn du vor der Kamera gefickt wirst.» Isabel streichelte sie kräftig und dachte sich, *du weißt nicht, zu welchen Szenen ich dich vor der Kamera mit der Peitsche bringen werde.*

Den Kitzler rasend reibend, bereitete sie die am ganzen Körper zitternde Sophie vor. «Ist es nicht schön, in 10000 Meter geil gestreichelt zu werden? Ich will einen Film, in dem du gefickt wirst!»

Bei diesen Worten kam der Orgasmus in breiten Wellen über Sophie und ein Beben durchzog ihren Körper.

Titus Petronius

Ein laues Frühlingslüftchen zog über Rom und die Nachmittags-Sonne weckte die ersten Blüten der Bäume. Hoch über den Dächern von Rom, auf der Dachterrasse seines Stadtpalastes am Tiberufer saß Titus Petronius in seinem Sessel an einem Tisch, nachdenklich über etliche Schriften gebeugt.

Ab und zu nahm er die Feder und korrigierte Texte verschiedener Manuskripte. Eine seiner Sklavinnen führte einen jungen Mann zu ihm: »Herr! Besuch ist gekommen!«

Erfreut drehte sich Titus herum und stand auf.

»Claudius Marcellus! Welch eine Freude dich zu sehen. Komm her, lass dich begrüßen und nimm Platz.«

»Salve, großer Meister. Danke für die Einladung, der ich gerne gefolgt bin.«

»Ganz meinerseits. Ich habe dich wissen lassen, dass dein Besuch immer willkommen ist. Setze dich.«

»Ich sehe, ihr seid in der Arbeit vertieft. Ich hoffe, ich störe euch nicht.«

»Nein, ganz und gar nicht. Im Gegenteil, ich habe auf deinen Besuch gewartet.«

»Verzeiht, Meister. Ich war so sehr überlastet mit Arbeit, dass ich nicht früher in die Stadt kommen konnte.«

Titus lachte: »Der jüngste Senator und als quaestores urbani schon hoffnungslos überfordert?«

»Nein. So ist es nicht. Aber das Eintreiben von Steuern in südlichen Provinzen ist mehr als schweißtreibend. Aber ich möchte euch hiermit nochmals meinen Dank ausdrücken, dass ich Dank eurer Förderung und Unterstützung diese Aufgabe bekommen habe. Sie macht mir außerordentlich viel Freude.«

»Das ist gut zu hören. Was spricht man denn so in unserem Kollegium?«

»Meister. Wenn ich mir das erlauben darf. Ihr habt schon länger keine Sitzung besucht. Man hatte schon nach euch gefragt.«

»Ach ja? Mich langweilen diese endlosen Diskussionen und Dispute im Senat, ob und wie wir neue Truppen aufstellen, um sie nach Germania, Gallien oder Britannien zu senden. Wer hat denn nach mir gefragt?«

»Einige Senatoren. Diejenigen, die wissen, dass ich auch zeitweise als euer Sekretär arbeite. Euer letzter Vortrag vor zwei Monaten über die Freiheit, Gleichheit und Brüderlichkeit schlägt immer noch Wellen im Senat.«

»Merda! Das waren Eulen nach Athen getragen.«

»Wie bitte?«

»Das sagt man in Athen. Die Zeit ist noch nicht reif für solche Überlegungen und das philosophische Bewusstsein gerade in politischer Hinsicht ist bei etlichen Senatoren nicht ausgeprägt genug, um mir folgen zu können.«

»Ich fand eure Ausführungen genial, zumal sie sich ja ausschließlich auf das freie Bürgertum bezogen.«

»Also gibt es nichts Neues, nur der übliche infantile Circus Maximus des Senats.«

»Meister! Ihr verkennt die Hochachtung, die euch entgegengebracht wird. Eure philosophischen Betrachtungen und Erkenntnisse über das frühere griechische Staatswesen, die ihr von eurem Aufenthalt als Proconsul in Athen mitgebracht habt und eure Beratertätigkeit für den Kaiser haben das allgemeine Wissen um politische Zusammenhänge mehr als bereichert.«

»Na, wenn du das sagst. Vielleicht bewirkt es ja etwas. Vielleicht in Jahrhunderten.«

»Nein. Es ändert sich schon etwas. Eure Apologie zur Gleichheit zum Beispiel. Kleine Schritte, aber sinnvoll. Wir erarbeiten ein neues gerechteres Steuersystem, das vor allem die großen Steuerhinterzieher der gerechten Strafe zuführt.«

»Na, wenn das nicht schon der Aufbruch in eine neue Weltordnung ist. Aber Spaß bei Seite. Ich habe Wichtigeres vor. Ich schreibe an einem neuen Werk und arbeite an einem neuen Projekt.«

»Oh, wie interessant. Darf ich davon wissen?«

»Ja, aber später. Zuerst meine Frage; was weißt du über den Stand des speziellen Auftrages, den ich dir gegeben habe?«

»Ich verstehe, was ihr meint, Meister. Also, ich habe von Roxana in Ostia Bescheid bekommen, dass der Sklavenhändler Walus Germanus in etwa zwei Wochen mit seinen Schiffen und der Ware, 200 bildhübsche Sklavinnen in Ostia eintreffen wird.«

»Claudius, dann fahr bitte früh genug hin. Mir ist zu Ohren gekommen, dass auch Patricius neue Sklavinnen bestellt hat. Es kann doch nicht so schwierig sein, neue Sklavinnen zu bekommen. Während meiner Zeit in Athen wurden auf der Insel Delos täglich 1000 Sklavinnen gehandelt. Ich will, dass du zehn oder zwölf der schönsten, jüngsten und wenn möglich jungfräulichen Sklavinnen kaufst. Du hast alle Vollmachten von mir.«

»So viele? Ihr wolltet doch nur zwei?«

»Meine Pläne haben sich geändert, dass hängt mit meinen Projekt zusammen. Ich habe mittlerweile schon sechs wunderschöne Jungfrauen über einen sehr diskreten venezianischen Händler bekommen.«

»Ja, ich habe unten im Haus bemerkt, dass ihr jetzt mehr Sklavinnen habt.«

»Ja, das hast du richtig gesehen. Steh mal auf und ruf nach einer. Sie soll uns Wein und frische Früchte bringen.«

Nachdem Claudius sich wieder gesetzt hatte, brachte eine anmutige vollkommenen nackte Sklavin den Wein und die Früchte.

Titus wandte sich an sie: »Dulcia, sag den anderen, dass sie ein gutes Mahl vorbereiten sollen. Am besten einen Fasan. Mein Gast bleibt zum Essen.« Und Claudius fragte er: »Du bleibst doch, oder?«

»Ja, wenn es recht ist. Gerne. Ich habe heute nichts mehr vor.«

»Und deine neue Sklavin? Wie heißt sie denn?«

»Meister. Ich bin euch überaus dankbar, was ihr mir damit für ein Geschenk gemacht habt. Ich nenne sie Laetitia. Sie ist wundervoll und so gebildet.«

»Na. Das muss sie auch sein. Schließlich habe ich sie sechs Monate mit der Rute erzogen. Er freut mich, dass du Gefallen an ihr findest.«

»Ja, sie ist außergewöhnlich. Ich kann mich sogar mit ihr in Gesellschaft bewegen. Was ich mit meinem Eheweib draußen in der Toskana nicht wagen würde.«

»Dazu soll eine Hetäre auch dienen. Das Eheweib ist für die Zeugung legitimer Nachkommen, die Hetäre für die Lust. So und nicht anders hat es zu sein.«

»Aber, Meister. Spannt mich nicht so auf die Folter. Woran arbeitet ihr so umfangreich, wie ich an den vielen Schriftstücken sehen kann?«

Titus holte tief Lust: »Claudius! Wenn du Zeit mitbringst, werde ich es dir offenbaren. Es ist sehr umfangreich und stellt auch mich vor eine überaus große Herausforderung. Und auch deshalb benötige ich deine Hilfe und bitte darum.«

»Aber selbstverständlich Meister. Ihr könnt auf mich zählen. Ich bin gerne euer Schüler.«

»Du bist mehr als ein Schüler. Du bist mir sehr ans Herz gewachsen. Ich baue auf dich - und deshalb werde ich dich gerne in meine Pläne einweihen. Sie sind gewaltig und werden das gesellschaftliche Leben, jedenfalls der gebildeten hohen Schicht mehr als bereichern. Ich weiß, dass du ein geduldiger Zuhörer bist und das ist heutzutage selten. Deshalb richte dich darauf ein, dass meine Erläuterungen sehr umfangreich werden, da es für Rom eine ungewöhnlich kulturelle Neuerung bedeutet.«

»Oh. Da bin ich aber mehr als gespannt.«

»Zum Wohle, Claudius«, sprach Titus und hob sein Glas. »Es ist immer gut, mit dem Anfang zu beginnen«, lachte Titus. »Ergo! Vor vier Wochen war ich zu einem Fest der Iulia, der Frau des Tiberius, in ihrem Palast Palatino eingeladen.«

»Oh. Der Frau des Kaisers.«

»Ja, genau der. Sie ist bekannt dafür, dass sie hervorragende Orgien in ihrem Palast gibt und es hat mich einigermaßen amüsiert. Später am Abend traf ich mit ihr zusammen und sie klagte mir ihr Leid. Sie sagte mir offen, «Was unsere schönen jungen Sklavinnen anbelangt, so zeigen sie ein gröbliches Benehmen und von den Verfeinerungen des Liebesgenusses haben sie keine Ahnung. In der Tat, die ganz jungen Sklavinnen für die höheren Stände, sollten im Liebesgenuss gebildet werden. Die jungen Damen wissen nichts ob des Hochgenusses und scheuen sich des Sodomierens. Dies kann nur gerichtet werden durch eine strenge Erziehung mit der Rute» Und sie fragte mich, nach meinen Erfahrungen in Griechenland.

Ich erzählte ihr, dass dort seit hunderten von Jahren ein ausgeprägtes System von Hetärenausbildung des höchsten Niveaus besteht. Das insbesondere eine Aspasia dieses Hetärenwesen der höchsten Stufe begründet hatte. Wie dem auch sei, Iulia machte mir den Vorschlag, so etwas auch für Rom zu erschaffen und sagte mir einen großzügigen Etat zu, von dem ich schon den ersten Teil erhalten habe.«

»Entschuldigt, Meister: Aber wer ist Aspasia?«

»Das Hetärenwesen zog sich schon durch die gesamte griechische Geschichte. Es gab regelrechte Hetärenschulen, die hoch angesehen waren. Die berühmtesten Schulen waren die der Lais in Korinth und die der Aspasia in Athen, in denen junge Mädchen mit der Rute zu perfekten Hetären ausgebildet wurden. Aspasia, eine Milesierin von Geburt, war eine Freundin des Perikles, des führenden Staatsmann Athens. Sie war eine geistig hochgebildete schöne Frau, der vollendete Typus der vornehmen Hetäre Griechenlands. Staatsmännern und Philosophen anerkannten und rühmten ihre hohe philosophische und sprachliche Begabung. Sie hatte eine förmliche Kultur des Hetärenwesens in Griechenland geschaffen, da sie zahlreiche schöne Sklavinnen importierte, sie in ihrer Schule zu Athen in den Hetärenkünsten ausbildete und dann ganz Hellas damit überschwemmte, weshalb sie auch von dem großen

Philosophen Sokrates ‚Erotodidaskalos' , die ‚Liebeslehrerin' genannt wurde. In den schönen Künsten der Liebestechniken wurden die Mädchen bei der

Aspasia von erfahrenen Frauen sehr streng unterrichtet. Die Ausbildung schloss nicht nur den Umgang mit Männern, Liebespraktiken, Körperpflege und Schönheitstipps ein; zur Ausbildung einer Hetäre gehörte es auch, den Herren bei Symposien intellektuell anregende Gesellschaft in den Bereichen Literatur, Kunst, Theater und Musik zu leisten. Aspasia veranstaltete die berühmtesten Symposien ihrer Zeit. Die Symposien waren Gastmähler unter adeligen Männern mit anschließendem Trinkgelage, zu dem die Ehefrauen keinen Zutritt hatten. Ähnlich wie bei den Bacchānalen der Iulia heutzutage, diskutierten die Männer, ließen sich von leicht bekleideten jungen Hetären bedienen und unterhalten; und gaben sich anschließend gemeinsam dem Liebesakt hin. Aspasias Mädchenschule für Philosophie, Rhetorik und Liebeskunst war der Ort, wo Perikles und Sokrates miteinander reden konnten, wo die Denker Anaxagoras und Protagoras mit dem Bildhauer Phidias und den Dichtern Sophokles und Euripides zusammenkamen und der junge Sokrates-Zögling und künftige Feldherr Alkibiades die Ohren spitzte, wenn der Historiker Herodot von seinen Reisen berichtete. Ein solches Treffen zu philosophischen Streitgesprächen, Wein und Gesang und nackten jungen Mädchen nannten die Griechen *‚ymposion‚* und ein Symposion endete immer im Liebesakt mit den Schülerinnen.«

»Oh. Das habt ihr der Iulia erzählt?«

»Ja. Und sie war beglückt über meine Ausführungen. Ich habe ihr gesagt, dass ich griechische Manuskripte des Alkibiades besitze, der Aspasias

Schule sehr detailliert beschreiben hat. Ich habe ihr zugesagt, diese Schriften zu übersetzen und mit meinen philosophischen Kommentaren und Erläuterungen zu versehen. An diesem Werk arbeite ich schon und werde es *Sapientia Aspasia*, die Weisheiten der Aspasia nennen. Es wird ein umfangreiches Werk über die praktischen und philosophischen Gesichtspunkte der Erziehung junger Sklavinnen zu Hetären werden.«

»Bei allen Göttern, Meister. Ich bin mehr als beeindruckt. Es bewegt mich, dies von euch zu hören.«

»Du wirst nicht nur davon hören, Claudius. Ich werde dich bitten, an diesem Werk mitzuarbeiten. Ich bin überzeugt, wir erschaffen damit ein Kulturgut von äußerster Wichtigkeit für unsere hohe Gesellschaft.«

»Meister, ich weiß gar nicht, was ich sagen soll. Diese Ehre. Und diese Thematik; sie interessiert mich mehr als alles andere.«

»Darauf baue ich. Es wird viel Arbeit auf uns zukommen und du musst gewissenhaft mein Werk lektorieren.

»Ich bin begeistert. Ich kann euch versichern, ich werde alles in meiner Macht stehende tun, um euch bei dieser verantwortungsvollen Aufgabe zu unterstützen.«

»Wunderbar. Darauf habe ich gebaut. Aber bevor wir zum eigentlichen Projekt kommen, wollen wir essen.«

Zwei Sklavinnen brachten nach und nach Köstlichkeiten und beide Männer genossen schweigsam die dargebotenen Speisen. Titus war mit seinen Gedanken schon weit vertieft in seinem Vorhaben und Claudius wartete ungeduldig auf die weitere Neuigkeit seines Meisters. Irgendwann begann Titus seinen Mund mit einem Tuch abzutupfen und trank genussvoll ein Glas Wein. Lange sah er Claudius an, und freute sich, wie gebannt dieser wartete. Endlich nach einem weiteren Schluck Wein, sprach der Meister. »Ich habe gar nicht mal lange überlegt. Es lag schon immer in einer hinteren Ecke meines Gehirns. Ich hatte schon vor Jahren gedacht, dass man etwas für diese Gesellschaft tun kann. Was meinst du, Claudius? Was ist wichtig für die Entwicklung einer kulturell hochstehenden Gesellschaft?«

»Hmm«, stotterte Claudius, »Ich denke, die Bildung ist das Wichtigste.«

»Claudius! Bravo! Ich gratulierte! Jawohl. Exakt. Genau das ist das Wichtigste. Bildung. Deshalb habe ich mich entschlossen und es die Kaiserin wissen lassen, dass ich unserer hohen römischen Gesellschaft eine Schule schenken möchte. Eine Schule, die eine Bildung anbietet, der diese Gesellschaft höchst notwendig bedarf. Eine Schule, die auf der Basis der philosophischen Pädagogik der Aspasia und des Sokrates junge Sklavinnen zu Hetären ausbildet.«

Claudius musste schlucken, als er das vernahm. Leise stammelte er: »Meister, ich bin überwältigt. Dies ist euer Projekt? Eine Schule?«

»Ja, du hast es richtig vernommen. Eine

Schule. Eine Stätte, die Bildung vermittelt. Es war schon immer mein Ziel, Zugang zu Bildung zu ermöglichen und es korrespondiert mit meinen philosophischen Überlegungen zur Gleichheit. Auch Sklavinnen haben ein Recht auf eine ihrer Natur entsprechende Bildung.«

»Ich bewundere eure Großzügigkeit, Meister. Das ist fürwahr selbstlos und ein hoher Akt der Fürsorge. Aber, wie stellt ihr euch eine solche Schule vor?«

Titus lehnte sich entspannt zurück und nahm sein Glas. »Es soll eine ganz besondere Schule werden. Sie wird Sklavinnen eine bisher in Rom nicht da gewesene Bildung geben können. Wortschatz, Sprachgebrauch und Konzentrationsfähigkeit sind wichtige Faktoren die durch aktives Auseinandersetzten mit der Lehre gebildet und gefördert werden. Ausdrucksmöglichkeiten, gerade für die wichtige Konversation mit gebildeten Herrn werden durch die Lehre erweitert und geschult. Diese Fähigkeit ist besonders in der Ausbildung wichtig. Ist eine junge Sklavin in der Lage sich mit dem entsprechenden Anstand zu artikulieren, kann sie bei Unterhaltungen die richtigen Fragen stellen oder Antworten geben und hat dadurch erhebliche Vorteile. *Mens sana in corpore sano, sprach Juvenal. Ein gesunder Geist in einem gesunden Körper.*«

»Ja, doch, Meister. Sagte nicht auch Seneca: Sei gütig zu deiner Sklavin, beziehe sie in die Unterhaltung ein, gib ihr Zutritt zu deinen Besprechungen und Gelagen; die eine oder andere möge deine Tisch- und Bettgenossin sein, weil sie dessen würdig ist, doch andere sollten es noch werden.

Denn sofern sie aufgrund ihres rohen Umgangs noch das Verhalten von Sklaven zeigen, wird das Tischgespräch mit Gebildeteren sie dieses Verhalten ablegen lassen.«

»Sehr gut. Präzise zitiert! Es wird eine Schule der griechischen Pädagogik sein. Der Begriff Pädagogik, unser Wort paedagogia, stammt von dem griechischen Wort *paidos* und lautet soviel wie Erziehungskunst.

Lebenserfahrung weiterzugeben ist der Kern der Pädagogik. Lehren, Lernen. Praktische Übungen mit vielen Wiederholung zeigen, wie systematische Pädagogik von Erziehung und Bildung, jungen Sklavinnen ganzheitlichen, sinnorientierten Weg ins Leben ermöglicht. Pädagogik entsteht unmittelbar aus der Praxis mit Erziehung, *Repetitio est mater studiorum! Das Wiederholen ist die Mutter der Studien.* Dies sagte Cassiodor. Meine freiheitliche Pädagogik will so die Schule für das Leben der Sklavinnen als Hetären öffnen. Ich denke, dass es für ein Vernunftwesen, wie dem Menschen, unangemessen ist, wenn dessen Handeln ausschließlich von Konventionen und Traditionen geleitet und eingeengt wird. Mein Erziehungskonzept soll den Sklavinnen auch Hilfe für ihre sittlichen Entscheidungen liefern, dabei sind Ethik, Moral und Tugend, Begriffe, denen ich mich verpflichtet fühle.«

»Das sind sehr edle Verpflichtungen und ehren euch.«

»Naja. Das Ziel dieser Schule ist, junge Sklavinnen zu Edel-Hetären auszubilden. Ganz im Sinne der Aspasia. Als Edel-Hetären erhalten sie ein sorgloses Leben an der Seite eines hohen Herrn und auf Grund ihrer Bildung stehen ihnen dann alle Wege offen.«

»Eine Erziehung zu Edel-Hetären, wie ihr es nennt, Meister, wird sehr ehrenwert für Teile unserer Gesellschaft. Gerade die hohe Gesellschaftsschicht benötigt Hetären mit niveauvoller Bildung. So sehe ich das auch. Aufgeklärte Geister, edle Herren von Format, die sich nicht dem Genuss und der Wollust verschließen wollen, benötigen junge Liebhaberinnen mit Schönheit, Anmut und Stil.«

»Sehr richtig; Claudius. Ich freue mich, dass du mir folgen kannst. Der erlauchte Kreis der edlen Gebildeten und Wissenden, der sich so sehr vom gemeinen Volk unterscheidet, genießt ein höheres Glück als die Unwissenden. Ein Kreis, der ihnen das Recht gibt, ihre kultivierte Wollust mit Niveau und Anstand ausleben zu dürfen. Wie heißt es: *Quod licet Iovi, non licet bovi, Was dem Jupiter erlaubt ist, ist dem Ochsen nicht erlaubt.*»

Oder einfach ausgedrückt, was dem Gebildeten erlaubt, ist dem Unwissenden verwehrt. Die Lustsklavin, eine Edel-Hetäre, wie ich sie nenne, ist eine in den höchsten Liebeskünsten ausgebildete und in absolutem Gehorsam erzogene Sklavin - und ausschließlich aus diesem einen Grunde wird sie von diesen hochstehenden Kunden gekauft werden. Die Erfüllung ihrer Pflichten als Lustsklavin, besteht in der bedingungslosen körperlichen Hingabe an ihren Eigentümer, die allgegenwärtig und umfassend von ihr angeboten werden muss. Die Befriedigung ihres Herrn zu erreichen steht über alle ihre sonstigen Pflichten. Es ist das verbriefte Recht ihres Eigentümers. Allerdings, Männer können gar nicht erziehen, sie haben kein Gespür für die Empfindungen eines jungen Weibes. Sie können noch nicht einmal jungfräulich geheiratete Ehefrauen so erziehen, dass sie ihre Vorstellungen von hoher Liebeskunst und Raffinesse beim Liebesakt genügen, sie haben auch keine Geduld dafür. Die unwissende unerfahrene Sklavin von den Anfängen des verborgenen Verlangens zur Entfaltung ihrer Lust und zur Begierde zu erziehen, dies ist die naturgegebene Bestimmung einer wissenden und erfahrenen Frau. Mit dieser Aufgabe möchte ich eine erfahrene Hetäre beauftragen. Die Wollust im Rausch des Liebesaktes zu erleben, ist das wahre Wesen und der Zweck allen Daseins. Dazu und in den Finessen des Liebesaktes muss eine auserwählte Sklavin erzogen werden, nur dann kann sie gebührlich und schicklich die noblen und extravaganten Wünsche der hohen Herren erfüllen. Claudius! Ich habe eine Bitte. Du bist jung und kennst dich in gewissen Kreisen in Rom besser aus als ich. Ich benötige für meine Schule eine erfahrene Hetäre als *Educatrix*, als Ausbilderin. Suche mir eine Frau, am besten in deinem Alter, die eine gebildete und sehr erfahrene Hetäre ist und die Erfahrung in der Unterrichtung von raffinierten Liebeskünsten besitzt. Ich kann bei der Erziehung in erster Linie nur mit dem philosophischen Teil und den allgemeinen Künsten beiseite stehen. Suche mir eine attraktive Erzieherin, die eine starke weibliche Dominanz ausstrahlt und auch über gewisse Erfahrungen einer strengeren Erziehung verfügt. Sie sollte erfahren die Rute zur Züchtigung der Lustsklavinnen schwingen können. Der Schmerz erst vollendet die Lust. Daher benötigen Lustsklavinnen ausgedehnte Züchtigungen um die Feinheiten des oralen, vaginalen und analen Liebesaktes zu erlernen. Wenn du eine solche Frau ansprechen kannst, die bereit ist nach meinen hochgestellten Erwartungen zu dienen, lass sie wissen, dass sie sofort hierherziehen kann und sehr großzügig entlohnt würde. Ich denke, bevor du mir die neuen Sklavinnen bringst, werde ich eine solche Hilfe bitter benötigen. Eine solche Gruppierung junger Sklavinnen bedarf einer strengen Führung in diesem Haus, um den entsprechenden Gehorsam zu erhalten. Die Tugend des Gehorsams ist besonders für die jungen Sklavinnen von großer Bedeutung. Verfehlungen und Ungehorsam müssen erkennbar Sanktionen, also eine Bestrafung nach sich ziehen. Alle Pädagogen, diese besonderen Erziehungsziele praktizieren - und ich kenne einige - sind für die strenge Züchtigung bei Ungehorsam. Das Verlangen zur Lustbefriedigung, das verdeckt auch bei den unerfahrenen Mädchen vorhanden ist, kann mit der Rute geführt, gelehrt und zur Entfaltung gebracht werden und so verlangt die Erziehung, ähnlich wie die Sprachfähigkeit, nicht nur Anregung, sondern intensive praktische Übung.

Um ein junges Mädchen auf dem Weg zu einer selbst bestimmenden Edel-Hetäre zu unterstützen und fürsorglich zu begleiten, brauchen sie die Möglichkeit, positive Erfahrungen im Körperkontakt mit sich selbst, mit anderen Mädchen und mit gebildeten Männern. Die Erziehung *cura corporis* kann jungen Sklavinnen eine Tür der Erkenntnis auftun und wir müssen sie zu dieser Türe führen und begleiten. Sicherlich, das weiß auch ich, es erfordert manches mal eine strenge, weisende Hand, dass man mit einer feinfühlenden Erziehung durch die Rute innere Blockaden lösen muss.

Altius praecepta descendunt, quae teneris imprimuntur aetatibus! Lehren, die in zartem Alter verinnerlicht werden, dringen tiefer ein, schreibt Seneca.

Daher, Claudius, sollte die Erzieherin, die ich mir wünsche, über ausgeprägte Erfahrung in den üblichen Arten der Züchtigung junger Sklavinnen verfügen. Entsprechende Gestelle, an denen die Lustsklavinnen gebunden und gezüchtigt werden können, lasse ich schon von einem Schreiner herstellen. Es sind also eine Reihe von Kriterien, die ich an eine solche Person stelle.«

Claudius musste wieder schlucken. Das, was

er da aus dem Mund dieses großen Philosophen hörte, verschlug ihm den Atem. »Meister. Ich werde mein Bestes versuchen, aber ich kann nichts versprechen.«

»Hör dich um. Hab keine Scheu. Die Frau, auf die es zutrifft, wird es sehr schnell begreifen und kann sich bei mir vorstellen. Aber damit du mehr über den Modus der Aspasischen Erziehung kennenlernst, muss ich meinen Vortrag ausdehnen. Dann begreifst du auch, welche Erwartungen ich an eine Erzieherin habe. Abgesehen davon, biete ich dir natürlich auch an, wenn es deine Zeit ermöglicht, mir bei meinem Teil der Erziehung beizustehen und für mich zu anstrengende Züchtigungen zu übernehmen.«

»Danke Meister. Ihr offenbart mir neue Welten.«

»So neu sind sie gar nicht. Vielleicht für dich. Unsere Sklavinnen sollen Feinheit, Manieren, Niveau, Eleganz und Taktgefühl auch beim Liebesakt schenken können.«

»Sie meinen eine praktische Schulung?«

»Ja, natürlich. Sie sollen dabei lernen, den Männern Schönheit, Anmut und lustvolle Hingabe auf höchstem Niveau zu zeigen und zu schenken. Es geht darum, dass eine Sklavin durch zutiefst beglückende, aber oft auch sehr schmerzhafte Prozesse hindurch, in eine größere innere Freiheit und Wahrheit wächst, und darum ihr persönliches Ja zur Lust intensiver ausleben kann. *Per aspera ad astra! Auf rauen Wegen zu den Sternen!*

Dazu werden hier tägliche Exerzitien mit den obligatorischen Züchtigungen abgehalten. Exerzitien ist eine Abkürzung für *exercitia spiritualia*, das heißt geistige und praktische Übungen. Es geht um das Üben. Die Praxis - wie du richtigerweise angedeutet hast.

Zum Üben gehören die Punkte: Ein Ziel, eine Methode und die Wiederholung. Üben ist fundamental für unser Leben: Sprache, Musik, Kultur, Konversation leben vom Üben. Ganz besonders der Liebesakt lebt vom Üben. Die ganze Liebe besteht aus Einüben und Ausüben. Was dir vielleicht nicht so gegenwärtig ist, ist die Tatsache, dass die Rute zur Erziehung notwendig ist. Gerade bei den ganz jungen Sklavinnen, die noch gänzlich unerfahren hierher kommen, ist es natürlich fast immer so, dass sie sich gewissen Praktiken der Lust anfänglich widersetzen. Mehr aus Nichtwissen und fehlender Erfahrung natürlich. Sei es bei geforderten Liebesbezeugungen, die sie auch schon in den ersten Wochen einem hohen Herrn mit ihren Körper andienen sollen oder wenn sie ungewohnter weise coitiert werden. Da ist das unterschwellige Widerstreben nur mit einer kraftvollen Rute zu bändigen. Auch ein aufkommendes Verlangen bei den jungen Sklavinnen wird dabei durch den fürsorglichen regelmäßigen Einsatz der Rute gefördert - während oder bevor der Liebesakt vollzogen wird. Du bist erstaunt, über das, was ich sage?«

»Ja. Äh. Hmm.«

»Diese Erfahrung wirst du auch noch machen.

Wenn es auch am Anfang für die jungen Mädchen mit schmerzhaften Erkenntnissen verbunden ist, so zeigt sich immer wieder, dass, wenn sich einmal die Lust eingestellt hat, auch sie sich vollen Herzens der Wollust hingeben und sich nach nichts anderem mehr sehnen, als einem Liebesakt nach einer Züchtigung. Ich habe die Erfahrung gemacht, dass die meisten Sklavinnen nach ein paar Monaten bei mir durch dieses Wissen, was nach der Züchtigung passieren wird, früh ihr sinnliches Verlangen spüren und manchmal sogar schon erste hohe Gefühle bei sich erleben. Kannst du mir folgen?«

»Ja. Ich bin beeindruckt. Es ist wahnsinnig interessant.«

»Diese Schule basiert auf den Grundsäulen der philosophischen Lehre des Eros des Sokrates. In dieser Schule herrscht Eros und das heißt coitieren. In dieser Schule werden sie gepeitscht und coitiert. Das weiß jede Sklavin hier – und ausschließlich darum sind sie hier. Es ist eine Schule der Wollust und die kultivierte Wollust erfährt sie durch die Zucht und den Coitus.«

»Dies ist fürwahr eine Aussage mit Kultur.«

»Ja. Es ist ein kultivierter und nobler Satz, der das Schöpferische in sich birgt. Das ist die Maxime dieser Schule, sich bedingungslos hinzugeben....«

»....und sich gehorsam coitieren zu lassen.«

»Ja. Ich sehe du begreift sehr schnell. Mit einfachen offenen Worten vulgär ausgedrückt: Wir erziehen sie dazu, dass es für sie nichts

Schöneres gibt, als gezüchtigt und coitiert zu werden. Genauso ist es. Beides hängt nun mal eng zusammen und erzeugt die höchsten Lustgefühle. Diese Erziehung dahin ist diffizil und delikat. Sowohl für den Erziehenden, als auch für ein junges unerfahrenes Mädchen. Diffizil, also beschwerlich, ist es, sie zu der Erkenntnis zu erziehen, dass der Lustschmerz der Rute ihr mit der Zeit des Übens die schönsten Momente des Glücksgefühls schenken kann.»

»Ihr seid ein Meister der Sprache. Es ist als werde ich von euren Sätzen schon gefangen genommen.«

»Naja, Gebe zu, dass ich dies auch beabsichtige. Vergiss den Satz nicht. Wie heißt es bei Sokrates, Wenn du sie belehrst und unterweisest und über sie befindest, so züchtige sie durch Schläge. Es ist also eine Übung, die lehrt. Eine Übung also ist die Züchtigung, welche den Körper stark macht.«

Unser Begriff *Castigatio* für *Züchtigung*»und *züchtigen,* wurde von dem griechischen *paideia* übersetzt und das Verb von dem griechischen *paideuo.* Im griechischen kommen wir der eigentlichen Bedeutung noch näher: Erziehung, *paideuo* bedeutet Schulung durch disziplinierende Zurechtweisung. Ein Mädchen zu erziehen, das heißt, sie zu unterrichten und durch Züchtigung zu disziplinieren. Pädagogik heißt also Schulung durch Züchtigung. Timotheus sagte, *...damit die jungen Frauen durch Züchtigung gelehrt werden, sich nicht zu verweigern.* Aber die schmerzhafte Züchtigung hat natürlich auch noch eine andere wichtige Aufgabe. Die schmerzhaften Empfindungen sollen dabei nach und nach schließlich in reine Wollustgefühle übergehen, denn das Erleben der Wollust durch Züchtigung ist das zweite wichtige Ziel unserer Erziehung. Junge Sklavinnen sollen durch die Züchtigung in reine Wollust aufgehen, um sich freudig und verlangend coitieren zu lassen. Sie sollen einzig und allein zu der Erkenntnis erzogen werden, dass Züchtigung und der Coitus, eins sind. Dass der Schmerz und die Lust sich vereinen, sie aufblühen lassen und es ihre zukünftige Aufgabe ist, mit dieser Blüte ihrer Lust ihrem hohen Herrn gehorsam zu dienen. Schon der griechische Philosoph Epikur sagte: ‚Schmerzen sind wichtig, wenn darauf eine um so größere Lust folgt'. Dies und die lustfördernde Wirkung der Peitsche ist mein zentrales Anliegen bei der Erziehung, die die Sklavinnen hier lernen müssen und von mir, von dir, Claudius und meiner Erzieherin unnachgiebig beigebracht bekommen. Dazu sind sie auserwählt und werden mit Nachdruck ihrer eigentlichen Aufgabe bewusst gemacht und damit kultiviert.«

»Kultiviert. Das klingt bezaubernd.«

»Die höfische Kultur unserer Epoche ist gezeichnet von einer stark ausgeprägten Kultiviertheit. Wir hier in Rom haben sicherlich den höchsten Grad an Kultiviertheit erreicht von allen zivilisierten Ländern. Im Allgemeinen wird das Adjektiv *kultiviert* nur für Erwachsene gebraucht, da sich junge Mädchen noch mitten im Prozess der Erziehung und Reifung befinden, die sie an die vorherrschende Kultur anpassen sollen. Kultiviertheit bezeichnet eine verfeinerte, gepflegte Lebensweise, die sich an den Wertvorstellungen einer bestimmten hoch stehenden Gesellschaftsschicht orientiert. Dieser Begriff drückt klar eine nahezu vollendete Weiterentwicklung durch Erziehung von bestimmten erwünschten Kunstfertigkeiten aus, die über das übliche Maß hinausgehen und daher den Einsatz der Peitsche rechtfertigen. Das Kultivieren mit der Peitsche ist schmerzhaft, da damit eine möglichst exzellente Schule der Liebeskunst und Erzeugung von Lustgefühlen vorgesehen ist. Außerordentlicher Stil und Eleganz beim Liebesakt und demütige Hingabe an die Züchtigung sind ein Mindestmaß, die diese Kultiviertheit von unseren ausgewählten Sklavinnen verlangt, um im gesellschaftlichen Leben der hohen Aristokratie anerkannt zu werden. Eine natürliche Gesellschaft mit hoher moralischer Ethik.«

»Wie philosophisch, eure Gedanken. Deine Sätze verzaubern mich.«

Lächelnd antwortete Titus: »Nein, nicht philosophisch. Eher philanthropisch. Unter Philanthropie versteht man ganz einfach Menschenfreundlichkeit. Es ist die Haltung eines Mächtigen gegenüber Schwachen, die sich in Wohltätigkeit, Fürsorge und Milde äußert. Dabei steht der Aspekt von Bildung, Kultiviertheit und Wohlwollen im Vordergrund. An der Bildung des Intellekts ist die Philanthropie während der

Erziehung ebenso gelegen wie an Naturnähe und körperliche Erbauung. Der griechische Autor Plutarch stellte schon die Philanthropie an die Spitze der Tugenden und verbindet mit ihr die pädagogisch disziplinierende Erziehung durch Züchtigung. Richtig?«

»Jaja, ich kann euren Ausführungen folgen. Sie erscheinen mir mehr als folgerichtig und stehen in einem kausalen Zusammenhang der Erziehung. Soweit habe ich das begriffen. Es kling absolut logisch.«

»Logisch und rational. Die Ratio muss unser Handeln bestimmen. Aber ich muss dich noch in ein weiteres Geheimnis der Aspasischen Erziehungslehre einweihen. Aspasia bildete in ihrer Mädchenschule ganz besondere Sklavinnen aus, sogenannte Kallipygen.«

»Kallipygen?«

»Schon damals in Athen hieß es, die jungen Kallipygen sollen ihrem Liebhaber den vollendeten *Coitus in anum feminae* anbieten können. Den Namen ‚Venus *Kallipygos* erhielten die ausgebildeten Liebesdienerinnen in Griechenland, wenn sie einen ausgesprochen schönen knabenhaften Popo besaßen und im vollendeten Liebesspiel mit diesem ausgebildet waren. Ich habe dir von der Liebesschule der Hetäre Aspasia und ihren Symposien in Athen erzählt. Was ich dir jetzt anvertraue, ist, dass sie ihre jungen Sklavinnen ausschließlich zu Kallipygen ausbildete. Diese *kallipygischen Reize* standen bei den gebildeten Griechen immer an erster Stelle des Verlangens und waren dort zwischen Mann und Frau nahezu ebenso häufig wie der Vaginalkoitus, genauso wie der Analkoitus zwischen Männern und Knaben. Aspasias philosophische Symposien wurden ein wichtiger Bestandteil in der Gesellschaft Athens und endeten immer damit, dass sich die hohen Herren ihrer pädagogischen Aufgabe bewusst wurden und die Popo's der jungen Sklavinnen und Knaben liebten. Mit der Rute und dem Phallus - so, wie es die Apologie der damaligen Pädagogik des sokratischen Eros aussagte.«

»Oh, wie schön sich das anhört.«

»Ja, ein Satz voller Poesie. Die Rute auf und der Phallus im Po. Nach Berichten von Sokrates und Platon ist überliefert, dass Aspasia ein besonderes Ruhelager als Zuchtbock benutzte und ihre Art der Pädagogik zur Ausbildung der Kallipyken immer die Züchtigung mit der Rute und dem analen Liebesakt beinhaltete.«

»Diese Aspasia gefällt mir. Wirklich erstaunlich, was ihr mir erzählt.«

»Ja, das stimmt. Diese Frau gefällt mir auch außerordentlich. Hat sie doch schon Jahrhunderte vor unserer Zeit gewusst, wie man die Lust einer Sklavin durch das Zeichnen des Popos mit der Rute steigern kann.«

»Meister, ich gebe zu. Auch ich gebrauche manchmal meine führende Hand bei meiner Sklavin und ich spüre, wie es sie erregt.«

»Siehst du. Erfreulich. Dann hast du ja schon eine anfängliche Erfahrung. Ich kann dir zusichern, dass du hier bei mir diesbezüglich mehr lernen kannst und alle Freiheiten hast. Ich kann ermessen, wie bitter süß diese Stunden für eine junge Sklavin sind, deshalb muss es auch nicht nach außen breitgetreten werden. Die eigentliche Erziehung bleibt innerhalb dieser Mauern. Die jungen Sklavinnen sind sinnlicher als man denkt; aber sie wissen weniger um ihre Sinnlichkeit. Sinnlichkeit ist ein wertvolles Gut; nur die Erziehung mit der Peitsche kann sie entwickeln und aus dem Verborgenen herausführen. Sinnlichkeit ist der Eingang in den Garten der Lust. Man veredelt die Schönheit der Blumen durch die Zucht und junge Mädchen durch die Peitsche. Es gibt nichts Göttlicheres als die Erziehung. Durch Erziehung wird der Mensch erst wahrhaft Mensch. Dies sagte auch schon Platon vor 400 Jahren. Es dauert halt manchmal sehr lange, bis eine so junge Sklavin den wahren Wert dieser konsequenten Erziehung ermessen kann und dann erst nach und nach beginnt, diese Art der Ausbildung zu genießen. *Anal coitiert* werden ist für die jungen Mädchen immer etwas sehr Ergreifendes und hier wird sogar verlangt, dass sie sich dabei einer strengen Zucht zu unterwerfen haben. Hier werden sie gepeitscht und anal coitiert, ob sie es wollen oder nicht, letztendlich unnachgiebig und auch rigoros. Ich will, dass du dich dafür nicht schämen musst, sondern ganz im Gegenteil, dass du diese Art der Erziehung konsequent durchführen musst. Du siehst, damit bin ich hier auf der gleichen Stufe der pädagogischen Philosophie des Sokrates.«

»Das wusste ich bisher noch nicht, dass Sokrates so dachte und handelte.«

»*Philosophia non in verbis, sed in rebus es, Die Philosophie lehrt tun, nicht reden,* sagte Seneca. Sokrates Philosophie des Eros sagt, nur schmerzhafte Züchtigung steigert das Verlangen und lässt eine Sklavin den anschließenden Liebesakt herbeisehnen. Und diese Wollust, die sie dabei erfährt, ist um so höher, je konsequenter die Züchtigung durchgeführt worden ist. Coitiert zu werden ist dann für sie der Gipfel der Lust und immer wieder höre ich dann die Freudenschreie bei jedem tiefen Stoß eines Phallus in ihren Körper. Nur durch das Auspeitschen ist sie bereit und voll von Verlangen, das schmerzhafte Eindringen eines dicken Mentulas in ihren Po als Genuss zu empfinden. Allein dazu muss diese strenge Erziehung hinführen, denn nichts bereitet unseren hohen Herren mehr Lust, als den gestriemten roten Po einer jungen Hetäre, die sich im Taumel zwischen Schmerz und Wollust windet, zu penetrieren. Dieser dritte Weg der Penetration wird auch in der Literatur als der Göttliche bezeichnet. Mit der Hingabe ihres dritten Weges offenbart sich die Dreifaltigkeit des Weibes oder auch Trinität genannt. Nur durch besondere Erfahrungen im Umgang mit Lust und Schmerz lernt die Sklavin im Laufe der weiterführenden Erziehung, Schmerzreize als Lust umzudeuten. Die Hohe Schule der analen Liebeskunst, das allein sind die hochgradigen Lektionen, bei denen die Peitsche den

Körper einer jungen Sklavin in den ekstatischen Taumel eines Orgasmus führt und sie während der unentwegt durch ihren Körper wallenden Höhepunkte anal coitiert werden kann. Das bezeichnen wir, die Anhänger der griechischen Pädagogik, als die höchste Stufe der Ausbildung und diese Veranlagung wird ausschließlich mit der langen Peitsche *herausgearbeitet.*«

»Das kling sehr streng und rigoros.«

»Diese höhere Ebene beruft sich auf den pädagogischen Eros Sokrates. Nur so erlernt eine junge Edel-Hetäre, gehorsam mit ihrem Po zu dienen um als eine ausgebildete Kallipygen zu gelten. Mit ihrem Anus allein soll sie einem hohen Herrn Genuss ermöglichen und dieser Grad der Einsicht kann nur durch Auspeitschen herausarbeiten werden. Eine Kallypigen muss mit der beißenden Peitsche geöffnet und hernach mit einem harten Phallus im Anus unerbittlich geläutert werden, - das ist sokratisch-pädagogischer Eros; das ist zielgerichtete Ausbildung.«

»Oh! Nein, wie obszön!«

»Nun ja. Ich finde es sogar poetisch.«

»Jaja, Ich denke auch, dass es den hohen Herrn sehr gefällt, den von Orgasmuszuckungen bebenden jungfräulichen Popo einer jungen Sklavin zu genießen.«

»Dies ist das A und O der Erziehung. Claudius. Die Gefühle, die eine Sklavin dabei erlebt, sind kaum in Worte zu fassen. Allerhöchste Lust- und Glückseligkeitsgefühle, empfunden als eine Reihe lustvoller Zuckungen durchströmen mehrmals kurz hintereinander den gesamten Körper. Begleitet werden die rhythmischen Muskelreflexe mit einem Erzittern des ganzen Körpers, mit kurzen spitzen Lustschreien, leisem Wimmern oder heftigem Stöhnen. Dieses wollüstige Zittern des nackten Körpers vor ihm und die Kontraktionen des Schließmuskels, die Verengung des Popos, lassen den Phallus eines Herrn unendlich steif werden und seinen aufgestauten und überquellenden Liebessaft in einem voluminösen Orgasmus tief in den Popo der jungen Sklavin spritzen. Dieser einmalige Hochgenuss versetzt eine junge Sklavin nicht nur in den siebten Himmel. Es ist ein Hochgenuss der geschlechtlichen Ausschweifung. Der hohe Genuss-Akt für einen Herrn, nämlich das Eindringen eines harten dicken Phallus durch die enge Rosette einer jungen gezüchtigten Sklavin, ist sein legitimes Recht und durch unsere alten Schriften geschützt. Es heißt da ausdrücklich, es sei das verbriefte Recht, des Mannes, seinen Weibern und seinen Sklavinnen den Samen durch die gerötete Rose, die *flos rosans,* zu überbringen. Und dies geschehe Widerspruchsfrei und in Gehorsam.

Naturalia non sunt turpia! Was natürlich ist, kann nicht schändlich sein!«

»Das ist ein wahres Wort, Meister!«

»Aber zu deiner Beruhigung. Hier in dieser Schule der Lust wird ethisch erzogen. Die Peitsche ist das Symbol für Freiheit; für die Freiheit der Lustsklavin, mit ihrer angeborenen Weiblichkeit gehorsam dienen zu dürfen und gleichzeitig die

Befriedigung ihrer Begierde zu erhalten. Für eine Sklavin ist es nicht nur die größte Form von Freiheit, wenn sie bei einer Züchtigung oder einem Coitus einen Orgasmus geschenkt bekommt. Nein, ihr diese Freiheit zu schenken, ist gewollt und wird ihr mit der Peitsche aufgezeigt.«

»Ich staune, Titus, wie nachvollziehbar und verständnisvoll Sie dieses schwierige Thema behandeln. So rücksichtsvoll und fürsorglich.«

Titus lachte. »Dies war ein kurzer, aber mit aller sittlich moralischer Vornehmheit ausgestatteter Exkurs für dich, ob sich meine Sklavinnen hier freiwillig züchtigen und coitieren lassen oder nicht. *Docendo discimus! Durch Lehren lernen wir,* schrieb Seneca kürzlich und ich denke auch du. Ein Haus, mit meiner Reputation für eine Ausbildung von Edel-Hetären auf höchstem Niveau, ist dazu verpflichtet, dieses gesellschaftliche Kulturgut nicht zuletzt durch eine konsequente Erziehung mit entsprechenden Disziplinierungen zu erreichen.«

»Ich bin sprachlos, Meister. Wann wollt ihr denn diese Schule aufbauen?«

»Sie existiert bereits. Ich habe erwähnt, dass ich bereits sechs wunderschöne anmutige Sklavinnen mit alabasterartigen knabenhaften Popos gekauft habe und du kannst wissen, dass ich mit der Erziehung begonnen habe. Darüber hinaus habe ich das Gebäude nebenan von Iulia zur Verfügung gestellt bekommen. Ich habe dann genügend Platz und Räumlichkeiten für weitere zehn oder zwölf Sklavinnen, mit denen ich die Erziehung beginnen kann. Deshalb benötige ich ja auch so dringend eine dominante Erzieherin, die nach meinen Richtlinien die täglichen strengen Exerzitien durchführt. Wenn du mir brauchbare Sklavinnen aus Ostia mitbringst, dann kann die Schulung beginnen.«

»Ja, Meister. Ich werde mein Bestes tun.«

»Ich will nur die allerbesten. Schlank, edles Antlitz, knabenhafter Po und jungfräulich sollten sie sein. Du kannst bieten so viel du für richtig hältst. Wenn alles gut läuft denke ich, könnten wir in zwei Monaten ein erstes Symposium abhalten, zu dem ich dich gerne als meinen Assistenten dabei hätte. Auch in der Phase der Vorbereitung.«

»Ihr seid ein großartiger Mann. Ein Mann, der selbst die Liebeskunst philosophisch erfassen kann und ausformt.«

»Formen ist ein gutes Wort. Das muss ich mir merken. Der Freiheitsgedanke war mir schon immer ein Anliegen. Auch hier geben wir den Sklavinnen die Freiheit, eine wollüstige Sklavin zu sein. Sie dürfen geil sein. Sie dürfen mit ihren Lustschreien beim Auspeitschen zeigen, wie ihre steigende Wollust sie immer geiler werden lässt und sie dürfen zeigen, dass sie ein gewaltsames Eindringen eines steifen Phallus in ihren Anus herbeisehnen. Dann werden sie auch mit Liebe belohnt. Denn wir wollen sie formen, nicht brechen.«

»Unglaublich, eure feinfühlige Rhetorik. Ihr

seid ein wahrer Meister. Wie sollen denn diese Symposien ablaufen?«

»Wir werden zum ersten mal natürlich Iulia und einige ihrer Freundinnen einladen müssen, vielleicht auch einen ihrer derzeitigen Liebhaber, aber sonst nur erlauchte bekannte Männer aus dem Senat oder Administration.

Ein Symposium wird nach einem bestimmten Muster ablaufen. Ich habe es schon ausgearbeitet. Der Abend wird in drei Segmenta eingeteilt. Jeder Abschnitt ist einem besonderen Thema gewidmet. Das erste Segmentum heißt *praeludium et cenam. Also die Vorstellung, Einführung und ein großartiges gemeinsames Essen*. Das zweite Segment ist die *demonstare disciplina, die Vorführung des Unterrichts*. Dabei wird mit den Sklavinnen über Philosophie, Rhetorik diskutiert und sie werden ein kurzes amouröses Theaterstück aufführen und mit einem lasziven Tanz ihre weiblichen Reize präsentieren. *Nuda veritas, die nackte Wahrheit,* wie Horaz sagen würde. Auch könnte hier unter den Gästen verlost, eine echte Entjungferung vorgeführt werden. Das dritte Segmentum ist dann der Höhepunkt des Abends und auch der Abschnitt, der am längsten dauern wird, da es den Gästen ermöglicht wird, das Vergnügen beliebig lange zu verlängern. Es ist, wie es so süß heißen wird, die *sessioncula multare, die kleine Sitzung der Bestrafung*. Ich nenne es kurz das SM-segmentum, bei dem die Sklavinnen mit der Peitsche auf die *pedicatio rigorus, den analen Coitus* vorbereitet werden. Dazu kann sich die Gesellschaft nebenan in einen gesonderten großzügigen Raum begeben, den ich schon mit diversen hölzernen Zuchtgestellen und an Wänden, Decken und Boden befestigten Eisenringen zum Fixieren der Sklavinnen ausgestattet habe.«

»Zuchtgestelle?«

»Ja, gut. Ich denke, du weißt nichts von diesem speziellen Mobilar. Aber es sind äußerst hilfreiche Instrumente der Erziehung. Aristibaides berichtete schon, dass Aspasia in einem besonderen Raum einen gepolsterten Bock stehen hatte, über den die Sklavin gebeugt und an Eisenringen festgebunden wurde, damit sie so gezüchtigt und anschließend coitiert werden konnte. Alle meine Zuchtgestelle sind von einem *Artifex lignarius,* einem *erfahrenen Schreiner* verfeinert und so gebaut, dass eine Sklavin nicht nur unbeweglich darauf festgebunden werden kann, sondern dass ihr Po deutlich emporgehoben, leicht mit der Peitsche bearbeitet und sie danach mühelos anal penetriert werden kann. Daneben gibt es einen kleinen Raum, in dem nebeneinander zwei schwere hölzerne Pranger stehen, in denen Sklavinnen halbhoch gebeugt mit den Kopf festgeklemmt werden. Diesen Raum nenne ich das *pedicatorium.* Ein göttliches Erlebnis für vier Männer, wenn zwei jeweils nebeneinander die *pedicatio* von hinten und gleichzeitig die zwei anderen die orale Penetration, die *irrumatio* von vorne vollziehen und alle vier Männer sich dabei geistreich unterhalten können. Ein geistreicher Dialog der Männer untereinander während der gemeinsamen Penetrationen wirkt sich mehr als schöpferisch auf ihre Lusterfahrung aus. Du sagst gar nichts mehr!«

»Ich staune und verinnerliche. Eure wohlgewählten Worte entzünden in mir eine gewisse Erregung und der Gedanke, von euch zu einem Symposium eingeladen zu werden erfüllt mich mit hoffnungsvoller Freude.«

»Das kann ich dir zusichern«, sprach Titus und erhob sich. »Du wirst dabei sein. Wenn du denn willst. *Maxime peccantes, quia nihil peccare conantur, Wer nicht zu sündigen wagt, begeht die größte Sünde.* Komm mit mir zur Balustrade.«

Beide gingen vor zum Rand der weiten Dachterrasse und blickten auf die Stadt und die Hügel Roms.

»Einen herrlichen Ausblick habt ihr hier, Meister. Ihr seid zu beneiden.«

»Ja, eine wohlgefällige Aussicht auf unsere Stadt. Unten auf den Tiber, dahinter der Circus Maximus und weiter, die kaiserlichen Paläste des Palatinus. Aber schau hier, Claudius. Auf der Oberkante der Balustrade.«

»Ja, ich sehe. Sie ist gekrönt aus feinstem Marmor.«

»Nun ja. Aber das meine ich nicht. Du siehst die zwei schweren Eisenringe, hier rechts und links von mir?«

»Ja, Meister. Wofür sind diese?«

»Zu dieser Stelle wird eine nackte Sklavin geführt und über die Balustrade gebeugt an den Ringen festgebunden. So kann man sie kräftig züchtigen, sie penetrieren und sich an der majestätischen Aussicht erfreuen. Mit ihren schrillen Lustschreien, die laut über den Tiber hallen, kann man die Stadt und den Kreis mit der hohen Kultur dieses Hauses segnen. Es ist ein Ort für einen pädagogischen Liebesakt, der voller Eleganz und Würde ist und eine Erhabenheit ausstrahlt, die ich über alles schätze.«

Nach langem Schweigen sagte Claudius: »Ich bin zutiefst beeindruckt, Meister. Mir offenbaren sich völlige neue Sichtweisen des Lebens.«

»Tja, Claudius, dies ist mein Geschenk an die hohe Gesellschaft. Eine *schola disciplina strictus', eine Schule der strengen Erziehung.* Eine Schule, um Sklavinnen durch Bildung und Erziehung zu Edel-Hetären zu formen.

Die Urheberschaft dieses letzten Satz darfst du übrigens für dich beanspruchen.«

Bereit und treu ergeben

Glenmoran Castle in Glencoe, im Juni 1938

Aileen hatte das Taxi vorfahren sehen und eilte hinaus, um ihre Tante zu begrüßen.

Artig reichte sie ihr die Hand und machte einen Knicks. «Lady Sutherland, willkommen hier auf Glenmoran Castle.»

«Mein Kind, nicht so formell», antwortete die Tante. «Umarme mich. Ich freue mich, dich wiederzusehen. Wenn wir beide unter uns sind, nenn mich Elizabeth.»

«Danke. Ich freue mich auch, Elizabeth. Darf ich deine Koffer hineintragen?»

«Der Fahrer kann helfen. Es sind drei. Er soll sie gleich hoch ins Gästezimmer bringen!»

In der Eingangsdiele schaute sich Lady Sutherland um. «Oh. Es hat sich einiges geändert.»

«Liebste Tante. Ich habe nur den großen Schrank als Garderobe hier aufstellen lassen, damit man früher die Mäntel und Jacken aufhängen kann. Er stand ja im Durchgang zum Wohnzimmer.»

«Das ist eine sinnvolle Entscheidung. Auch die Kommode ist neu.»

«Sie stand oben und wurde nicht genutzt. Der große Spiegel darüber auch. So kann sich der Besuch schnell über die Haare fahren.»

«Gute Idee, der Spiegel. Huch. Ich sehe aus, als hätte ich mich heute Morgen im Dunklen angezogen.»

«Nein, Ma'am. Sie sehen hinreißend aus.»

«Danke, mein Kind. Aber jetzt nenn mich Elizabeth!»

Aileen lächelte. «Darf ich dich ins Wohnzimmer führen.»

Elisabeth blickte ins Wohnzimmer. «Hier hast du nicht viel geändert.»

«Nein. Es ist ja sehr gemütlich. Ich mag es. Und Charles möchte auch, dass es so bleibt. Die Blumenarrangements in den großen Vasen sind neu.»

«Sehr schön, mein Kind.»

«In Charles Bibliothek darf ich natürlich überhaupt nichts ändern, aber das will ich auch gar nicht. Das ist sein Reich. Dafür durfte ich das Schlafgemach ganz umgestalten.»

«Wirklich? Das muss ich sehen.»

Aileen lachte. «Komm mit hoch. Ich zeige es dir.»

«Wunderschön. Ich staune. Die frischen Farben der Vorhänge und Stores.»

«Ja. Es ist viel heller geworden, es beschwingt.»

«Auch getönte Bettwäsche?»

«Ja. Ganz modern, aus Frankreich. Ich durfte mich von einem Innenarchitekten, einem Freund von Charles, beraten lassen und durfte selbst entscheiden, was ich aus Oban kommen lassen konnte. Es ist alles neu. Erst seit letzter Woche.»

«Wunderbar. Geschmackvoll», sagte die Tante, als sie sich umsah. Dabei registrierte sie auch die Leder-Tawse, die auf dem rechten Nachttisch lag.

«Danke, Elizabeth. Dein Gästezimmer ist auch in den hellen Tönen eingerichtet.»

«Gehen wir wieder hinunter. Ich werde schnell den Tee aufsetzten. Ich darf dir doch sicherlich eine Tasse anbieten.»

«Werden wir einen richtigen Afternoon Tea haben?»

«Wenn Charles kommt. Es wird nicht mehr lange dauern. Ich habe Scones nach deinem Rezept gebacken.»

«Oh, das freut mich. Und sie sind nicht verbrannt?»

«Nein», lachte Aileen.

«Eure Hochzeitsfeier im The Balmoral Hotel in Edinburgh war ein Erlebnis», plauderte Elisabeth, als Aileen die erste Tasse Tee einschenkte. «Die Gesellschaft spricht heute noch darüber. Dieses Hotel im viktorianischen Stil bot eine herrliche Aussicht auf das Edinburgh Castle und die Altstadt und diese luxuriösen Zimmer. Es war fantastisch. Auch das Fleisch vom Angusrind aus der Grafschaft Argyll und die fangfrischen Meeresfrüchte, wirklich ein Erlebnis.»

«Danke, Elizabeth. Charles hat es auch sehr gefallen. Es war eine wunderschöne Hochzeit.»

«Ich hoffe, du weißt es zu würdigen. Charles

ist der Earl of Sutherland und somit ist Charles der Chief of Clan Sutherland, das Oberhaupt unseres Familienclans. Du, als die Frau eines Earls bist jetzt die Countess of Sutherland. Sei dir immer bewusst, in welch hohe adlige Kreise du hineingeheiratet hast und benimm dich in Gesellschaft entsprechend. Sei zurückhaltend, keinesfalls vorlaut und immer auf die Etikette achten! Bei der Kleidung, beim Dinner oder bei Empfängen. Du musst dich sehr sittsam geben und nichts über eure Privatsphäre, geschweige denn über euer Eheleben ausplaudern. Schau immer zu Charles, er wird dir den Weg weisen und dich wissen lassen, wann du etwas Privates erzählen kannst. Du hast bestimmt schon den Wahlspruch unseres Hauses auf dem Familienwappen gesehen, *PROMPTUS ET FIDELIS*. Es bedeutet: *Bereit und treu ergeben*. Das gilt nun auch für dich als die Countess of Sutherland.»

Wie schon beim ersten Zusammentreffen bei ihren Eltern und erst recht bei der Hochzeitsfeier, war Aileen zutiefst beeindruckt von dieser Frau. Sie war der Mittelpunkt der Familie und der Gesellschaft gewesen. Hochgewachsen, schlank, sehr vornehm gekleidet, fülliges lockiges Haar immer elegant hochgesteckt und ein anmutiges Gesicht. Aileen schätzte sie auf über Fünfzig und war sich sicher, noch nie zuvor einer solch attraktiven Dame begegnet zu sein. Einer Dame, die wusste, wie man sich stilsicher und kultiviert in hohen Adelskreisen bewegt. Aileen wusste nicht viel über Tante Elizabeth. Nur, dass sie früher die Gattin des Bruders von Charles Vater gewesen war und nach dessen Tod und den von Charles Mutter, die rechte Hand und die Gesellschaftsdame seines Vaters geworden war. Seitdem waren auch die großen Vermögen der beiden Familienzweige wieder in eine Hand vereint worden und Charles, mit der Hochzeit nun endgültig als der alleine Herr des Sutherlandclans, herrschte über eine der bekanntesten Whisky Brennereien, diverse Beteiligungen und riesige Ländereien.

Das Telefon auf einer Kommode läutete und Aileen ging hin, drückte ein paar Mal auf die Gabel und hob den Hörer an ihr Ohr.

Als sie zurückkam und sich zu ihrer Tante setzte, sagte diese: «Oh, obwohl du aus den Highlands stammst, weißt du, wie man ein Telefon benutzt?»

Aileen sah das unverhohlene Lächeln im Gesicht der Tante und wusste, dass es ihr typisch englischer Humor war. Schließlich war die Lady eine geborene Baroness Renmore aus London gewesen, bis sie den Bruder von Charles Vater geheiratet hatte.

«Das war Charles. Er lässt dich grüßen. Er verlässt die Firma und wird in 20 Minuten hier sein.»

«Ist es dir nicht zu einsam hier? Hier, in diesem alten Glenmoran Castle in Glencoe? Ich wollte hier nicht mehr leben, als Charles Vater verstarb. Deshalb bin ich nach Edinburgh gezogen. Ich wollte in eine Stadt.»

«Nein, ganz und gar nicht. Es ist schön hier. Außerdem ist Charles Destillerie nicht weit entfernt.»

«Ja. Ich habe gehört, er macht gute Umsätze.»

Charles trat ein und Aileen flog ihm um den Hals. Intensiv küssten sie sich.

«Hallo, liebste Tante. Schön, dich hier zu sehen.»

«Ganz meinerseits, Charles. Diese 120 Meilen von Edinburgh nach hier sind eine schiere Strapaze.»

«Aber der Wagen und der Fahrer waren in Ordnung?»

«Oh ja. Sehr höflicher, zurückhaltender Mann - und der Wagen war sogar sehr neu.»

Aileen räusperte sich. «Darf ich den Afternoon Tea servieren?»

«Natürlich, mein Liebling. Roll alles her. Ich freue mich darauf.»

«Die Scones sind wirklich vorzüglich», lobte die Tante. «Alle Achtung, Aileen. Es freut mich, dass du etwas von mir angenommen hast. Charles liebt meine Scones, nicht wahr?»

«Tante! Aileen gibt sich sehr viel Mühe. Du siehst, wie lernbereit sie ist.»

«Ja, das habe ich zu meiner Zufriedenheit feststellen können, Charles.»

Aileen strahlte. «Sie können sicher sein, dass ich die Scones, die Ihr Sohn so sehr liebt, ausschließlich nach Ihrem Rezept backe und das Sunday Roastbeef mit Yorkshire Pudding und das Chicken Tikka Masala für ihn exakt nach Ihren Anweisungen koche.»

Die Tante wendete sich an Charles. «Aileen hat Veranlagung, eine gehorsame Gattin zu werden. Sie hat das Haus in Ordnung, kleidet sich adrett und ist gepflegt. Das ist schon ein guter Ansatz. Unsere Familie entstammt schließlich einem der ältesten schottischen Adelsgeschlechter und dieser noblen Gesellschaft sind wir verpflichtet. Darauf habe ich sie nochmals aufmerksam gemacht. Aber das Wichtigste ist doch, wie sie dir in Gehorsam dienen kann. Erziehst du sie auch entsprechend, um sie auf ihren Gehorsam aufmerksam zu machen?»

«Ja, diese Erziehung beginne ich ja gerade. Deshalb habe ich dich auch hergebeten, damit du mir mit deinem Erfahrungsschatz hilfst. Ich habe für heute Nachmittag und morgen, dem Hauspersonal freigegeben. Wir sind also allein und können uns ungestört um ihre Erziehung kümmern.»

Etwas irritiert blickte Aileen abwechselnd von Charles zur Tante und fragte sich, wieso über ihre Erziehung geredet wurde und was denn für eine Erziehung gemeint war.

«Oh, Charles. Ich bin begeistert. Danke, dass du es ermöglichst. Wunderbar. Dann können wir beide ja ganz ungestört und offen über Aileens Erziehung reden und ihr über das Wochenende etwas beibringen.»

«Ich weiß doch, Tante, wie sehr du dieses Thema liebst.»

«Das ist auch notwendig, bei einer so jungen unerfahrenen Frau. Du musst sie streng erziehen. Sie soll mit der Zeit von deinen Lippen ablesen können, wann und wie sie dir dienen soll. Getreu unserem Familienwappen, ‚Bereit und treu ergeben.»

Charles streichelte Aileens Wangen. «Den Leitspruch unseres Wappens kennt sie. Ich habe ihr den Zinnteller mit unseren eingravierten Wappen neben den Ankleidespiegel gehangen, damit sie ihn täglich sieht.»

«Wundervoll! Wird sie auch regelmäßig gezüchtigt, wie es die Familientradition bei uns erfordert?»

«Sie bekommt jeden Abend ein Spanking, nicht wahr, mein Schatz?»

Vollkommen überrascht blickte Aileen Charles an und schwieg verstört.

«Aileen! Ich habe dich etwas gefragt!»

Sie sah sein ernstes Gesicht und sagte dann schnell: «Ja, Sir.»

«Na ja», meinte die Tante trocken. «Ich sehe, etwas Erziehung tut Not. Eigentlich hilft bei einer erfolgreichen Erziehung nur ein Spanking mit der Tawse. Du hast doch mein wertvolles Hochzeitsgeschenk?»

«Ja, natürlich, werte Tante Elizabeth. Aileen, geh hoch und hole die Tawse! Du kennst sie ja.»

Als die beiden allein waren, sagte Charles: «Ich habe die richtige Erziehung erst letztes

Wochenende mit der Tawse begonnen, die sie zum ersten Mal zu spüren bekam.»

«Das höre ich sehr gerne, Charles. Nur so kann ein Gatte von Stand seine junge Gattin erziehen. Wir werden gleich mit ihr darüber reden. Das wirkt höchst erzieherisch.»

«Elizabeth! Ich sehe, du fühlst dich wohl hier», lachte Charles.

«Ich bin glücklich, dass du meine Ratschläge annimmst. Du weißt, ich habe dir nie etwas Falsches geraten.»

«Das weiß ich an dir zu schätzen.»

Nachdem Aileen zurückgekehrt war und die Tawse in der Hand gehalten hatte, erklärte Elisabeth: «Schau sie dir genau an! Dies ist eine sogenannte Lochgelly Tawse, eine schottische Riemenpeitsche. Eine sehr wertvolle zugleich. Sie gehörte schon Charles Großvater. Sie wurde 1884 von der berühmten Sattlermeisterei R. Philp & Sons in Lochgelly hergestellt, die seit Jahrzehnten bekannt dafür ist, die besten Tawsen aus feinstem Leder zu produzieren. Du siehst das Brandzeichen von R. Philp & Sons und auf der Rückseite unser eingeprägtes Wappen mit unserem Leitspruch. Es war eine Sonderanfertigung und hat in drei Generationen für eine ausgesprochen angenehme Harmonie innerhalb Charles Familie gesorgt. Ich hatte sie nach dem Tod von Charles Vater an mich genommen und sie Charles jetzt zu eurer Hochzeit geschenkt. Sag mir, Aileen. Charles hatte mir eben gesagt, dass du sie bereits kennengelernt hast. Wie fandest du die Erziehungslektion?»

Aileen stotterte unsicher: «Es hat weh getan.»

Die Tante lachte laut. «Ja, weh tun muss sie. Nur unter der Tawse wird ein Mädchen zur gehorsamen Gattin.»

Aileen war fassungslos, als sie das hörte. Natürlich war es für sie neu gewesen, dass sie von ihrem frisch getrauten Gatten regelmäßig über Knie gelegt und mit der Hand geschlagen wurde, bevor er sie zärtlich liebte. Aber letztes Wochenende war es dann doch anders gewesen.

«Das Spanking mit der Tawse ist uralte schottische Tradition, erst recht in unserer Familie. Nicht wahr, Charles? Es festigt die Harmonie in der Ehe und verhindert Verstimmungen. Ein Spanking mit der Tawse ist entgegen landläufiger Meinung zwar deutlich schmerzhafter als mit der Hand, aber einfacher für Charles. Da ihr Gebrauch nicht zu Hautverletzungen führt, kann eine Tawse wesentlich nachhaltiger und häufiger als eine Reitgerte zur Erziehung eingesetzt werden. Mit einer Schottischen Tawse besitzt man genau das richtige Instrument für eine Erziehung, die auch die widerspenstigste Ehefrau brav macht.»

Charles musste laut lachen. «Ach, Tante Elizabeth. Aileen ist nicht widerspenstig. Nicht wahr? Aileen?»

«Ja, Charles», murmelte Aileen verängstigt. Sie wurde sich bewusst, dass mit Erziehung, ihre Erziehung gemeint war und dass die Tawse für sie bestimmt war. Sie konnte es kaum fassen, dass diese hochgeachtete Frau so ungeniert über eine Erziehung mit körperliches Züchtigung redete.

«Ich danke dir, Charles», hörte Aileen sie weiter sagen, «dass du mir bei deiner Einladung gesagt hast, dass wir uns sehr offen über Aileens Erziehung unterhalten können.»

«Tante, tu dir keinen Zwang an. Du weißt, auch ich liebe sehr freie Konversation.»

«Oh ja. Konversation ohne Konventionen. Das ist es, was ich liebe. Man hat so selten Gelegenheit dazu. Sag, Charles, bis du mit Aileen zufrieden? Stellt sie dich zufrieden? Ich weiß ja, du bist ein anspruchsvoller dominanter Mann.»

Charles gab Aileen einen Kuss. «Sie ist sehr lieb.»

«Charles, dann möchte ich dir gleich zu Anfangs die wichtigste Frage stellen. Lässt sich Aileen brav jeden Tag ficken?»

«Och! Ma'am», entfuhr es Aileen entsetzt. «Was sagen Sie da?»

«Mein Schätzchen. Ich habe dich nicht gefragt. Du musst dir angewöhnen, nur etwas zu sagen, wenn du dazu aufgefordert wirst. Also Charles? Wie bist du zufrieden?»

«Tante. Ich bin sehr zufrieden. Aileen lässt sich ganz brav jeden Abend ficken.»

«Bietet sie dir denn auch genügend Befriedigung. Ist sie bei der Sache, wenn du sie fickst?»

«Bis jetzt kann ich mich nicht beklagen. Nicht wahr, mein Schatz? Du lässt dich gerne ficken.»

Aileen konnte kein Wort hervorbringen

und nickte nur andeutungsweise. Sie war vollkommen fassungslos über diese Wendung der Unterhaltung, ja gar schockiert, und dass Charles Tante das furchtbar obszöne Wort Ficken in den Mund nahm, fand sie unglaublich.

Aber sie bemerkte auch, dass die Tante einen offenen zufriedenen Ton auf ihren Lippen hatte: «Aileen. Das ist gut, dass du dich so gerne ficken lässt. Von dem kräftigen Glied eines starken Mannes gefickt zu werden, ist doch sicherlich die größte Erfüllung für dich, oder?»

«Ja, Ma'am.» Die Wangen von Aileen röteten sich schlagartig und sie versuchte entsetzt zu Charles aufzublicken.

«Na. Das ist ja erfreulich zu hören. Mein Schätzchen, wie ich sehe, hast du ganz rote Wangen vor Scham bekommen. Das ist auch gut. Schamhaftigkeit ist eine Zier.»

«Tante. Du musst verstehen. Sie ist eben solche Sätze nicht gewohnt.»

«Aileen, mein Kind, daran musst du dich gewöhnen. Ich rede Tacheles und nicht drum herum, ich liebe offene Worte, die nicht erst lange erklärt werden müssen. Charles kennt mich. Ich möchte sicher sein, ob du in der Lage bist, mit deinem Körper die Wollust in Charles zu befriedigen. Wir werden uns heute Abend und morgen intensiv darüber unterhalten, wie du von Charles erzogen werden kannst, um ihm noch mehr Freude und Befriedigung zu schenken. Es ist deine ureigenste Aufgabe als seine Frau, dich ihm hinzugeben, damit er seine Lust befriedigen kann und alles andere ist nachrangig. Dass du den Haushalt im Griff hast, ist gut und schön, aber behalte immer in deinem Geist, was deine Bestimmung ist, wenn er auch nur den Wunsch andeutet. Du dich unverzüglich entkleiden, sein Glied mit der Hand und dem Mund richtig hart und steif machen musst, damit du kräftig gefickt werden kannst. Nur das zählt, nicht wahr, Charles?»

«Ja. Tante. Aileen wird von mir sehr kräftig hergenommen und ich kann mich sehr gut an ihrem Körper befriedigen. Ihr Körper ist bezaubernd.»

«Du sollst dich an ihrem Körper befriedigen, denn dazu ist ihr Körper da. Er soll dir nicht nur sexuelle Befriedigung verschaffen, sondern auch zu exquisiten Liebespraktiken dienen.»

«Ich denke, du wirst Aileen zu einigen neuen Praktiken anleiten können.»

«Und ob, Charles. Wir werden sie morgen gemeinsam dazu erziehen. Du wirst begeistert sein. Es wird dir noch mehr Wolllustgefühle bringen. Ich freue mich so darauf. Es sind sehr pikante Praktiken, bei denen sie sich ganz auf dein Glied konzentrieren muss, um dir die höchste Erfüllung zu geben. Du wirst es genießen.»

«Danke, Tante.»

«Ist sie auch gehorsam beim Spanking. Du liebst doch keinen Widerspruch.»

«Aileen, komm zu mir!» Er packte Aileen am Arm, zog sie zu sich und legte sie über seine Knie.

Aileen stieß einen Schrei des Entsetzens aus.

Sofort spürte sie einen Hieb von Charles Hand und sie verhielt sich still. Charles schob ihr Kleid bis zu ihrer Taille hoch und zog ihr das Spitzenhöschen hinunter bis zu den Knien. In kurzer Folge erhielt sie drei kräftige Schläge.

Aileen war erschüttert. Nicht nur, dass sie vor den Augen von Charles Tante auf den nackten Po geschlagen wurde und er jetzt sogar ihre Schamlippen streichelte, sondern mehr durch die obszönen Sätze, die sie von der Tante hörte. In ihr Gesicht stieg das Blut, als Charles ihre Beine weiter spreizte und ihren Kitzler massierte. Sie wusste, dass die Tante, die ja direkt neben Charles saß, alles sehen musste. Es war für sie unfassbar, was im Beisein dieser Frau geschah – und doch merkte sie, dass sie durch das Streicheln feucht und erregt wurde.

Charles wurde von seiner Tante angestupst: «Vergiss nicht, Aileen weiter zu schlagen! Ich weiß, es ist schön, an ihrer Pussy zu spielen, aber beim Spanking muss sie regelmäßig geschlagen werden, damit sie lernt, dass es nicht nur Vergnügen ist. Nur die Schläge lassen sie demütig dankbar werden.»

Drei Hiebe landeten auf Aileens Po und sie stieß einen Schrei aus.

«So ist es schön», ereiferte sich die Tante. «Nochmal drei, aber härter!»

Aileen schrie auf, aber traute sich nicht, sich zu bewegen.

«Siehst du, wie brav sie sich einem Spanking

hingibt?», fragte Charles.

«Es ist erfrischend und zugleich aufschlussreich für mich, dass sie sich wirklich bemüht, zu lernen, wie sie dir höchste Wonnen der Liebe schenken kann. Ihre Bereitschaft, deinem Wunsch nachzukommen, weiß ich zu würdigen, zeigt es mir doch, dass sie willig und gehorsam versucht, deinen Ansprüchen zu genügen.

Aileen, ich darf dich *Mein liebes Kind* nennen, weil du ein kindlich liebevolles Gemüt und eine kindlich träumerische Ansicht zu deiner Aufgabe als liebende Ehefrau hast. Das finde ich bewundernswürdig und ich möchte dich darin bestärken, dies als junge, unbefangene Frau fortzusetzen und immer das Gute in der Liebe zu sehen. Charles hat mich zu eurem Landsitz eingeladen und mir die Erlaubnis gegeben, mich dann mit dir, mein Kind, mehrere Stunden allein und sehr persönlich über dein intimes Liebesleben und deine Erziehung auszutauschen. Charles weiß, wie ich denke. Natürlich beinhaltet deine Erziehung, und darauf legen wir großen Wert, dass du deine Aufgabe zur Führung seines Haushalts und des Personals ernst nimmst und zu seiner Zufriedenheit erfüllst. Den größten Wert jedoch legen wir beide auf eine Erziehung, damit du Charles Wunsch nach einem Höchstmaß an körperlicher Befriedigung erfüllen kannst. Wir wissen, dass es für eine junge, in Liebesdingen unerfahrene Ehefrau schwierig ist, da sie über keinerlei geschlechtliche Erfahrung verfügt. Charles wird deine Erziehung mit Unterstützung durch meine hilfreichen Empfehlungen, darauf konzentrieren, wie du ihm mit deinem wunderschönen Körper für seine Lust dienen kannst. Es ist mir ein besonderes Anliegen, ihn in diesen Dingen beraten zu können, da ich eine gewisse Erfahrung in der Erziehung junger Damen habe.»

Aileen wusste nicht, was sie denken sollte. Die Sätze der Tante schwirrten in ihren Kopf, während Charles sie mit leichter Hand schlug. Die ganze Situation war unfassbar.

«Mein liebes Kind, sei nicht verwundert, dass ich so großen Wert auf den Begriff Erziehung lege. Erziehung heißt, Wissen vermitteln. Das Wort klingt vielleicht streng. Du wirst dieses notwendige Wissen vermittelt bekommen und dazu ist eine gewisse Strenge vonnöten. In zusätzlichen Lehrstunden kann Charles dir weitere Fertigkeit und Gewandtheit anerziehen, die ihm einen unvergleichlich exquisiten Genuss ermöglichen. Das möchtest du ihm doch bieten, oder?»

Ein kurzer Hieb auf Aileens Po entlockte ihr ein: «Ja, Ma'am.»

«Gut. Dass solche Lektionen der Formung eine gewisse harte Hand der Führung bedürfen, ist selbstverständlich und sollte von dir dankbar angenommen werden, auch wenn Charles zur Korrektur von Fehlverhalten während solcher Unterrichtstunden mehrmals die Hand oder die Peitsche benutzen muss. Spürbare Hiebe auf einen nackten Hintern sind der elementar wichtigste Bestandteil bei einer erfolgreichen Unterrichtung und Formung einer Ehefrau und es ist mir eine große Freude zu sehen, wie es auch bei dir hilft, Einsicht in die Notwendigkeit spürbarer Hiebe bei der Erziehung zu gewinnen. Es freut mich, zu sehen, das Charles deine Erziehung verantwortungs- und rücksichtsvoll beginnt. Dies ist ganz sicherlich deinem jugendlichen Alter zuzurechnen und deiner Unerfahrenheit in Liebesdingen. Neue Liebestechniken zu erlernen ist aber nicht leicht und du musst dazu von Charles erzogen werden, um seine Erwartungen an eine befriedigende Ehe erfüllen zu können. Diese Erziehung wird nicht leicht werden und manchmal wird es schmerzhaft sein, wenn Charles dir mit der Peitsche den rechten Weg aufzeigen muss, um ihm exquisite Genüsse zu verschaffen. Sei deinem Gatten dankbar, denn durch eine rücksichtsvolle, aber nachhaltige Wirkung einer Disziplinierung mit der Peitsche, wirst du schneller begreifen, wie leicht es ist, zu lernen. Nicht wahr, Charles? Du wirst Aileen sehr rücksichtsvoll erziehen.»

«Das ist doch selbstverständlich, Elizabeth. Sie ist meine geliebte Ehefrau.»

«Hörst du seine lieben Worte, Aileen?», fragte die Tante. «Diese Art der Erziehung ist nichts Außergewöhnliches. In vielen schottischen Ehen ist es weit verbreitet, dass ein gesellschaftlich hochstehender Mann seine junge Ehefrau mit einem regelmäßigen Spanking streng erzieht und sie bei Ungehorsam diszipliniert. Solche Männer, die alle im Geschäftsleben sehr eingebunden sind, können sich eigensinnige, trotzige und ablehnende Ehefrauen nicht leisten, die sich einer Weiterentwicklung ihrer Hingabe verweigern und deshalb müssen die Widerstände frühzeitig mit der Peitsche aufgelöst werden. Allein schmerzhafte Hiebe mit der Peitsche helfen innere Blockaden aufzulösen und hinderliche Hemmnisse während der Erziehungsphase zu überwinden. Aber ich denke, das hast du, mein liebes Kind, bereits erkannt und schätzt es, dass Charles deiner Entwicklung so viel Aufmerksamkeit schenkt und dich mit strenger Hand lenkt.

Elizabeth reichte Charles die Tawse. «Nimm die. Ihr Po ist schön rot. Bereit für eine richtige Lektion.»

Als Charles einen Hieb mit der Tawse auf Aileens Po setzte, schrie Aileen aus Leibeskräften.

«Wunderbar, Charles. Sehr gekonnt. Siehst du, wie gut sie lernt? Jetzt streichel ihre Pussy, um sie zu beruhigen und dann nochmal einen Hieb.»

«Sie ist ganz nass.» Charles Massage wurde immer heftiger.

«Ich sehe, dein Finger ist sehr emsig.»

«Ja, Tante. Sie ist hochgradig erregt. Ich spüre, wie ihr Körper zittert. Sie kommt bestimmt gleich.»

Sie beugte sich nah an Charles Ohr. «Schlag sie nochmal. Ich sehe es so gerne.»

Charles setzte einen brennenden Hieb mit der Tawse, der Aileen zum Schreien bracht und Tränen in ihre Augen trieb. Schnell legte er die

Tawse zur Seite, bearbeitete zärtlich ihren Kitzler und fickte sie dann kräftig und ausdauernd mit dem Finger.

«Mach's ihr, Charles. Ja, mach's ihr. Lass mich sehen, wie gehorsam sie ist.»

In Aileens Kopf wirbelten die Gedanken und die ekstatischen Gefühle in ihrer Pussy bauten sich unaufhaltsam auf. Charles flüsterte ihr unentwegt liebevolle Worte zu und als sie den Satz der Tante hörte: *Ob mit dem Finger oder dem Schwanz,* ihre Aufgabe ist es, sich ficken zu lassen, geschah es um sie. Sie konnte und wollte es auch nicht mehr verhindern. Ihr Orgasmus begann ihren gesamten Körper zu erfassen und Charles Finger wurde immer heftiger. Sie hörte die entzückten Ausrufe der Tante: «Oh, sie kommt. Wie herrlich, Charles. Schlag sie!»

Die Schläge mit der Hand spürte sie kaum, ihr überwältigender Orgasmus überdeckte alles. Ihr Körper zuckte vor Lust und sie stieß schrille Schreie aus.

Vollkommen erschöpft sank Aileen über Charles Knie und ließ ihre Arme hängen. Immer noch spürte sie den Finger, der äußerst zärtlich ihre Pussy streichelte.

«Nein, wie schön», hörte sie die Tante sagen. «Charles, lass dich küssen. Danke, dass ich das sehen durfte. Ein Genuss. Ihre Pussy ist ausgesprochen hübsch und ihr kleiner Kitzler ist so süß. Sie scheint wirklich ein Spanking zu lieben.»

Sie stand auf und kniete sich zu Aileens Kopf.

Zärtlich streichelte sie deren Wange. «Du bist noch ganz außer Atem, mein Kind. War das nicht schön? Ein so zärtliches Spanking zu bekommen? Sage es mir!»

Aileen verschlug es fast die Sprache. Stöhnend hauchte sie ein Ja.

«Komm, ich hebe dich hoch. Setzt dich auf Charles Schoß und bedanke dich artig für das Spanking.»

Aileen glaubte sich verhört zu haben, aber die Tante dirigierte sie auf Charles Schoß, indem sie Aileen Kleid bis unter die Schultern hochhob.

Charles Hand wanderte sofort zwischen ihre Schenkel zu ihrer Pussy und Aileen schlug erschöpft ihre Arme um Charles Hals. Es folgte ein intensiver Zungenkuss und Charles bewegungsloser, aber druckvoller Finger auf ihrem Kitzler beruhigte sie.

Ermattet ließ sie ihren Kopf auf Charles Schulter sinken.

«Aileen!», räusperte sich die Tante. «Du musst Charles etwas sagen, was du immer nach einem Spanking sagen musst. Sonst muss er dir jetzt drei Hiebe mit der Peitsche geben.»

Aileen holte schnell Luft. «Sir, mein lieber Gatte. Danke, für das Spanking.»

«Brav, Aileen. So will ich es von dir hören.»

«Sir?»

«Ja.»

«Darf ich mich frisch machen?»

«Ja, geh.»

«Na ja, den Dank hat sie süß gesagt. Sie redet dich ja auch schon brav mit Sir an. Das muss sie bei einem Spankng auch tun. Aber du musst ihr beibringen, wie sich eine Lady von hohem Stand wirklich für ein Spanking bedankt. Willst du nicht, dass sie dir ihren Dank mit dem Mund zeigt und du sie dann ficken kannst?»

«Ach, Tante. Du bist immer so direkt.»

«Mein Lieber. Du kennst mich doch.»

«Morgen, werden wir ihr das erklären. Meine Geilheit möchte ich mir für unser Vorhaben heute Abend aufheben. Ich habe meine liebe Gattin ja schließlich heute Morgen schon begattet.»

«Oh. Das kann ich verstehen. Sie ist heute Morgen schon gefickt worden? Bravo, Charles. So ist es richtig. Eine junge Ehefrau muss so oft wie möglich gefickt werden, um ihr ein Kind zu machen. Charles. Hast du Aileen schon dazu erzogen, wie sie dein liebstes Stück mit der Hand und dem Mund steif machen kann?»

«Jaaa», antwortete Charles gedehnt. «Sie ist Anfängerin, aber sie ist orgasmusfreudig. Das habe ich schon in den ersten Nächten bei den ersten Lektionen bemerkt. Das will ich fördern.»

«Ja, das kannst du mit einem täglichen Spanking fördern. Erstaunlich, dass sie sich so gehorsam hochbringen lässt. Auch, dass sie so schnell kommt.»

«Sie reagiert wunderbar. Nur mit ein paar Hieben kann ich sie Abends vorbereiten.»

«Fördere es! Sie muss begierig werden, sich ficken zu lassen. Bravo, Charles. Die Erziehung mit der Tawse hat in unserer Familie seit über einem Jahrhundert Tradition. Auch ich bin so von meinem Gatten erzogen worden. Nicht nur die Ehefrauen, sondern auch die Töchter und Dienstmägde müssen die Peitsche ab und zu spüren.»

«Letzte Woche habe ich Ann bestrafen müssen, da sie wegen einer Kleinigkeit lautstark gegenüber meiner Frau wurde.»

«Das ist sehr konsequent, Charles. Ich hoffe, du hast sie richtig gezüchtigt.»

«Natürlich, Tante. Sechs Hiebe mit der Tawse auf den nackten Po.»

«Zum Züchtigen muss der Po immer nackt sein, sonst sind die Hiebe nicht schmerzhaft genug. Es soll ja Erziehungswert haben. Hat Aileen das sehen können?»

«Ja. Ich habe da schon drauf bestanden, dass sie zusieht.»

«Charles, das gefällt mir. Daraus kann sie Lehren ziehen.»

«Du weißt, Tante, dass ich von Vater gelernt habe, wie man Dienstmädchen nach alter schottischer Art bei Ungehorsam züchtigt. Er sagte mir, immer drei oder fünf Hiebe mit der Hand und dann drei Minuten an ihrer Pussy spielen. Das hält sie in Stimmung und ist die beste Vorbereitung sie zu ficken. Falls sie dabei schon kommen, sollte man die Gelegenheit nutzen, ihr ein sehr kräftiges und schmerzhaftes Spanking zu verabreichen.»

«Oh. Charles. Lass dich küssen. Du bist ganz, wie dein Vater. Ich bin so stolz auf dich. Hast du Ann gefickt?»

«Nein, Tante. Das wäre für Aileen zu früh gewesen.»

«Ich verstehe dich. Aileen wird damit leben müssen, dass du auch deine Dienstmädchen vögelst. Du solltest es immer nach einer notwendigen Züchtigung tun; das erregt dich doch. Die Dienstmädchen vom Land sind es gewohnt, von ihren Herrn gefickt zu werden. Es ist sogar nötig. Hier in der Einsamkeit bekommen sie sonst Depressionen. Also, sieh es nicht als Fremdgehen. Du gehst ja nicht aus dem Haus. Sorge dafür, dass sie mindestens einmal im Monat gezüchtigt und gefickt werden. Ich möchte dich zu deiner Pflicht, die Harmonie und den Gehorsam im Haus aufrecht zuhalten, auffordern. Disziplin ist alles. Trete entschieden gegenüber den Dienstmädchen auf. Wenn du sie mit der Peitsche züchtigst, lass Aileen zusehen, auch wenn du sie vögelst. Das verschafft dir und auch ihr Respekt. Dein Vater hat das auch immer gemacht und es hat mir im Haushalt geholfen.»

«Ja, das wird sie lernen.»

«Du hättest sie im Orgasmus schärfer schlagen können.»

«Tante! Schritt für Schritt. Sie sollte etwas Vergnügen haben. Das gönne ich ihr. Heute Abend bekommt sie die Peitsche und morgen erhält sie eine richtige Gehorsams-Lektion, bis die Tränen kommen.»

«Oh, ja. Charles. Du weißt, was mich erfreut. Darf ich sie trösten, wenn die Tränen kommen, ja?»

Charles küsste seine Tante. «Ich bin dir so dankbar, dass du mir ein so außerordentlich liebes Mädchen ausgesucht hast. Ich hatte dir geschrieben, verehrte Tante, dass ich heute Abend die nächste Erziehungsphase mit der zweiten Entjungferung beginnen möchte und wir uns morgen den ganzen Tag damit beschäftigen können, Aileen zu exquisiten Liebesdiensten zu erziehen.»

«Deshalb bin ich auch so gerne gekommen. Die zweite Entjungferung. Ach, wie deliziös. Herrlich. Darf ich dabei sein?»

«Aber ja. Darum habe ich dich ja auch hergebeten.»

«Danke, Charles. Wird es eine richtige Vorführung?»

«Ja. Ich werde sie dir vorführen, mit aller Konsequenz, wenn du das möchtest.»

«Oh, Charles. Ich liebe eine Vorführung. Zeige mir, wie weit du sie schon zum Gehorsam erzogen hast. Es ist so aufregend. Tu dir keinen Zwang an und nimm sie anschließend. Sie gehört dir. Ich habe dir einige hilfreiche Sachen mitgebracht, die ich dir, wenn wir mit dem Unterricht beginnen, zeigen werde.»

«Danke, Tante.»

«Hast du Aileen schon auf die zweite Entjungferung vorbereitet?»

«Nein. Ich habe ihr noch nichts gesagt.»

«Oh, Charles. Darf ich es? Du würdest mir eine Freude damit machen. Beim Dinner? Ja?»

Charles lachte. «Ja, Tante. Beim Dinner.»

Aileen hatte sich frisch gemacht, ein neues Kleid angezogen und stand vor dem Spiegel. Sie dachte an das, was eben geschehen war und schüttelte den Kopf. Sie hatte sich so sehr geschämt, als Charles im Beisein der Tante ihren Rock hoch und ihr Höschen heruntergezogen hatte und ihr ein Spanking auf den nackten Po verabreicht hatte. Mehr noch als die erhaltenen Schläge, die nicht sehr fest gewesen waren, war sie immer noch entsetzt, dass er sie tatsächlich vor seiner Tante zum Orgasmus gestreichelt hatte. Aileen atmete tief durch. Sie war einfach gekommen und hatte es nicht mal verhindern wollen. Unter Charles strengen und zugleich zärtlichen Händen wurde sie immer wachsweich, musste sie sich eingestehen.

Sie gab sich einen Ruck, ging hinunter ins Wohnzimmer und setzte sich zu Charles und seiner Tante.

«Oh, Aileen. Du siehst bildhübsch aus. Das Kleid steht dir.»

«Danke, Ma'am. Charles hat es mir geschenkt. Es ist wunderschön.»

«Deine Wangen sind noch ganz rot. Vom Spanking?»

Aileen schaute verschämt zu Boden und ihre Wangen liefen erst recht an.

«Ach, wie süß, mein Kind. Herrlich.»

Als wäre zuvor nichts geschehen, unterhielten sich Charles und seine Tante ausgiebig über die Erfolge der Destillerie, über die Whisky Branche und dass Charles sogar jetzt nach Europa exportiert.

Irgendwann machte Charles darauf aufmerksam, dass er Hunger habe. Sofort schlug Charles Tante vor, gemeinsam mit Aileen das Dinner vorzubereiten.

«Ich habe Lammkoteletts, Kartoffelecken und Lauch Gemüse vorbereitet», erklärte Aileen in der Küche. «Wir brauchen die Koteletts nur in die Grillpfanne zu legen und die Kartoffeln und das Lauch warm machen. Für morgen Abend habe ich ein Chateaubriand.»

«Du scheinst eine gute Köchin zu sein. Charles hatte es schon bei einem Telefonat erwähnt.»

«Ich koche gerne. Das habe ich von meiner Tante gelernt. Charles hat mich schon mehrmals gelobt.»

«Charles fickt vielleicht gut, aber er ist so ein schlechter Koch, dass er sogar Wasser anbrennen lassen kann.»

Obwohl der Satz für Aileen wieder schockierend war, musste sie lächeln.

«Nichts für ungut, mein liebes Kind», Elizabeth streichelte Aileens rote Wangen. «Geschockt?»

«Ja, äh. Elizabeth. Es ist so …!»

«Ungewohnt, diese Worte zu vernehmen?»

«Ja, Ma'am.»

«Du wirst noch erkennen, wie wertvoll offene, gar obszöne Worte für das intime Liebesleben sind. Sie sind das Salz in der Suppe. Ich weiß, nicht jeder wird das verstehen und das ist auch in Ordnung, es ist nicht für fremde Ohren bestimmt. Ich kenne meinen Charles. Er liebt meine direkte

Art, deshalb hat er mich auch eingeladen. Ficken steht für ihn an erster Stelle. Wir werden uns dieses Wochenende noch ausgiebig aussprechen können. Ich bin so froh, dass er jetzt eine Frau hat, die ihm Befriedigung bieten kann und er sich nicht anderswo herumtreiben muss. Du musst wissen, Charles verfügt, wie sein Vater, über ein sehr starkes männliches Verlangen. Das hat er geerbt. Auch ich bin von seinem Vater manches Mal zwei oder sogar dreimal am Tag hergenommen worden.»

Erschrocken hielt Aileen inne und blickte sie an.

«Ach, es freut mich richtig, wenn du so hellrote Wangen bekommst», fuhr die Tante belustigt fort. «Ich will dir etwas erklären. Du weißt, dass ich mit dem Bruder von Charles Vater verheiratet war und daher auch den Namen Sutherland trage. Nach dem Tod meines Gatten, war ich zehn Jahre die Geliebte von Charles Vater und habe mich um Charles während seiner jugendlichen Sturm- und Drangzeit intensiv kümmern können. Glaube mir, ich kenne ihn und weiß, was er sich wünscht. Deshalb habe ich auch dich ausgewählt, seine Frau zu werden.»

Sie umarmte Aileen, zog sie zu sich heran und küsste sie auf den Mund. Aileen erschrak insbesondere über die Worte der Tante und wollte sich zurückziehen. «Aber Aileen. Du wirst doch gehorsam sein. Muss ich Charles sagen, dass du nicht gehorsam bist?»

«Nein, Ma'am», stöhnte Aileen und gab sich

dem Kuss der Tante hin.

«So ist es brav, Aileen. Du bist wirklich leicht erregbar. Herrlich. Charles und ich werden uns heute und morgen mit dir ausschließlich über das Ficken unterhalten, damit du lernst, ihm noch mehr Vergnügen zu bieten.»

Aileen wunderte sich über gar nichts mehr. *Was für eine Tante! Eine hoch angesehene Frau der Gesellschaft,* dachte sie entsetzt.

Während die Lammkoteletts in der Grillpfanne brutzelten, räusperte sich Aileen. «Elizabeth. Darf ich dich fragen, ob du auch öfter ein Spanking mit der Peitsche erhalten hast?»

«Ach, mein Kind», lachte die Tante. «Einmal die Woche erhielt ich von Charles Vater ein Spanking mit der Tawse. Zur Festigung meines Gehorsams, wie er dabei sagte.»

«Ist das denn nötig. Ich bin doch so lieb zu Charles.»

«Ach, mein Kind. Wie süß du das sagst. Du sollst nicht nur das Ficken, sondern auch die Peitsche lieben lernen. Ein Spanking mit der Tawse ist keine Bestrafung, es ist eine Auszeichnung. Ein Zeichen, wie er dich begehrt. Ein Beweis, dass du ihn damit glücklich machen kannst, indem du dich seinen Schlägen ohne Widerspruch hingibst. Charles wird dir viel Erfüllung schenken, wenn du ihm immer wieder deine Bereitschaft dazu zeigst. Da bin ich mir sicher. Er wird dich umsorgen, ich kenne ihn ja schon seit vielen Jahren und weiß, dass er im Grunde genommen sehr maßvoll ist. Es zeigt, dass du ihm nicht egal bist. Das Schlimmste in einer Ehe ist, wenn es dem Mann gleichgültig ist, was seine Frau tut oder denkt. Du bist Charles nicht gleichgültig, er liebt dich und zeigt seine Liebe, auch mit der Hand oder der Tawse. Sei dankbar, dass er zeigt, wie wichtig du ihm bist. Dass er dir aufzeigt und dich daran erinnert, deine Aufgaben nicht zu vergessen. Wenn du in Zukunft nicht weiter weißt oder nur unsicher bist, dann vertraue dich mir an. Ich werde dir beistehen. Wann bist du denn gepeitscht worden?»

«Letztes Wochenende. Es war furchtbar.»

«Das verstehe ich, mein Kind. Wie viel Hiebe hast du denn bekommen?»

«Zweimal zwei.»

Ihre Tante schaute sie lächelnd an. «Du musst noch viel lernen.»

Als Charles allein mit Aileen war, weil die Tante noch in der Küche vorbereitete, hob er ihr Kinn an und schaute ihr tief in die Augen. «Mein Schatz, ich liebe dich!»

Verunsichert durch die Tante, fragte sie: «Wirst du mich heute Abend peitschen?»

«Mein Schatz. Beruhige dich. Du brauchst jede Woche ein kleines Spanking mit der Tawse. Nur so kann ich dich erziehen. Aber ich verspreche dir, ich werde sehr rücksichtsvoll sein.»

«Danke. Sir.»

«Das ist brav. Jetzt entspann dich. Wenn wir gegessen haben, werden wir uns in meine

Bibliothek zurückziehen und dann ziehst du dich ganz nackt aus, kniest vor mir und wirst mich im Beisein meiner Tante bitten, dich zu peitschen.»

Entsetzt schaute Aileen auf.

«Aileen, das hat einen besonderen Grund. Du zeigst mir damit einen Liebesbeweis und meiner Tante, dass du bereit bist, mir gehorsam zu meiner Lust dienen. Das verlange ich. Du sollst meiner Tante deine Bereitschaft zeigen, wie gerne du mit der Peitsche erzogen werden willst und wie gerne du gefickt werden willst.»

«Was für schreckliche Worte, Charles!»

«Das will ich von dir hören, mit diesen Worten! Vor meiner Tante. Verstehst du das? Um ihr zu zeigen, dass du ein sehr braves Mädchen bist, das um die Peitsche bittet und sich wünscht gefickt zu werden. Wirst du das machen?»

«Ja. Sir», und leise fügte sie hinzu: «Ich werde Sie gehorsam bitten.»

Das Dinner schmeckte Charles und seiner Tante hervorragend und sie lobten Aileen für die perfekte Vorbereitung.

So ganz nebenbei erfuhr Aileen beim Essen, dass Charles Inhaber der Sutherland Shipping Company Ltd. war, die als Reederei mit drei Frachtschiffen auf der Route Liverpool - Aberdeen - Oban - Castlebay - Stornoway - Lerwick, die Inseln der Hebriden und Shetlands bediente.

Stolz erzählte Tante Elizabeth, dass Charles Schiffe vom Hafen Stornoway auf den Hebriden,

den berühmten Harris Tweed mitbrachten, der nur dort gefertigt wurde.

«Charles hat mir ein Harris Tweed Sakko geschenkt», warf Aileen ein. «Es ist wunderschön und für kühles Wetter ideal.»

«Es sind die Besten! Sakkos aus Harris-Tweed sind langlebig, knitterfrei, und sind für kaltes, raues Wetter gedacht. Besonders Jäger schätzen den Tweed und Charles liefert bis nach London. Charles sollte dir das Lager in Oban einmal zeigen.»

«Elizabeth! Dazu hatte ich noch keine Zeit. Aber das werden wir ganz sicher nachholen. Aileen, du kannst dir dort dann aussuchen, was du möchtest. Da haben wir auch modern geschnittene Tweed Mäntel für den Winter.»

«Oh, danke, Charles. Da würde ich mich drauf freuen.»

Nachdem Aileen abgeräumt hatte und wieder zum Tisch kam und von Charles noch einmal ein Glas Wein angeboten bekam, stand Elisabeth auf. In der Hand hielt sie einen weißen Brautschleier.

«Aileen, dies ist ein ganz besonderer Brautschleier. Meine Mutter hat ihn zu einer besonderen Nacht getragen und auch ich habe ihn tragen dürfen. Er ist aus Brüsseler Spitze und ausschließlich für die Nacht der zweiten Entjungferung bestimmt.»

Sie kam zu Aileen und legte ihr den Brautschleier an. Aileen fand ihn sehr schön, aber was ihre Tante damit meinte, er sei für die zweite Entjungferung, verstand sie nicht. Sie dachte daran, um was Charles sie gebeten hatte, was sie gleich in der Bibliothek tun sollte. *Er will mir eine Lektion geben. Vermutlich eine besondere Lektion. Er wird mich auch peitschen, aber ich werde ihm gehorsam sein. Er wird mich nicht überfordern.*

«Danke, liebe Tante. Der Schleier ist wunderschön.»

«Du wirst ihn heute die ganze Nacht tragen, da Charles dich sehr lieb haben wird.»

Das erfreute Aileen, als sie es hörte. *Er wird mich ganz sicher ficken. Am liebsten, würde ich mit ihm jetzt schon ins Bett gehen. Mit dem Brautschleier.*

Charles ging mit seiner Tante hinüber in seine Bibliothek. Auf dem Weg, machte er Aileen ein Zeichen, dass sie sich dran erinnern sollte, was sie tun muss.

Als sie allein im Wohnzimmer war, zog sie sich ganz nackt aus und behielt nur den Brautschleier auf. Sie fand es aufregend. Charles wird sie sicher liebkosen und seiner Tante ihre Schönheit zeigen. Die beiden werden sicher gemeinsam ein Glas von Charles ältesten Whisky, dem dreißig Jahre alten trinken und dann wird Charles mit ihr ins Bett gehen.

Aileen gab sich einen Ruck und trat in die Bibliothek. Charles und seine Tante saßen gemeinsam auf dem großen Sofa.

«Oh», entfuhr es Charles Tante. «Die schönste Frau der Welt, Charles!»

«Ja. Tante, das ist sie.»

Aileen ging hin und kniete sich vor Charles.

«Mein Lord, Sir. Ich bitte Sie, mich heute Abend mit der Peitsche zu erziehen und wünsche es mir, von Ihnen gefickt zu werden. Bitte, Sir, ich möchte Ihrer Lust dienen.»

«Och, ist das süß», staunte die Tante. «Allerliebst. Das kommt jetzt so spontan und brav aus ihrem Mund? Ich bin überwältigt. Charles! Das ist unglaublich!»

«Ja, Tante. Siehst du nun, was für ein liebes Mädchen Aileen und wie weit ihre Erziehung schon fortgeschritten ist?»

«Ja. Ich bin ganz ergriffen. Das habe ich nicht erwartet. Sieh ihre glasigen Augen. Sie weiß, was ihr blüht und dennoch bittet sie dich in aller Demut. Das ist wahnsinnig lieb. Aileen, steh auf und komm her zu mir.»

Sie nahm Aileen in ihre Arme, küsste sie und trocknete mit einem Taschentuch ein paar Tränen auf der Wange. «Mein liebes Kind. Mit dem, was du eben so freimütig gesagt hast, hast du Charles ein großes Liebesgeständnis dargebracht. Ich bin stolz auf dich. Es erregt mich förmlich, dass du so sehr bereit bist, seiner Lust zu dienen. Es zeigt mir, dass du eine reife Frau bist, die die Lust ihres Mannes erkannt hat. Die verinnerlicht hat, sich der Peitsche ihres Mannes hinzugeben. Die daher auch bereit ist, mit ihrer Hingabe seine Lust stillen zu können, getreu unseres Wappenspruchs, Promtus et Fidelis. Charles ist ein solch dominanter Mann, der diese Erfüllung braucht. Er liebt die Peitsche, die ihn hochgradig geil und seinen Schwanz steif macht. Und er wird dich über alles lieben, wenn du ihm die Erfüllung bietet. Diese großartige Liebe wirst du dann unbändig spüren, wenn du anschließend mit all seiner Kraft und Ausdauer gefickt wirst. Das möchtest du doch, oder?»

Bei Aileen liefen wieder ein paar Tränen und als Elizabeth ihr Kinn anhob und sie ansah, stammelte sie schluchzend ein Ja.

«Aileen. Charles ist sehr fürsorglich. Er liebt dich. Er wird dir nur ein paar Peitschenhiebe geben, die du für deine Erziehung benötigst.»

«Tante, ich muss dich korrigieren. Aileen hat mich darum gebeten und ich werde ihre Bitte erfüllen. Sie soll heute lernen, dass sie zu mehr bereit sein muss, um mir ihre Hingabe zu zeigen. Folge mir mit ihr. Wir gehen in das schwarze Zimmer.»

Durch eine Türe in der Vertäflung, die Aileen zuvor noch nie entdeckt hatte, wurde Aileen in einen Raum geführt, der rundherum mit schwarzen Vorhängen dekoriert war. In der Mitte stand ein hüfthohes Gestell aus Holz, das mit vielen Lederriemen ausgestattet war und hell leuchtend von einem Scheinwerfer an der Decke angestrahlt wurde.

Charles stellte sich hinter Aileen und ergriff ihre Arme. Schweigend führte er Aileen vor das Gestell und beugte sie mit eisernem Griff über ein oben angebrachtes schwarzes Polster. Im Nu hatte er vorne ihre Arme mit den Lederriemen festgeschnallt.

Das kurze schwarze Lederpolster, das Aileen erst wahrgenommen hatte, als Charles sie mit ihrem nackten Bauch darauf gepresst hatte, war schräg, nach vorne tiefer als hinten – und es war kalt. Sie versuchte sich umzuschauen, aber dazu musste sie ihren Kopf anheben, was anstrengend war. Sich aufgebend, da ihr bewusst wurde, dass ihr Po himmelhoch präsentiert war, ließ sie ihren Kopf fallen und schaute zum Boden. Ihr wurde unheimlich und sie bekam Angst. *Was ist das für ein Zimmer und was ist das für ein Gestell, auf dem ich festgebunden bin?*, fragte sie sich. *Wird er mich hier peitschen*? Sie schnäuzte ihre Nase und wusste, dass er genau das tun würde.

«Tante, tritt ein!», hörte sie seine Stimme.

«Ich habe die Sachen dabei, die du brauchst», antwortete Elisabeth. «Mein Gott, Charles. Wie lange ist es her, dass ich in diesem Zimmer war!»

Charles kniete sich zu Aileens Kopf und streichelte ihre Wangen. «Meine Tante kennt dieses Zimmer. Hier ist sie von meinem Vater erzogen worden und heute werden wir beginnen, dich zu erziehen. Hier erlernst du die Demut, die ich von meiner Frau erwarte. Tante! Bitte befestige ihre Beine und beginne mit der Vorbereitung. Ich möchte Aileen noch beruhigen, um ihre Angst zu dämpfen.»

Während Aileen spürte, wie ihre Beine äußerst weit gespreizt festgeschnallt wurden, sprach Charles beruhigend auf sie ein. «Hab keine Angst, mein Schatz. Ich liebe dich und will dir meine Liebe zeigen. Ich werde deinen Körper und deine Gefühle nicht verletzen, aber ich muss dir ein wenig weh tun.»

Aileen schluchzte laut.

«Das muss sein, Aileen. Das gehört zu deiner Erziehungslektion und zu einer solchen Lektion wirst du mich in Zukunft jede Woche einmal bitten, um mir deine Liebe und Bereitschaft zur Hingabe zu beweisen.»

Als Aileen plötzlich spürte, wie ein Finger über ihre Schamlippen strich, die Lippen teilte und den Kitzler suchte, zuckte sie zusammen und erschrak. Der Gedanke, dass Charles Tante ihre Pussy streichelte, diese Ungeheuerlichkeit, nahm sie so sehr gefangen und erregte sie zugleich, dass sie kaum wahrnahm, was Charles zu ihr sagte. Sie konnte ihr Stöhnen nicht verhindern.

«Meine Tante bereitet dich zärtlich vor. Dies ist ein alter Zuchtbock, auf den du geschnallt bist. Er ist seit Generationen im Eigentum unserer Familie und alle Ehefrauen, alle Countesses of Sutherland, sind hier von ihren Ehemännern gezüchtigt worden, um sie zur Demut zu erziehen. Du bist jetzt die Countess of Sutherland und auch du wirst hier regelmäßig deine ehelichen Pflichten leisten.»

Alles drehte sich in Aileens Kopf. Charles Tante musste ihren Finger in ihre Pussy gesteckt haben, denn sie wurde jetzt heftig von einem Finger gefickt.

«Es wird weh tun», hörte sie Charles, «aber es ist meine Lust, dich zu züchtigen, mich dabei zu befriedigen. Zum gehorsamen Ficken habe ich dich erzogen. Ab jetzt wirst du dazu erzogen, dich gehorsam peitschen zu lassen. Dies ist die alte Tradition in unserem hohen Haus und du wirst dich dem fügen, da die Züchtigung mit der Peitsche alle Ehen gefestigt hat. Nicht wahr, Tante? Du kannst es bestätigen.»

«Ja, Charles. Die Peitsche, die ich von deinem Vater bekam, hat mir immer wieder geholfen, ihm meine Liebe zeigen zu können.»

«Du hast meine Tante gehört, Aileen, wie sehr es ihr geholfen hat. Meine Lust ist es, dich zu peitschen und du wirst mir dazu dienen. Dieser Zuchtbock wird dir dabei helfen.»

Der druckvoll kreisende Finger der Tante auf Aileens Kitzler zeigte Wirkung und Aileen konnte ihre aufkommende Lust nicht mehr verbergen und heftig atmend stöhnte sie laut.

«Aileen ist richtig nass!», sagte die Tante.

«Bereite sie weiter vor, Tante. Ich werde mich fertig machen.»

Charles stand auf, ging nach hinten zu seiner Tante und schlug mehrmals mit der Hand kräftig auf Aileens nackten Po, die vor Entsetzen schrie.

«So ist es richtig, Tante. Mach weiter! Du hast es mit den Dienstmädchen damals auch gemacht. Ich habe es ein paar Mal gesehen.»

«Charles!»

Aileen glaubte nicht, was sie hörte. Der Gedanke, dass die Tante früher Dienstmädchen auf diesem Bock gestreichelt hatte, erregte sie noch mehr. Sie hörte, dass Charles wenig später wieder hinter ihr stand.

«Sie ist hochgradig erregt», sagte die Tante. «Du kannst beginnen.»

«Reich mir die Tawse!»

Aileens spürte, wie das kalte Leder der Peitsche über ihren Po strich. «Dies ist die wertvolle Peitsche meines Vaters, die auch meine Tante lieben lernte.»

Sie erhielt zwei zärtliche Hiebe und spürte Charles Finger, wie er begann sie heftig zu ficken. Sie erhielt zwei weitere Hiebe und plötzlich fühlte sie, wie er sein steifes Glied tief in ihre Pussy einführte.

Es war unfassbar für sie, ihre Wangen glühten vor Scham. Der Gedanke, dass Charles, nackt hinter ihr, sie vor seiner Tante fickte, diese Ungeheuerlichkeit war nicht zu begreifen. Erst recht die Worte des Entzückens seiner Tante schockierten sie. «Ach, ist das schön, euch beide in Liebe vereint zu sehen. Charles du kannst glücklich sein, eine so brave Frau gefunden zu haben. Sieh, sie mag es!»

Zutiefst erregt, wurde Aileen von ihren Lustgefühlen überwältigt. Sie war glücklich, gefickt zu werden. So gefiel es ihr. Ein paar Mal spürte sie, dass Charles sie von oben mit der Peitsche schlug, aber der Eindruck der Schläge wurde von ihrer Geilheit unterdrückt. Es machte ihr auch nichts mehr aus, dass Charles Tante diesem Schauspiel zusah. Sie hatte sich damit abgefunden, dass Charles genau das wünschte.

Charles zog sich zurück. «Tante! Reich mir bitte den Stöpsel und die Gleitcreme.»

Enttäuscht, nicht weiter gefickt zu werden, wunderte sich Aileen, bis sie plötzlich spürte, dass Charles mit einem Finger eine dicke Creme in ihren Po stopfte.

Sie schrie auf, als sie merkte, dass etwas Hartes, Kaltes tief in ihren Po gesteckt wurde. Sie erhielt ohne Vorwarnung zwei Peitschenhiebe, die sie ernüchtern ließen, da sie heftig waren. Sie spürte, dass Charles mehrmals das Ding in ihrem Po hin und her bewegte und es offensichtlich fest saß.

Sie wurde wieder von Charles gefickt und langsam kehrte ihre Lust zurück.

«Ist es ein Genuss für dich, sie so zu ficken?»

«Ja, Tante. Der Stöpsel sitzt fest und der Gedanke, dass sie damit vorbereitet wird, macht mich ganz geil.»

«Du musst dich im Griff haben, Charles. Du hast noch mehr vor. Peitsche sie. Sie braucht es.»

Aileens Erregung wurde abrupt unterbrochen, als Charles sein Glied aus ihrer Pussy zog und ihr zwei kräftige Peitschenhiebe verabreichte, die wahnsinnig auf ihrem Po brannten. Sie schrie wie am Spieß.

«Danke, Charles», hörte Aileen die Tante sagen. «Danke, dass ich dir zusehen darf. Es ist schon solange her, dass ich hier glückliche Stunden erlebt habe.»

Aileen spürte, wie sich Charles Glied den Weg in ihre Pussy bahnte. Die Schmerzen verflogen und sie war wieder glücklich, gefickt zu werden. An das Ding, das nach wie vor in ihrem Po steckte, dachte sie gar nicht mehr. Sie spürte, dass Charles sie diesmal hart hernahm. Mit beiden Händen hatte er sie in ihren Lenden ergriffen, in der einen noch die Peitsche in der Hand. Er zog sie rhythmisch und stürmisch auf seinen Schwanz und Aileen zerschmolz. Ihr Bauch, auf dem schwarzen Leder liegend, begann zu flattern, Wallungen durchliefen ihren Körper. Sie wusste, dass sie gleich kommen würde. Sie war so dankbar, gefickt zu werden, seinen harten Schwanz in sich zu spüren – und gab sich ganz ihrer Lust hin.

«Wenn sie kommt», flüsterte die Tante kaum hörbar, «dann peitsche sie richtig.»

Ihr Orgasmus überflutete in Wellen ihren Körper, sie schrie vor Lust. Charles fickte sie immer weiter und schlug mit der Peitsche von oben kräftig und unsagbar schmerzhaft auf ihren Po. Das waren brennende Hiebe, die wie Blitze einschlugen und der Schmerz durchdrang den ganzen Körper. Aileens schnappte nach Luft, zerrte an ihren Fesseln, schrie vor Schmerzen und bekam einen Weinkrampf.

«Ach, ist das süß», rief die Tante. «Wie heftig sie kommt. Herrlich. Jetzt schlag sie, Charles! Schlag sie kräftig!»

Charles hatte sich aus ihrer Pussy zurückgezogen, stand seitlich neben dem Zuchtbock mit aufrechten Ständer und peitschte sie weiter.

«Es ist so wunderbar, deine Lust zu sehen, Charles. So musst du dein Weib erziehen.» Elizabeth war aufgestanden und streichelte

Aileens Kopf. «Weine ruhig, mein Kind. Das hilft dir, die Prüfung der zweiten Entjungferung zu überstehen. Dafür ist dieser besondere Brautschleier, den auch ich bei meiner zweiten Entjungferung tragen musste. Ich sage dir, was es bedeutet. Die zweite Entjungferung bedeutet, dass Charles dich in deinen Po ficken wird.»

Aileen stieß einen ungläubigen Schrei aus.

«Du bist jetzt noch Jungfrau im Po, aber alle Countesses of Sutherland haben auf diesem Fickbock ihr zweite Jungfernschaft opfern müssen. Und wie sie und auch ich damals, wirst du es aus Liebe zu deinem Gatten zulassen.»

Trotz der Schmerzen auf ihrem Po, spürte sie, wie Charles dieses unsägliche Ding langsam und mit Schwierigkeiten aus ihrem Po zog und danach eine Creme hineinstopfte.

«Charles», hob die Tante an. «Erlaubst du deiner Tante ein Zeichen ihrer Demut. Ich möchte dir beweisen, dass ich dich über alles liebe und mir deine Lust sehr am Herzen liegt. Darf ich deinen Schwanz mit meiner Hand einführen, um dir zu zeigen, dass auch ich bereit bin, deiner Lust zu dienen?»

«Tante! Es macht mich so glücklich, dass du so besorgt um mein Wohlergehen bist. Wenn es dich glücklich macht, mir ein Zeichen deiner Demut zu schenken, dann nehme ich dein Geschenk gerne an.»

Aileens wusste nicht mehr, was sie denken sollte. Ihr Po brannte und alles, was sie hörte, verwirrte sie noch mehr. *Seine Tante wird seinen*

Schwanz anfassen und in meine Pussy einführen? Was ist das für eine Frau? Andererseits beruhigte sie der Gedanke, dass, wenn er sie fickte, sie nicht mehr gepeitscht würde und plötzlich sehnte sie sich nach seinem harten Schwanz.

«Oh, Charles! Lass mich dein Glied ergreifen. Ich fühle, wie hart und dick es ist. Es macht mich glücklich, dass du soviel Lust findest.»

Da Aileen eine ganze Weile Charles Glied nicht in ihrer Pussy spürte, fragte sie sich entsetzt, ob Charles sich tatsächlich von seiner Tante sein steifes Glied, dass eben noch ihr gesteckt hatte, massieren ließ.

Ein schmerzhafter Peitschenhieb schlug auf ihren Po ein, holte sie in die Wirklichkeit zurück und ließen sie bitterlich weinen.

«Charles! Dein Schwanz ist so steif. Peitsche deine Frau. Es ist die Tradition dieses Hauses. Erfreue dich daran. Dein Schwanz freut sich. Ich fühle es.»

Wieder erhielt Aileen einen Hieb, der alles in den Schatten stellte. So hatte Charles sie noch nie geschlagen.

«Dein Schwanz pulsiert, Charles. Mach ich es richtig?»

«Tante», stöhnte Charles. «Du machst mich so geil. Ich bin dir so dankbar. Massiere meinen Schwanz. Es ist ein Genuss, meine Frau dabei zu peitschen.»

«Dann tue es, Charles. Ich möchte deiner Lust dienen.»

Aileen erhielt zwei schmerzhafte Hiebe, die

einen solch heftigen Weinkrampf auslösten, dass die Tante vor Entzücken rief: «Charles, wunderbar. Höre, wie sie weint. Das sind die richtigen Hiebe, mit denen du sie erziehen kannst. Dein Schwanz ist so geil, ich genieße es, ihn zu reiben. Ich bin so stolz, dass ich einen Neffen habe, der über ein solch massives Prachtexemplar verfügt. Es fühlt sich wunderbar an.»

«Tante. Du bringst mich an den Rand der Beherrschung. Mach bitte weiter.»

Trotz der schmerzhaften Hiebe auf ihrem Po, war Aileen mehr entsetzt über die Worte aus dem Mund der Tante. *Sie reibt tatsächlich seinen Schwanz. Unglaublich. Und Charles fordert sie sogar auf, weiterzumachen.*

«Mache ich es gut, Charles?»

«Tante, wunderbar. Es ist so geil. Ich möchte Aileen ficken.»

«Ja, ich weiß, was dir gefallen wird. Schau dir dieses enge Löchlein an, das dir gleich soviel Freude machen wird. Peitsche sie nochmal zu deiner Lust, ich werde dabei deinen Schwanz massieren.»

Aileen erhielt einen festen Hieb, aber es war mehr Charles, der stöhnte. «Tante, das ist so wunderbar. Mach weiter.»

«Ich werde weitermachen, Charles. Ich werde es dir machen. Peitsche sie.»

Wieder erhielt Aileen einen Hieb. «Mach ich es dir gut, Charles?»

«Es ist wundervoll.»

«Peitsche sie noch mal und dann führe ich

deinen Schwanz ein.»

Vor Schmerzen krümmte sich Aileen, als zwei Hiebe auf sie einschlugen und plötzlich fühlte sie, wie die Spitze von Charles Schwanz an ihren Schießmuskel geführt wurde und das harte Glied gewaltsam in ihren Anus eindrang. Sie schrie aus Leibeskräften, als sich das Glied schmerzhaft immer tiefer in sie hineinbewegte.

«Fick diesen wunderbar geröteten Po, Charles. Er gehört dir. Er ist nur für deine Lust da. Fick sie, wie ein Earl of Sutherland seine Countess of Sutherland ficken muss.»

Es war mehr als eine Tortur für Aileen gewesen, bis sich Charles mit heftigem Stöhnen in ihren Po ergoss. Sie weinte unentwegt, ihr Po schmerzte von der Peitsche und ihr Schließmuskel von Charles dickem Glied.

Elizabeth cremte ihren Po mit einer kühlenden Salbe, die aber Aileen auch nicht beruhigte. «Mein Kind. Weine nur. Du hast deinem Gatten einen hohen Genuss beschert. Sei stolz, dass du ihm das bieten konntest. Es ist die Pflicht einer Countess of Sutherland, ihrem Gatten so zu dienen.»

Aileen hörte, dass Charles eine Champagnerflasche öffnete und Gläser einschenkte.

«Tante, lass uns anstoßen, auf Aileens zweite Entjungferung.»

Elizabeth kam zu Aileen, hob ihren Kopf und setzte ihr ein Glas an den Mund.

«Trink einen Schluck. Es wird dir guttun.» Aber Aileen nippte nur an dem Glas. Sie empfand jetzt keine Freude an Champagner.

Sie hörte, wie die Tante und Charles ihre Gläser anstießen und wandte ihren Kopf zur Seite. Sie sah ihren Charles, wie er nackt neben seiner Tante saß und aus seinem Glas trank.

«War es schön für dich gewesen, Charles?»

«Tante, ja, es war unbeschreiblich. Einen so jungfräulichen Po zu entjungfern ist ein Geschenk des Himmels.»

«Du wirst dich noch oft an ihm erfreuen können.»

«Ja, das werde ich. Aileen wird ihn mir gehorsam anbieten.»

«Erziehe sie dazu mit der Peitsche. Ich habe mit meiner Hand gefühlt, wie sehr es dir gefällt, sie zu peitschen.»

«Tante. Das war überwältigend. Deine Hand. Unglaublich. Es war wundervoll, sie dabei zu züchtigen. Ich weiß gar nicht, wie ich dir gegenüber meine Dankbarkeit ausdrücken kann, für soviel Liebe, die du mir mit deiner Hand geschenkt hast. Eine zauberhafte Hand.»

«Das habe ich doch gerne getan. Du weißt nicht, wie oft ich es bei deinem Vater habe machen müssen. Auch wenn er ein Dienstmädchen hier in diesem Zimmer bestrafen musste.»

«Du bist so erfahren. Ich habe gespürt, dass du weißt, wie ein Schwanz bearbeitet werden muss.»

«Du hast einen wunderschönen Schwanz, Charles. So herrisch, so groß. Es war ein erregendes Gefühl, ihn fest zu umfassen und zu reiben. Ich konnte förmlich fühlen, wie sehr es dir gefiel.»

«Dass du das getan hast, Tante. Das schätze ich sogar noch höher ein, als deinen Liebesbeweis, meinen Schwanz an Aileens Rosette zu führen. Deine Hand war so gekonnt, so liebevoll. Danke.»

«Du brauchst dich nicht zu bedanken. Ich denke, es ist meine Pflicht, als deine Tante, dir jedes Vergnügen zu ermöglichen, nach dem dir steht. Du darfst mich jederzeit um meine lustgebende Hand bitten. Ich werde deine Bitte immer mit Dankbarkeit erfüllen.»

Elizabeth legte ihre Hand auf Charles klein gewordenes Glied und umspielte es zärtlich.

«Tante!»

«Schau auf Aileen. Ist es nicht ein erhabenes Bild für dich, deine Frau so bereit auf dem Fickbock zu sehen? Wie sie nackt festgebunden ist und deinen Schwanz sehnsüchtig erwartet.»

«Tante, du erregst mich!»

Obwohl Aileen ermattet und heulend auf dem Bock lag, hatte sie doch dieses unerhört obszöne Gespräch mitbekommen. Sie konnte erkennen, dass Charles Tante sein kleines Glied mit zwei umfassenden Fingern zupfte und schaute erschrocken zu Boden.

«Sie hat es gesehen», hörte sie die Tante. «Willst sie noch mal peitschen? Ich würde dir gerne mit meiner Hand dienen.»

«Nein, Tante. Ich werde sie nicht überfordern. Morgen werden wir ihr eine nächste Lektion geben und dazu würde ich dich bitten, mir zu dienen.»

«Aber gerne, Charles.»

Charles war aufgestanden, hatte Aileen von den Fesseln befreit, aufgerichtet, nahm sie in die Arme und tröstete sie. «Aileen. Ich werde dich heute nicht mehr peitschen. Du warst ganz lieb.»

Er küsste sie und leckte genussvoll ihre Tränen. Dann umarmte er seine Tante und zog deren Kopf nah zu sich heran.

«Danke, Tante», flüsterte er. «Danke, dass du es mir gemacht hast.»

«Charles», flüsterte sie kaum hörbar in sein Ohr. «Ich werde es dir immer machen. Egal ob Aileen dabei ist oder nicht. Wann immer du willst, erfülle ich dir deinen Wunsch. Das sollst du wissen.»

«Danke. Das werde ich zu schätzen wissen.»

«Ich werde für deinen Schwanz alles tun, damit er höchste Wollust ausleben kann. Immer wenn du Befriedigung möchtest, bitte mich, es dir zu machen.»

«Tante. Ich muss mich abkühlen. Wir wollen zurück ins Wohnzimmer gehen und noch eine Flasche Champagner öffnen.»

Charles hatte sich einen Hausmantel übergezogen und im Wohnzimmer setzte er sich zu seiner Tante aufs Sofa, während er Aileen zu dem hinter dem Glastisch stehenden zweiten Sofa beorderte. «Setzt dich dahin und erhole dich. Ich möchte mich mit meiner Tante unterhalten.»

Nachdem er die Gläser voll geschenkt hatte,

sagte er: «Hier, trink mit mir. Auf dein Wohl, Tante. Aileen, du darfst auch dein Glas nehmen. Zum Wohle. Du warst zauberhaft heute Abend.»

«Danke, Sir», antwortete sie immer noch schluchzend.

Elizabeth rief plötzlich: «Aileen! Dreh dich mal herum und zeig uns deinen Po.»

«Ja, es sind ein paar leichte Striemen zu sehen», sagte Charles, als er Aileens Po betrachtete.

«Du hast sie sehr rücksichtsvoll gepeitscht.»

«Ja. Tante. Aileen wird erzogen und das werde ich Schritt für Schritt machen. Die Striemen werden schnell vergehen. Aileen, du kannst dich setzen.»

Für Aileen, die sich wieder zu ihrem Sofa zurückbegab und sich setzte, war es kaum hörbar, was Charles seiner Tante ins Ohr flüsterte. «Morgen bekommt sie ein paar Striemen mehr und du wirst es mir dabei machen. Ja? Würdest du es tun?»

Sie lächelte Charles an. «Natürlich. Wie kannst du das fragen! Morgen werden wir beide deine Aileen zu exquisiten Liebesspielen erziehen und ich werde es dir machen.»

«Tante. Wie soll ich dir nur danken?»

«Ich möchte mich bei dir bedanken, mein Junge. Dein Samen schmeckt so gut und schenkt mir erregende Erinnerungen an frühere Jahre. Ich danke dir dafür.»

«Schöne Erinnerungen?»

«Ja, Charles. Und ob.» Leise flüsterte sie in Charles Ohr: «Als ich in das schwarze Zimmer eintrat, kam sofort die Erinnerung an deinem Vater. Wie oft ich es ihm mit der Hand machen musste, während er ein Dienstmädchen mit der Peitsche züchtigte. Du bist ganz, wie dein Vater. Du liebst es, nicht wahr?»

«Ja, Tante», flüsterte Charles für Aileen unhörbar zurück. «Es ist so geil einen süßen Po zu peitschen und es dabei gemacht zu bekommen.»

«Das sollst du immer haben. Ich habe gefühlt, wie geil es dich machen kann, wenn du deine Frau peitschst und ich deinen Schwanz dabei massiere.»

Aileens hatte den letzten Teil verstanden, ihre Wangen röteten sich und neue Tränen kamen. Dann konnte sie nicht mehr verstehen, was sich die beiden zuflüsterten.

«Hast du es Vater oft machen müssen?»

«Oh ja. Mindestens jede Woche. Er war unersättlich. Er hat die Dienstmädchen selten gefickt, er liebte es, wenn ich es ihm machte und er auf den rot gestriemten Po spritzen konnte.»

«Du hast dafür eine außerordentliche Begabung.»

«Ich weiß nicht, wie viele hundertmal ich es ihm in unserer Zeit machen musste. Willst du Aileen denn morgen nochmal richtig peitschen?»

«Ja, natürlich. Wir haben den ganzen Tag Zeit, uns ihr zu widmen. Sie wird gepeitscht werden. Es können ruhig ein paar mehr Tränen als heute fließen.»

«Ja, das sehe ich auch so. Du warst heute sehr zurückhaltend. Werde ich es dir dabei wieder machen dürfen?»

«Ja, Tante. Ich bitte darum. Nichts ist schöner, als dass mein Schwanz von deiner Hand massiert wird, während ich peitsche.»

«Du weißt, wie gerne ich das sehe, wenn du Aileen peitschst. Es ist so erregend, es dir dabei zu machen. Ich verspreche dir, du wirst eine ganz zarte Hand an deinem Schwanz spüren, die es dir lange ermöglicht sie zu peitschen.»

«Danke Tante. Das macht mich glücklich zu hören. Ich liebe deine Hand. Anschließend wird sie in den Po gefickt.»

«Charles. Du bist unverbesserlich. Darf ich dann, wie heute, auch wieder deinen Schwanz einführen?»

Er lachte. «Tante. Ich bitte darum. Gibt es etwas Schöneres, als wenn eine Tante den Schwanz ihres Neffen in den Po seiner Frau einführt? Ich glaube nicht.»

«Zuerst hatte ich nicht geglaubt, dass ich dein dickes Ding in das enge Löchlein überhaupt hineinbekomme.»

«Deine Gleitcreme hat gut geholfen.»

«Ja, ich weiß. Sie leistet beim Analverkehr ungeahnte Dienste. Du musst Aileen immer gut eincremen, bevor du sie fickst.»

«Ach, Tante. Dein Erfahrungsschatz ist eine wohltuende Hilfe für mich. Der erregt mich zusehends.»

Seine Tante blickte auf die Erhebung unter seinem dünnen Hausmantel. Sie hob ihre Hand und ergriff sein Glied.

«Du bist schon wieder steif, du böser Junge.»

«Ja, Tante. Ich gestehe es. Unser intimes Gespräch gefällt mir.»

«Du weißt, ich möchte dir auch Liebesbeweise geben.»

«Ach, Tante. Den größten Liebesbeweis hast du mir doch gegeben, als du es mir gemacht hast, während ich peitschte.»

«Ich möchte es dir immer machen, wenn du deine Frau züchtigst.»

Zärtlich begann sie sein Glied zu massieren.

«Der Griff mit deinen drei Fingern fasziniert mich. Er verdreht meinen Kopf. Er verschafft mir ein außergewöhnliches Glücksgefühl.»

«Ja, das ist ein sehr spezieller Griff. Er kann sehr zärtlich sein und auch äußerst heftig.»

«Ich habe es noch nie zuvor so erlebt wie heute Abend. Das eine mich liebende Frau neben mir steht und meinen Schwanz massiert, während ich die Hände freihabe, um meine Gattin peitschen zu können. Ich muss dir gestehen, es hat mich zutiefst erfasst.»

«Ach du, mein Held mit dem riesigen Glied. Es fühlt sich schon wieder sehr gut an.» Sie flüsterte in sein Ohr: «Ich würde es dir jetzt gerne machen. Bitte.»

Charles stöhnte. «Tante, ich hätte eine große Bitte an dich. Würdest du es mir mit der Hand machen, wenn Aileen näher zu uns kommt und zusehen soll? Nur zusehen. Ich glaube, ich möchte unbedingt, dass sie diesen speziellen Griff lernt.»

«Aber Charles. Welche Frage. Liebend gerne!»

«Ja, Tante. Ich will sehen, wie ihr das Blut vor Scham in den Kopf steigt und sich ihre Wangen rot färben, während du es mir machst, bis ich vor ihr abspritze.»

«Du willst sie beschämen, nicht wahr?»

«Ja, Tante. Das auch.»

«Mein Gott, wie obszön. Du weißt, dass ich Obszönitäten liebe. Oh, ich stelle es mir vor und freue mich darauf, dir diesen Genuss zu bieten. Ich werde es dir machen. Vor Aileens Gesicht. Ganz gefühlvoll und lange, dass du einen unendlichen langen Genuss bekommst, wenn du in ihr Gesicht schaust.»

«Danke Tante. Lass dich küssen. Aileen!», rief er zu ihr. «Komm zu mir!» Charles ließ die immer noch weinende Aileen direkt vor sich auf dem Teppich knien. «Komm näher. Wir wollen, dass du etwas lernst.»

Als Aileen brav vor ihm kniete und sich über diesen Wunsch wunderte, sagte Charles. «Aileen. Entspann dich. Du wirst jetzt zusehen, was wir dir beibringen. Tante, zeige Aileen, wie sie mich mit der Hand zu befriedigen hat.»

Elizabeth schlug seinen Hausmantel zurück und umfasste seinen steifen Schwanz mit dem Daumen und zwei Fingern auf der anderen Seite und begann ihre Hand auf und ab zu bewegen.

Aileen war schockiert und schaute zu Boden.

«Aileen!», rief Charles energisch. «Du schaust auf meinen Schwanz, sonst setzt es die Peitsche. Du sollst genau zusehen, wie meine Tante es mir macht und lernen.»

Aileens Wangen liefen rot an, als sie sah, wie die Tante Charles steifes Glied mit ihrer Hand gleichmäßig rieb.

«Schau, Charles, wie sich ihre Wangen vor Scham röten. Es ist so süß.»

«Ja, das gefällt mir.»

«Mach ich es dir gut? Ist es so, wie du es dir wünschst, Charles? Soll ich es dir langsamer oder schneller machen?»

«So machst du es mir sehr gut, Tante. Ein traumhaft geiles Gefühl.»

Es war für Aileen unfassbar, dass sich ihr Mann vor ihren Augen das steife Glied massieren ließ und seiner Tante auch noch sagte, dass sie es sehr gut mache. Sie wusste nicht, wohin mit sich und blickte zur Seite.

«Aileen!», schrie Charles. «Steh auf, dreh dich und bück dich!»

Noch bevor sich Aileen gebeugt hatte, schlug Charles vom Sitzen aus mit der Tawse zu und versetzte ihr zwei solch schmerzhafte Hiebe, dass sie laute Schreie ausstieß.

«Aileen, knie dich wieder und schau her, schau auf meinen Schwanz! Sonst erhältst du zehn Hiebe.»

Aileen rieb sich ihren Po, kniete sich zwischen seine gespreizten Beinen und blickte auf. Sie sah, wie Charles steifes Glied von seiner Tante kräftig massiert wurde. Sie konnte sich denken, dass er hochgradig geil war und sie sicherlich peitschen würde, wenn sie nicht zusah. Beim knien spürte sie erst recht die brennenden Peitschenhiebe und begann zu weinen.

«Och, Charles, sieh! Sie weint.»

«Ja, die Hiebe haben gesessen. Aileen, sieh, wie mein Schwanz steht und meine Tante es mir macht. Wenn du nicht auf meinen Schwanz schaust, werde ich dich wieder peitschen.»

Die Bewegungen der Tante wurden sehr heftig und Aileen musste durch ihre verweinten Augen zusehen, wie steif Charles Glied wurde und seine Äderchen am Schaft erkennbar wurden. Das Blut schoss wieder in ihren Kopf.

«Charles, wie süß. Ihre Tränen auf den roten Wangen. Mach ich es dir gut, Charles?»

«Herrlich. Mach weiter. Sie soll es sehen!»

Elisabeth rieb Charles Glied langsamer, über die ganze Länge seines Schwanzes bis unten. Wenn ihre Finger unten waren, schüttelte sie kurz das lange Glied, schaute bewusst Aileen in die Augen und rieb es wieder heftig.

«Aileen! So will ich, dass du es lernt, mich mit der Hand zu befriedigen. Nur mit dem Daumen und zwei Fingern. Du sollst etwas Pikantes lernen. Deshalb sind wir dieses Wochenende zusammen. Sieh, wie gut meine Tante es mir macht. Sieh, wie mein Schwanz steht.»

«Sie weint ja richtig. Charles, reich ihr ein Taschentuch, damit sie sich die Augen trocknen und besser zusehen kann.» Sie gab Charles einen Kuss. «Ich mach's dir. Mein Liebling.»

Aileen nahm das von Charles gereichte Tuch entgegen und wischte sich die Augen. Als sie wieder zusah, blickte sie in das breit lächelnde

Gesicht der Tante, die unentwegt Charles steifes Glied rieb.

Bewusst laut, damit Aileen es hörte, fragte sie: «Ist das schön für dich, Charles? Dein Schwanz steht so wunderbar. Ich kann es ihm gut machen. Er fühlt sich so prächtig an. Ganz hart.»

«Tante, wundervoll. Wir werden morgen eine extra Lektion mit Aileen abhalten. Ich möchte, dass du ihr diesen perfekten Griff beibringst. Sie muss lernen, wie sie meinen Schwanz mit der Hand zu befriedigen hat und das wirst du mit ihr üben.»

«Oh, Charles. Ich bin begeistert. Gerne werde ich ihr meinen Griff beibringen. Du weißt, wie sehr es mich mit Dankbarkeit erfüllt, wenn ich dir dienen kann.»

«Ich habe zu danken. Oh, es ist wundervoll, wie du es machst. So muss sie es lernen. Oh, es ist ganz geil.»

«Soll ich es dir fester machen?»

«Ja, Tante. Wunderbar. Aileen, siehst du es?»

Aileen verschlug es die Sprache. Sie sah, wie die Finger der Tante Charles Glied fest umfasst hatten und es kräftig rieben. Sie nickte nur kurz mit ihrem hochroten Kopf.

«Wenn du das mal richtig beherrschst, Aileen, und ich dir sage, *mach's mir*, dann wirst du meine Hose öffnen, meinen Schwanz herausholen und ihn mit deiner Hand massieren, bis ich komme. Meine Tante macht es mir wunderbar und ich möchte, dass du es mir genauso machst. Sieh, wie sie es mir macht! So will ich, dass du das auch lernst. Hast du das verstanden, Aileen?»

Aileen nickte heftig mit ihrem Kopf.

«Wenn ich dir sage, *mach's mir,* dann ist das ein Befehl, den du zu befolgen hast. Verstanden?»

«Ja, Sir.»

«Oh, Tante, es ist so unsagbar geil. Diesen perfekten Griff, wie du ihn hast, kann Aileen noch nicht. Sie muss es lernen.»

«Charles, mein Liebling. Sei unbesorgt. Ich werde ihr beibringen, wie sie es dir zu machen hat. Nicht wahr, Aileen? Ich werde es dir morgen zeigen und wir werden es üben. Ja?»

«Ja, Ma'am», hauchte Aileen verschämt.

«Wunderbar, Tante. Ja, mach's mir. Ich komme gleich. Es ist geil, es Aileen zu zeigen.»

«Genieße es, Charles. Ich mach's dir jetzt ganz heftig. Ich spüre in meinen Fingern, wie geil dein Schwanz ist. Aileen, siehst du, wie geil sein Schwanz werden kann, wenn man es ihm richtig macht?»

«Aileen!», sprach Charles. «Es gibt da noch etwas, was du unbedingt befolgen musst. Nach einer Züchtigung mit der Peitsche, hast du dich bei mir, als deinen Sir, zu bedanken. Du hast es bis jetzt nicht getan und ich wünsche es!»

Aileen schlug ihre Augen nieder. *Was für eine Demütigung,* dachte sie. *Ich soll mich für die Schmerzen bedanken.*

«Haben die Hiebe sehr weh getan?»

«Ja, Sir», schluchzte sie.

«Dann bedanke dich, dass ich dir weh tun musste.»

Entsetzt riss Aileen ihre Augen auf und brach in heftiges Weinen aus.

«Aileen. Ich warte. Sonst erhältst du doch noch die Peitsche.»

Sie wurde sich bewusst, was passieren würde, wenn sie sich nicht bedankte.

«Sir, Sir», stotterte sie schluchzend.

«Aileen. Du wirst danach immer meinen Schwanz küssen. Mach! Jetzt öffne deinen Mund und komm mit deinem Kopf vor. Tante, hör nicht auf. Halt meinen Schwanz vor ihr Gesicht und reibe weiter.»

Langsam beugte sich Aileen vor und gab seiner Eichel einen Kuss.

Charles ergriff mit beiden Händen Aileens Kopf und presste ihn auf seinen Schwanz.

Aileen gab jeglichen Widerstand auf und stülpte ihre Lippen um Charles Schwanz.

«Möchtest du in ihrem Mund kommen?»

«Ja, Tante. Mach es mir», stöhnte Charles laut.

«Ich werde es dir machen. Spritz in ihren Mund. Spritz ihr all deinen Samen hinein. Wann immer du mich fragst, werde ich es dir machen.»

«Tante, Tante!»

«Ja, werde ganz geil. Ich mach's dir, Charles. Ich werde es dir machen, bis du spritzt.»

«Aileen. Sag, danke, dass ich dich gepeitscht habe!»

«Sir. Ich danke Ihnen für die Peitschenhiebe.»

«Sag danke für die schmerzhaften Peitschenhiebe!»

Heftig schluchzend «Ich danke Ihnen, dass sie

mich schmerzhaft peitschen mussten.»

«Ja! Aileen! So will ich es hören! Oh, Tante! Tante! Ich komme!»

Aileen wurde von der Heftigkeit vollkommen überrascht, als Charles mit lautem Stöhnen zu seinem Orgasmus kam und seinen Samen auf ihr ganzes Gesicht und in ihren halb geöffneten Mund spritzte. Sie verschluckte sich und seine zweite Ladung ergoss sich über sie.

«Oh, wie gut. Oh, wie geil», stöhnte Charles erschöpft. «Dieser Moment, als sie sich bedankt hat, war so geil, wie nie zuvor. Oh, Tante Elizabeth! Wie wundervoll!»

Erschöpft lehnte sich Charles zurück, zog Aileen zu sich hoch und leckte ihr Gesicht. Auch Elizabeth beute sich vor und leckte den Samen von Aileens rechter Wange.

«Charles, dein Samen schmeckt wundervoll,» sprach sie voller Entzücken. «Er ist vermischt mit ihren Tränen. Wie süß. Ganz wie dein Vater. Ich habe es immer gemocht.»

«Aileen hat sich so brav bedankt, da musste ich ihr meinen Samen schenken. Eine wunderbare Erziehungslektion.»

«Charles. Du bist ein so dominanter Mann. Du kannst spritzen, unglaublich, und so viel. Ich bin ganz erfasst. Du solltest ihr jeder Woche eine solche Lektion geben.»

«Oh, Tante. Du hast es mir so gut gemacht. Danke. Es war überwältigend.»

Elizabeth beugte sich hinunter und leckte Charles Glied sauber.

«Danke, liebste Tante. Das war ein Liebesbeweis von dir, für den ich dir sehr dankbar bin.»

«Aileen, komm her zu mir. Setzt dich auf meinen Schoß!»

«Sie hat immer noch ganz rote Wangen», sagte Charles Tante.

«Aileen. Hast du gut zugesehen, wie meine Tante es mir gemacht hat? Hast du genau gesehen, wie sie meinen Schwanz mit den Fingern umfasst?»

«Ja, Sir.»

«Morgen wird sie dich unterrichten. Ich möchte, dass du diesen Griff lernst. Hast du das verstanden?»

«Ja, Sir. Ich werde es lernen.»

«Das ist brav. Du hast dich sehr artig bedankt. Das liebe ich. So möchte ich es immer von dir hören. Du hast gesehen, wie mich dein Dank erfreut hat?»

Aileen lehnte ihren Kopf an Charles Schulter und flüsterte: «Ja, Sir. Ich werde immer dankbar sein.»

«Das ist brav, mein Schatz,» und er küsste sie so heftig, dass es Aileen tröstete. Ihr wurde bewusst, dass es ihm eine unbeschreibliche Befriedigung verschafft haben musste, so ungeheuerlich die Situation auch war. In kühnsten Träumen hätte sie so etwas Obszönes nicht erwartet. Dankbar nahm sie das Glas Champagner entgegen, dass Charles ihr liebevoll reichte.

«Charles? Hast du Aileen mein Buch *Royal Wedding* zu lesen gegeben?»

«Ja, Elizabeth. Ich habe mir abends von ihr die ersten Kapitel vorlesen lassen. Nicht wahr, Aileen? Das war sehr aufregend gewesen. Sie hat öfter einen roten Kopf bekommen. Danach durfte sie es alleine weiterlesen.»

Elizabeth lachte. «Ja, das zweite Kapitel mit dem ersten Spanking in der Hochzeitsnacht beginnt gut. Der Marquess of Milford, der durch seine Mutter der britischen Königsfamilie angehört, beginnt sofort seine junge Ehefrau Emily zu erziehen. Aileen, sag mir. Wie hat dir der Roman gefallen?»

Zögernd antwortete Aileen: «Ein ungewöhnliches Buch. Jedenfalls für mich. So etwas habe ich zuvor noch nie gelesen. Diese Sprache. So ...»

«Du meinst, sehr explizit? Nun, es ist eher einer der harmlosen Romane. Keine obszönen Worte. Dennoch beschreibt er die Liebesszenen. Die Marchioness Emily war 19 Jahre alt, als sie den wesentlich älteren Marquess heiratete und war vollkommen unerfahren in Liebesdingen. Sag mir, was hat dir das Buch gesagt?»

«Nun. Es ist wunderbar geschrieben. Ich habe mich in die Geschichte und die Erlebnisse der jungen Herzogin hineinversetzen können. Es hat mir einen tiefen Einblick in den täglichen Ablauf im Leben und im Schloss innerhalb einer royalen Familie gegeben. Dass die junge Herzogin im zweiten Kapitel von ihrem Gatten mit einem Spanking für ihre ungeheuerliche

Respektlosigkeit, sich ihm in der Hochzeitsnacht zu verweigern, bestraft werden musste, konnte ich mehr als nachvollziehen. Auch diese Szene ist in dem Buch wunderbar beschrieben und deutet, bei aller Zurückhaltung im Stil, doch klar auf das hohe erotische Verlangen des Gatten hin, das in dem Kapitel in einem scharfen Spanking und einem heißen Liebesakt endet.»

«Ich bin überwältigt, Aileen. Das hast du wunderbar beschrieben. Das war auch meine Absicht.»

«Aileen!», mischte sich Charles ein. «Was du nicht weißt und ich dir nicht gesagt habe. Der Name der Autorin, Isa Lesley, ist ein Pseudonym von Tante Elizabeth. Sie hat diesen Roman geschrieben.»

Erstaunt blickte Aileen zu Elizabeth.

«Ja, Aileen. Dieses Buch soll jungen Ehepaaren helfen, den Wert einer Erziehung zur Harmonie zu entdecken und ist ein Bestseller, der von etlichen jungen Ehemännern einer jungen unerfahrenen Gattin geschenkt wird. Ich bin Mitglied in einem Kreis von Autorinnen, die alle teils sehr erotische Romane schreiben und sich regelmäßig treffen. Dabei ist die verwendete Sprache, der einmaligen Schönheit der Liebe und des Liebesaktes in einem kulturell hochstehenden Umfeld angepasst. Ist es nicht wunderschön, dass die Natur es uns Menschen erlaubt, so viel Glücksgefühle beim Liebesakt zu erleben? Daher sollten wir, auch wenn wir darüber schreiben, die hohe Würde des Liebesaktes in der Lust darstellen.

Lass uns offen und ehrlich darüber austauschen, keine Scheu, ich möchte nur dein Bestes. Aufgrund meiner großen Erfahrung, bin ich in der Lage, dir mit Rat zur Seite zu stehen. Auch in den weiteren Kapiteln beschreibt mein Buch, mit sehr zurückhaltenden Worten, wie der Herzog seine junge Gattin mit Hilfe des Spankings zum Erleben der höchsten Lust erziehen kann. Damit wirst du dich in Zukunft noch besser vorbereiten können, Charles diesen exquisiten Liebesdienst anzubieten und dabei erkennen, warum eine Gattin dazu erzogen werden muss.»

«Was meinst du, Elizabeth? Kann ich Aileen danach dein Buch *The Disciplining of Lady Emily* zu lesen geben?»

«Ja, natürlich, Charles. Es ist eine Fortsetzung. Ich denke, dass es für Aileens Erziehung förderlich wäre. Die erotischen Szenen und Züchtigungen sind wesentlich expressiver beschrieben, dort sogar obszön. Aber, es ist ein Verkaufserfolg. Mein Verlag in London ist ganz begeistert. Also, Aileen. Du kannst mir vertrauen. Keine Angst vor meinen manchmal drastischen Worten. Ich spreche da aus eigener Erfahrung und habe mich in den letzten Jahren mit vielen Frauen aus adligen Familien unterhalten können, die mir insbesondere ihre erotischen Erlebnisse offenbarten. Dass du Charles vorhin so brav, mit nur ein paar Tränen, einen so wundervollen Genuss der besonderen analen Penetration geboten hast, erfreut mich über alles. Ich wusste, dass er begeistert sein wird, da er ein Freund sehr exquisiter Genüsse ist. Auch dein Dank für die Hiebe war sehr lieb. Du hast Charles einen exzellenten Genuss ermöglicht. Du bist eigentlich schon eine Ehefrau, die durch die bisherige Erziehung gereift ist. Wenn ich das so sagen darf. Ich mag dich wirklich, mein liebes Kind. Ich möchte, dass du das weißt.»

«Danke, Tante Elizabeth.»

Charles räusperte sich. «Aileen, du kannst dich morgen und übermorgen den ganzen Tag mit meiner Tante aussprechen. Ich werde morgen zeitweise außer Haus sein. Ihr seid also ungestört. Ich möchte, dass du mit ihr ohne Scheu über die intimsten Sachen in unserer Ehe sprichst und ihr von allen deinen Schwierigkeiten bei der Erziehung ehrlich berichtest. Es geht ausschließlich um deine Erziehung zu Liebesdiensten und meiner Tante ist viel dran gelegen, dass du es mit Freude lernst und ich eine liebevolle gehorsame Frau bekomme. Du weißt, liebste Aileen, dass du im Zentrum meiner Liebe und meines Verlangens stehst, deshalb verlange ich von dir, dass du alle hilfreichen Hinweise meiner Tante annimmst und du offen über alle unsere bisherigen Liebespraktiken und seien sie noch so intim, informierst. Ich will, dass sich meine Tante einen umfassenden Überblick über den Stand deiner Erziehung machen kann.»

«Ich verspreche Ihnen, Sir, mit Tante Elizabeth über alles zu reden. Sie hat mir schon so viel Mut gemacht, dass ich ganz wissbegierig auf die Empfehlungen bin.»

«Das ist lieb. Genau darum geht es. Meine Tante ist ausgesprochen erfahren und das weiß ich zu schätzen. Es geht ausschließlich darum, dass meine Tante erkennen soll, wo du Schwächen in der Hingabe zu exquisiten Liebespraktiken aufweist und wie ich das dann mit einer intensiveren Erziehung beheben kann. Hast du das verstanden und wirst es beherzigen?»

«Ja, mein Lord. Seien Sie versichert, dass ich Ihnen gehorsam dienen möchte. Ich danke Ihnen, dass ich mich mit Tante Elizabeth aussprechen darf.»

«Es ist schon sehr spät geworden. Wir werden jetzt gleich zu Bett gehen. Aileen, geh schon einmal voraus und bereite dich für die Nacht vor. Ich komme gleich nach. Sag meiner Tante Gute Nacht und gib ihr einen Kuss!»

Nachdem Aileen das Wohnzimmer verlassen hatte, umarmte Charles seine Tante. «Ein wundervoller Abend. Ich danke dir. Mein Gott, ich war noch nie mit einer Frau zusammen, die es mir so liebevoll mit der Hand gemacht hat. Keine konnte es. Ich bin immer noch ganz erfasst.»

«Das habe ich bemerkt, Charles. Es macht mich glücklich, dass ich dir etwas Neues zeigen konnte.»

«Nicht nur gezeigt. Du hast es mir so gefühlvoll gemacht. DU hast mich ganz glücklich gemacht.»

«Das *mach's mir* einen Befehl zu nennen und Aileen zu erklären, dass sie dann diesen Befehl zu folgen hat, fand ich erregend. Es macht mich außerordentlich stolz, dass ich dir so viel Lust mit meiner Hand schenken kann.»

«Deine Hand ist zauberhaft. Einfach unbeschreiblich. Wir müssen Aileen unbedingt dazu erziehen. Ich will, dass sie das lernt.»

«Das werden wir morgen machen. Ich werde sie anleiten und ihre Finger führen. Aber, ich sage dir, es wird ein langer Weg werden, bis sie es genauso gut und vor allen Dingen ausdauernd kann. Eine ungeübte Hand ermüdet schnell. Ich habe es unter der Peitsche deines Vaters lernen müssen.»

«Dann wirst du sie morgen, wenn sie es nicht richtig macht, peitschen.»

«Das würdest du mir erlauben?»

«Aber natürlich. Du bist meine Tante. Alles, was du für Aileens Erziehung für richtig hältst, werden wir tun. Ich will, dass sie sich mir zu allen Liebespraktiken, auch wenn sie beschämend und belastend sind, gehorsam hingibt.»

«Ich verstehe dich. Das ist für mich eine große Wertschätzung, Charles. Danke.» Elizabeth kraulte seinen Nacken. «Ich weiß doch, was du dir zur Befriedigung deiner Lust wünschst. Es war für mich eben eine große Genugtuung, deiner Aileen zu zeigen, wie ich es dir mache. Ich verspreche dir, ich werde es ihr beibringen. Es ist so wunderbar unmoralisch.»

«Danke, Tante. Nächste Woche muss ich Mary, unser jüngstes Hausmädchen unbedingt züchtigen. Sie ist wegen der Hochzeit seit mehr als drei Wochen nicht gezüchtigt worden.»

«Da möchtest du Aileen an deiner Seite haben und sie soll es dir machen, nicht wahr?»

«Tante, du durchschaust mich.»

«Ich bin ja noch drei Tage hier. Ich werde sie dir erziehen. Aber dazu musst du sie mir morgen für zwei Stunden allein überlassen. Ich muss ihr Ausdauer antrainieren. Ich habe da noch etwas dabei, daran soll sie üben.»

«Ach, Tante, lass dich küssen. Du bist so herrlich obszön.»

«Bei deinem Vater habe ich gelernt, Obszönitäten zu lieben.»

«Ich war einmal in den Internatsferien zu Hause und habe Vater und dich heimlich beobachten können.»

«Charles! Das war ungehorsam!»

«Ja. Aber unheimlich geil. Es war das erste Mal, dass ich gesehen habe, wie er dich gepeitscht und anschließend gefickt hat.»

«Charles! Du Böser!»

«Sie mir nicht böse. Es hat mich tief beeindruckt und ich hatte mir seitdem immer gewünscht, eine Ehefrau zu haben, mit der ich das Gleiche lustvoll erleben kann. Zumal ich erkannt hatte, dass er dein hinteres Türchen benutzte, um seine Lust zu stillen.»

Schwärmerisch antwortete seine Tante: «Ja. Das liebte er über alles.»

Charles nahm ihren Kopf und küsste sie. Dann kam er mit seinem Mund an ihr Ohr und flüsterte kaum hörbar in ihr Ohr.

Entsetzt hob Elizabeth ihren Kopf. «Charles!

Nein! Was sagst du da. Das ist sehr unanständig. Das ist ja ungeheuerlich.»

«Tante, es war nur eine Bitte.»

«Aber Charles. Ich weiß gar nicht, was ich sagen soll. Das ist ja unglaublich. Das wünschst du dir?»

«Du würdest mir einen sehr großen Gefallen tun.»

Elizabeth schüttelte den Kopf. «Charles, das ist so unaussprechlich, dass ich es gar nicht wage.»

«Sag es ruhig. Es würde mich erfreuen.»

«Ach, Charles, ich bin bereit, dir jeden Gefallen zu tun. Besonders, wenn es dein Verlangen stillen kann. Aber, dass du mich ...»

«Bitte, Tante, sag ja.»

«Du möchtest mich in den Po ficken? Und dann deinen Schwanz in Aileens Mund stecken? Und ich soll es dir machen, bis du in ihren Mund spritzen kannst? Charles, ich werde ganz rot dabei. Auch meine Wangen glühen. Das ist fruchtbar unanständig.»

Elizabeth legte ihren Kopf an Charles Schulter. «Charles. Charles.»

«Bitte, Tante. Ich weiß, dass du sehr pikante und exquisite Liebespraktiken liebst. Mein Wunsch ist pikant. Ich gebe es zu. Aber ich bin sicher, du würdest Gefallen daran finden, Aileen zu beschämen.»

«Ach, Charles. Das wird sie mehr als beschämen. Das willst du, nicht wahr?»

«Ja, Tante.»

«Das ist so unerhört unanständig, es ist sehr

unmoralisch, so etwas zu verlangen.»

«Tante. Ich bin der Earl of Sutherland und das Oberhaupt unserer weitverzweigten Familie. Jeder in dieser Familie hat dem Earl zu gehorchen und seinem Wunsch zu folgen.»

«Charles! Was machst du mit mir?»

Elizabeth hing an seinen Lippen und küsste ihn.

«Sie müssen mir gehorchen, Tante!»

Wieder küsste sie ihn mit einem langen Zungenkuss, wie es nur Verliebte tun, presste sich anschmiegend an ihn und hauchte: «Ich muss Ihnen gehorchen, mein Earl. Was immer Sie wünschen und sei es noch so unmoralisch.»

«Ich möchte Aileen damit beschämen. Sie muss lernen, dass ich exquisite Liebespraktiken mit ihr vollziehen will. Außerdem soll sie sehen, wie ich eine andere Frau in den Po ficke, damit sie erkennt, dass es mir nur ums Ficken geht und dass es nichts mit meiner Liebe zu ihr zu tun hat. Weil ich sie in Zukunft an meiner Seite haben will, wenn ich eines unserer Dienstmädchen züchtige und ficke.»

«Und sie es dir beim Züchtigen macht, nicht wahr?»

«Ja, das ist mir seit heute sehr wichtig geworden. Du hast mich erkannt, Tante.»

«Ach, Charles. Ich tue alles für dich. Charles, halte mich ganz fest und küss mich.»

Elizabeth liefen Tränen über die Wangen.

«Verzeih mir, Charles. Ich bin so aufgebracht. Ich verspreche dir, wir werden Aileen dazu erziehen. Ich weiß, du möchtest, dass sie so wird, wie ich es für deinen Vater war. Es hat ihn immer so glücklich gemacht. Ich möchte, dass du das gleiche Glück erleben kannst.»

«Danke, Tante. Ich werde dich immer lieben.»

Elizabeth zitterte und drückte einen Kuss nach dem anderen auf Charles Gesicht. Sie atmete heftig und stöhnte zwischen den Küssen.

Plötzlich erkannte Charles an der Bewegungen unten an ihrem Kleid, dass sich seine Tante befriedigte. Er schlug sich mit der Hand auf den Kopf.

«Tante!», rief er aus. «Ich bin ein Tollpatsch. Natürlich. Verzeih mir, dass ich mich nicht um deine Gefühle kümmere. Darf ich es dir machen?»

In voller Erregung antwortete Elizabeth: «Lass gut sein, Charles», stöhnte sie laut. «So bin ich es gewohnt. Immer, wenn die Erinnerungen hoch kommen, mach ich es mir.»

Charles überschüttete ihr Gesicht mit Küssen. «Mach's dir, Tante. Bei mir darfst du alles. Du hast die Hand in einem Schlitz in deinem Kleid. Ich sehe es. Mach's dir.»

«Oh, Charles. Es ist wundervoll, sich mit dir so obszön unterhalten zu können. Es hat mich vorhin schon feucht werden lassen. Wie liebe ich diese unanständigen Gespräche. Ich hatte sie so lange nicht mehr. Ich bin dir so dankbar, dass ich dir gestehen kann, dass ich es mir oft selbst mache. Ist das schamlos von mir?»

«Nein, Tante. Das kann ich doch verstehen. Du darfst mir alles sagen, deine geheimsten Gedanken und seien sie noch so unanständig. Ich liebe dich. Hab Vertrauen zu mir.»

Von heftigem Stöhnen unterbrochen, sprach sie weiter. «Du kannst nicht ermessen, wie sehr es mich erfüllt, deinen steifen Schwanz zu umfassen. Er fühlt sich so gut an. So hart, so gewaltig. Es kamen so viele Erinnerungen an deinem Vater. Ich bin dir so dankbar, dass ich das darf.»

Mit Genugtuung sah Charles, dass sich seine Tante immer heftiger befriedigte. «Du darfst immer meinen Schwanz anfassen. In erster Linie gehört er dir. Du bist meine Lieblings-Tante.»

«Bitte, befehle mir auch oft ein *mach's mir*. Ich möchte so gerne deinen Schwanz ergreifen.»

«Ja. Nächste Woche muss ich schnell zu unserem Spediteur nach Edinburgh. Ich werde bei dir vorbeikommen und es dir befehlen. Du wirst es mir gehorsam machen!»

«Charles, was sagst du da!», stöhnte sie. «Ja, ich werde es dir ganz gehorsam machen. Wann immer du mich besuchst. Du bist so lieb. Ich werde mich ganz auf deinen Schwanz konzentrieren und es ihm machen. Es ist so anstößig, so vulgär. Ich bin dir so dankbar, dass ich mit dir darüber reden darf.»

«Ich verlange von dir, dass du mit mir darüber redest.»

«Oh, Charles. Ja, verlange es von mir. Ich muss gehorchen.»

«Ja, ich werde von dir verlangen, dass du mit mir schamlos darüber redest, wie gerne du meinen steifen Schwanz anfasst.»

«Ja, Charles», hauchte sie in völliger Erregung.

«Das ist so furchtbar schamlos. Ich liebe deinen Schwanz. Ich bitte dich, oft von mir zu verlangen, dass ich es dir mache. Bis du spritzt. Es ist so schön, dir sagen zu können, dass ich deinen Schwanz so gerne fühle, wenn er kommt. Es ist so ordinär, so unanständig.»

«Morgen Abend, wenn wir Aileen beschämen wollen, werden wir sie auf den Fickbock schnallen. Ich werde mich vor sie stellen und ihren Po von vorne peitschen und dir befehlen *mach's mir* und du wirst es mir dabei machen. Du wirst es mir lange machen müssen, weil ich es genießen will.»

«Ja, Charles. Befehle es mir. Ich möchte ganz gehorsam sein. Ich werde deinen Schwanz ganz nah vor ihrem Gesicht massieren, während du sie peitschen kannst. Ich werde es dir ganz lange machen, dass du es genießen kannst. Peitsche sie hart, dass sie weinend sieht, wie ich es dir mache.»

«Dann wirst du dich vor ihrem Kopf auf allen Vieren hinknien und ich werde dich in deinen Po ficken, damit sie es sieht. Dann wirst du ihr meinen Schwanz in den Mund stecken und ich werde ihr befehlen, ihn sauber zu lecken, was sie furchtbar beschämen wird.»

«Ja, Charles», keuchte seine Tante. «Verlange es von mir. Ich werde tun, was du von mir verlangst. Charles! Das ist schlimm! Charles! Ja, wir werden sie beschämen, dass sie vor Scham vergeht. Oh, ich bin so erregt. Am Anfang, als dein Vater von mir verlangte, dass ich es ihm vor den Hausmädchen mache, oder gar seinen

Schwanz in deren Po stecken sollte, hat es mich wahnsinnig beschämt. Ich habe geheult vor Scham. Aber mit der Zeit hatte er mich dazu erzogen, daran Gefallen zu finden. Und ich hatte dann Gefallen daran. Immer mehr. Ich konnte es manchmal kaum abwarten, bis ein Mädchen gezüchtigt werden musste. Verzeih mir meine obszönen Erinnerungen.»

«Bei mir darfst du ordinär, hemmungslos und schamlos sein. Ich werde dir jeden Wunsch erfüllen, der auch dir Befriedigung verschafft.»

«Oh, Charles. Es ist so geil.»

«Sag mir, was ich mit Aileen machen soll, um dir Erfüllung zu schenken.»

«Charles. Wirst du morgen, nach dem Aufwachen Aileen ficken?»

«Ganz sicher.»

«Darf ich in euer Bett kommen und dabei sein?»

«Tante, ja. Das erlaube ich dir gerne.»

«Charles, Charles», stöhnte sie laut. «Darf ich zusehen und mich dabei befriedigen? Erlaubst du mir das? Ich finde es so erregend, wenn du sie fickst.»

«Ich erlaube es dir.»

Elizabeth schnappe nach Luft. «Wirklich, Charles? Das erlaubst du? Das darf ich machen? Vor ihren Augen?»

«Ich werde es von dir verlangen. Aileen soll sehen, wie sich eine erfahrene Frau befriedigt.»

«Oh, wie schamlos. Wie unanständig. Oh, Charles, ich bin dir so dankbar. Du bist so verständnisvoll.»

Dicke Tränen quollen aus ihren Augen und die Bewegungen ihrer Hand wurden immer heftiger. Sie atmete nur noch schwer. Sie presste ihren Kopf in voller Liebe auf Charles Brust. «Charles, Charles», rief sie noch, als sie von ihrem Orgasmus erfasst wurde und ihr Körper nur noch zuckte.

«Mach's dir, Tante. Mach's dir!»

«Charles, ich bin so glücklich. Es ist so schön. Danke», keuchte sie zitternd. Sie stieß kurze schrille Schreie der Lust aus und bebte.

Als die Wellen ihres Orgasmus langsam verebbten, lag sie hemmungslos weinend mit ihrem Kopf auf Charles Brust. Immer wieder murmelte sie, danke.

Schweigend presste Charles sie in voller Liebe an sich und streichelte ab und zu ihre Wangen.

Lange Minuten lagen sie so zusammen und Charles ließ sie ausweinen. Er wusste, dass es Tränen des Glücks waren.

Sie kam mit ihrem Kopf hoch zu seinem Mund und küsste ihn. «Charles. Danke.»

Ein Zittern durchlief wieder ihren Körper. Charles drückte sie an sich und küsste als Antwort ihre Tränen.

«Du bist so lieb. So verständnisvoll», hauchte sie.

«DU bist lieb. DU hast so viel Verständnis für mich.»

«Oh, Charles, du beschämst mich.»

«Nein, niemals. Du hast mir heute soviel geschenkt. Ich möchte dir alles zurückgeben, was du so liebevoll für mich tust.»

«Du hast mir eben viel geschenkt. Gefühle, wie ich sie seit langem nicht mehr hatte.»

«Es ist so wundervoll, dass wir beide uns so gut verstehen. Wir finden plötzlich wieder zusammen. Dafür schenke ich dir alles.»

«Danke Charles. Ich fühle mich so geborgen bei dir.»

«Ich verspreche dir, ich werde deine Gefühle nie verletzen.»

«Ja, das glaube ich dir. Deshalb werde ich mich dir zu allem hingeben, was du von mir verlangst.»

«Ich werde nichts mehr von dir verlangen. Ich werde dich nur noch bitten. Weil ich weiß, dass du mir meine Bitte erfüllen wirst.»

«Oh, wie lieb du das sagst. Ja. Ich werde dir jede Bitte erfüllen. Jede!»

Ein Schauer durchlief Elizabeths Körper und sie stöhnte laut.

Charles drückte sie wieder verständnisvoll an sich. Er konnte ermessen, was es für sie bedeutete, ihm diesen Satz zu sagen.

«Du zeigst mir so viel Liebe, Tante. Ich meine nicht nur die körperliche Liebe. Du zeigst mir mehr. Eine Unterhaltung, die mir Lust verschafft, aber mich zugleich vielmehr so sanft berührt und voller Liebe ist und eine Seele trifft, die mich taumeln lässt. Eine Liebe, die mich bedingungslos unterstützt. Selbst zu außergewöhnlichem Verlangen. Weißt du, ich träumte in meinem Leben so vor mich hin, denn mir war nicht klar, was ich wirklich wollte. Ich habe mit etlichen Frauen geschlafen, was ich dir immer erzählen konnte und du hast mich darin bestärkt, Erfahrungen zu sammeln. Und jetzt habe ich auch eine liebe Frau, dank dir. Aber heute ist etwas mit mir geschehen. Durch dich. Jetzt weiß ich, was ich will. Ich möchte dich bitten, mir zu zeigen, wie Vater war, dass ich so werden kann wie er. Ich weiß, ich habe ihn oft kritisch gesehen. Aus Unwissenheit. Du hast ihn von ganzem Herzen geliebt. Also hatte er mehr, als ich je erahnen konnte. Ich weiß, er war ein hervorragender Geschäftsmann und dich verehrte er über alles. Jetzt kann ich ahnen, warum er dich so verehrte. Ich fühlte mich einsam und eigentlich auch überfordert, Aileen zu einer Ehefrau zu erziehen, die ich mir so in Tagträumen wünsche. Bis ich dich heute, nicht als entfernt wohnende Tante, sondern als eine Frau kennengelernt habe, die mir aufrichtige Liebe schenken will. Die mir helfen will, meine Frau zu außergewöhnlichen Liebespraktiken zu erziehen. Die ab jetzt für mich hoffentlich mehr als nur Tante ist. Sondern ganz enge Freundin. Der ich meine tiefen Gedanken gestehen und die ich bitten kann, mir zu helfen, Aileen für meine Lust zu erziehen.»

«Charles. Was für liebe Worte. Du machst mich sprachlos. Aus deinen Sätzen spricht pure Liebe. So ein Liebesgespräch ist die erfüllende Form des Miteinander-Sprechens. Ich bin dir dankbar, dass wir uns vorhin über unsere obszönsten Gedanken austauschen konnten und so viele Gemeinsamkeiten fanden. Aber jetzt zeigst du mir, dass auch du gespürt hast, dass bereits mehr zwischen uns geschehen ist, als gemeinsame Lust. Ich will deine ganz enge Freundin sein. Ich habe gespürt, dass du dankbar für meine Hilfe bist und ich habe gespürt, dass du viel Verständnis für mich und meine Gedanken und Wünsche hast. Du fragst mich, was war das für eine großartige Liebe zwischen deinem Vater und mir. Das ist schwierig.

Er hat mir freie Entscheidungsräume gelassen, das war wichtig für mich. Ich habe sie ihm aber auch gewährt, insbesondere, wenn er sein Verlangen an den Hausmädchen stillen wollte. Er hat mich immer umsorgt, hat versucht mir meine Wünsche zu erfüllen.

Er hat mich manchmal im schwarzen Zimmer so schmerzhaft gepeitscht, dass ich nur noch geschrien und geweint habe und tagelang nicht richtig sitzen konnte. Aber zugleich hat er mir Erfüllung geschenkt, hat mich Erfüllung und Orgasmen, bei den absonderlichsten Praktiken erleben lassen. Praktiken, die nicht nur er wollte, sondern auch akzeptierte, wenn ich sie empfahl. Er bereit war, mir gewisse Spinnereien zu erlauben, die nicht so ganz seinem Verlangen entsprachen, aber er es mir schenken wollte. Das meine ich ganz allgemein, im Haus und im Bett. Vielleicht war es wirklich allein die Wollust, die gemeinsame Geilheit und die Erotik, die uns so zusammengeschweißt hat. Das mag sein. Auf alle Fälle war es der Kern unserer Liebe. Ja, ganz sicher, war es das Erotische, das uns immer inniger verbunden hat. Aber wir haben auch an langen Abenden vor dem Kamin über unsere Gefühle sprechen können, vollkommen unerotisch. Haben diskutiert, haben vollkommen offen unsere Gedanken austauschen können. Charles, wir beide haben uns heute in den letzten Stunden gefunden und haben beide entdeckt, dass wir mehr als eine normale Verbindung haben. Eine Verbindung, die weit über die gesellschaftlichen Normen hinausgeht und vielleicht verstehen wir uns deshalb so gut. Du willst wissen, was Vater wirklich für ein Mann war. Das lässt sich nicht mit wenigen Worten erzählen. Ich verspreche dir, ich werde dir nach und nach, aber nur, wenn wir so allein zusammen sind, wie jetzt, mehr über ihn erzählen. Es gibt einige Sachen, die niemand Außenstehendes, nicht du, nicht unser erweiterter Familienkreis, noch eine Freundin von mir wissen. Zu dir habe ich das Vertrauen. Dir werde ich es erzählen. Es ist so schön, dass wir beide uns jetzt so innig unterhalten können. Ich bin dir sehr dankbar dafür. Es ist richtig, du sollst mich nicht als eine weit entfernte Tante sehen, sondern als deine engste Freundin. Mit unseren Unterhaltungen heute haben wir uns doch gegenseitig offenbart, dass wir beide ein Verlangen nach Lustbefriedigung haben, die nicht für andere Ohren bestimmt ist. Ein sehr ausgeprägtes Verlangen, das bei kaum einem Fremden auf Verständnis stoßen würde. Wie lange habe ich nach einer geeigneten Frau für dich gesucht. Wie viele Debüt Bälle habe ich besucht. Die meisten jungen Frauen waren entweder verwöhnte Gören, die nur der Besitz und die Ländereien eines Lords interessierte, oder hochnäsige unerziehbare Dinger, die niemals bereit sein werden, sich einem Mann so zu unterwerfen, dass er sie für seine besonderen Vorlieben benutzen kann. Ich sage extra benutzen. Das heißt, sich einem Mann in Liebe hinzugeben, der die vollkommene Unterwerfung einzig dazu nutzen will, sich mit außergewöhnlichen, gar belastenden Liebespraktiken zu befriedigen. In fast allen Ehen in unserem Umfeld spielt die Peitsche eine Rolle, weil die Männer diese Unterwerfung für ihre Befriedigung erreichen wollen. Mal mehr, mal weniger erfolgreich. Ich habe mich damals auch erst mit der Zeit deinem Vater bedingungslos unterworfen. Aber, ab dem Zeitpunkt, als ich dazu bereit war, fanden wir zwei richtig zusammen. Ich denke, der Kern unserer Liebe war meine Bereitschaft zur Unterwerfung. Ich kann mir vorstellen, dass du in Hinblick auf Aileen Sorgen hast, wie du sie auf den Weg zur vollständigen Unterwerfung führen kannst. Dass du sie Schritt für Schritt dahin führen willst, das habe ich mit Freude zur Kenntnis genommen, als du es heute gesagt hattest, auch, dass du sie nur wenig gepeitscht hast - für sie war es schlimm genug – aber dafür bemüht warst, sie oft zum Höhepunkt zu führen, ihr einen Orgasmus zu schenken. Dein Vater hatte meine Unterwerfung unter seine Peitsche erreicht, indem er mir an Tagen

Orgasmen schenkte, an die ich mich heute noch erinnern kann. Ich habe dir Aileen ausgesucht, nicht nur, weil sie sehr hübsch ist und eine gute Figur hat, sondern weil sie als junges Mädchen eine sehr strenge Erziehung mit der Peitsche durch ihren Vater und auch ihrer Gouvernante erhalten hat. Weil sie gelernt hat devot zu sein. Sie wird deine Hiebe bei ihrer Erziehung vertragen, du kannst ihr morgen ruhig ein paar mehr geben und dich daran erfreuen. Sie hat ein sehr devotes Wesen und sie wird schnell lernen, dass, je mehr sie sich deiner Lust unterwirft, umso mehr Liebe von dir erhält. Körperliche Liebe mit Orgasmen, die du ihr schenkst, aber auch mehr Zuwendung im täglichen Leben, schöne Kleider, ein schönes Haus, das sie führen soll und gesellschaftliche Anerkennung. All das musst du ihr bieten, dann wirst du sie für deine Lust benutzen können.»

«Tante, was für weise Worte. Du bist die enge Freundin, die mir Hilfe gibt. Danke. Ich möchte, dass wir drei zusammenschweißen und zu eins werden. Darum möchte ich dich bitten, mir zu helfen, Aileen für meine Lust nutzen zu können und Aileen zu helfen, dazu bereit zu sein. Es ist nicht ihr Wimmern oder der Klang der Schläge oder sogar zu sehen, wie sich ihr Hintern rot färbt - es ist das Wissen, dass sie sich von mir peitschen lassen muss, so wie ich es liebe.»

«Charles. Dein Satz ist köstlich, es ist wirklich reine Magie. Ich weiß es doch, wie geil es dich macht, sie zu peitschen. Es ist sinnvoll und zweckmäßig, sie regelmäßig zu peitschen, sowohl mental als auch physisch. Sie wird durch den Schmerz an ihre Bestimmung erinnert. Wenn du sie beobachtest, wenn du sie peitschst, denke nicht nur daran, was du ihr in ihrem verwundbarsten Zustand antun musst, sondern denke auch daran, dass du es für deine Befriedigung tun musst. Ich weiß, dass du das brauchst. Dazu muss Aileen erzogen werden, dann wird es euch beiden nützen und euch Freude bereiten. Wenn du sie peitscht und auf sie herabschaust, wie sie sich kniend und gehorsam deinen Hieben hingibt, wird sie niemals schöner sein, niemals umwerfender. Sie gehört dir und in diesem Moment siehst du sie nicht nur als schöne kniende Frau, sondern als dein kostbares Mädchen, das dich mit ihrem ganzen Wesen respektiert und dir vertraut.

Das Peitschen ist wirklich nicht nur schön, es ist pure Magie, um ehrlich zu sein. »

«Elizabeth. Du schenkst mir so viel Liebe. Du machst mir so viel Mut. Ich sehe, ich kann mich niemand anderem so anvertrauen, wie dir. Dieses Gespräch ist eine Offenbarung für mich.»

«Für mich genauso, Charles. Ich werde dir helfen, dass du Aileen für deine Lust nutzen kannst, in einer Weise, die du noch nicht kennst, die dir aber höchste Genüsse bietet.

Und ich werde Aileen helfen, deine Liebe zu verstehen, damit sie gefügig ist, dir zu deinem Verlangen zu dienen. Die innige körperliche Liebe mit beiderseitiger Erfüllung und Befriedigung muss im Mittelpunkt eurer Beziehung stehen.

Tagtäglich. Und wenn es nur ein Kuss oder ein kurzes Streicheln der Brust ist, wenn du eilig zur Firma musst, um ihr zu zeigen, dass du Verlangen nach ihr hast. Und ihr werde ich beibringen, dass sie sich dir zu Hause in der Zweisamkeit frivol und offenherzig zeigen soll und auch Mal ab und zu ihre Hand auf deine Hose legt, wenn du es nicht erwartest, um dir zu zeigen, dass sie Verlangen nach dir hat. Natürlich sollt ihr euch täglich lieben, ficken. Euer Verlangen ausleben. Schenke ihr so oft wie möglich einen Orgasmus. Dann wird sie auch willig sein, dir zu dienen, wenn du sie nur für deine Lust benutzen willst.»

«Elizabeth. Du machst mich sprachlos.»

«Nein. Du hast doch auch so liebe verständnisvolle Sätze zu mir gesagt. Charles, das ist ein Gespräch, wie ich es nicht erwartet habe. So tiefgreifend, es erfasst mich. Ist es nicht schön, dass wir beide uns so gut aussprechen können? Niveauvoll und auch unanständig. Geh sorgsam mit Aileen um und sie wird dich dafür lieben. Gib ihr ein leichtes Spanking, wenn du sie begatten willst. Nicht jeden Abend, das erhöht deine Lust. Peitsche sie einmal im Monat und dann richtig, bis die Tränen kommen, nur um ihren Gehorsam zu festigen. Da darfst du ihr weh tun, wie sie schreit und sich windet und dich daran befriedigen. Ich denke, es gibt einen großen Unterschied zwischen erotischem Spanking und Disziplin. Disziplinarische Hiebe müssen weh tun und sie muss wissen, dass du es ernst meinst mit ihrer Erziehung.»

«Ach, meine liebe Tante», stöhnte Charles. «Du hast soviel Einfühlungsvermögen und Aufgeschlossenheit. Ich bin dir so dankbar für dein Verständnis für meine Begierde. Dir kann ich es offen gestehen.»

«Ich werde morgen die richtigen Worte finden, um ihr rücksichtsvoll zu verdeutlichen, wie wichtig es ist, dass sie sich ab und zu einer schmerzhaften Züchtigung stellen muss, um dir ein hohes Maß an Befriedigung zu schenken.

Nenn mich nicht mehr Tante. Nenn mich nur noch Elizabeth. Ich fühle mich dir so nah und verstehe deine Begierde und Geilheit. Verlang auch von Aileen, dass sie mich zukünftig auch in der Öffentlichkeit Elizabeth nennen soll. Das wird uns innig zusammenschweißen und es wird sie glücklich machen, wenn du es ihr morgen sagst.»

«Das ist eine großartige Idee.»

«Aber, solltest du nicht hinaufgehen? Deine Frau wird dich schon lange erwarten.»

Charles lachte. «Nein, Elizabeth. Das glaube ich nicht. Sie wird fest schlafen. Sie schläft immer ganz schnell ein.»

«Wirst du sie wecken, um sie zu ficken?»

«Nein. Ich werde sie schlafen lassen. Sie wird es wahrscheinlich noch nicht mal bemerken, wenn ich mich zu ihr lege. Es ist letztens schon passiert, als ich spät nach Hause kam. Sie hat heute dreimal einen Orgasmus geschenkt bekommen. Das ist doch nicht wenig, oder?»

Jetzt musste Elizabeth lachen. «Ja, das stimmt.

Verwahre dir deine Kraft für morgen. Morgen musst du ihr ganz viele Orgasmen schenken, weil du ihr abends mit der Peitsche zeigen musst, wer der Herr im Haus ist.»

«Oh, Elizabeth, wie streng das klingt.»

«Deine Freundin Elizabeth weiß, was du brauchst und was bei deiner Aileen notwendig ist. Lass uns hochgehen.»

«Ich erwarte dich morgen früh in meinem Bett. Nackt. Nein! Tante! Elizabeth! Bitte! Ich wollte nichts mehr von dir verlangen. Ich bitte dich, bitte lege dich morgen früh zu mir an meine Seite. Presse bitte deine gewaltigen Brüste an mich, ergreife meinen Schwanz und mach's mir bitte, damit ich Aileen ficken kann.»

«Oh, Charles, das ist jetzt wieder sehr unartig.»

«Ja, Verzeihung.»

Elizabeth schüttelte den Kopf. «Du brauchst dich nicht zu entschuldigen. Du hast das jetzt so lieb gesagt. Ich werde deine Bitte erfüllen. Träume süß!»

Lautlos war Elizabeth in Charles Schlafzimmer gekommen. Die Sonne war schon lange aufgegangen und die neuen leichten Vorhänge legten den Raum in eine warme Helligkeit.

Elizabeth schlich sich zu Charles Seite, der mit dem Kopf seitlich auf seinem Kissen lag und schlief. Sie sah Aileens Kopf, der kaum aus der Bettdecke hervorlugte und sah sie tief und fest schlafen. Am Bett ließ sie ihren Morgenmantel fallen und stieg nackt unter die Decke zu Charles.

Sie legte den Finger auf den Mund und deutete auf Aileen, als Charles aufwachte. Eng schmiegte sie sich an ihn und er begrüßte sie mit einem lang anhaltenden Zungenkuss.

«Danke, mein Freund», flüsterte sie. «Aileen schläft fest.»

«Elizabeth. Guten Morgen. Ja, sie schläft noch. Sie hat es gestern Nacht noch nicht einmal bemerkt, als ich mich zu ihr legte.»

«Psst. Ach, wie süß.»

Charles rückte etwas hoch und lehnte sich auf das Kissen, das er zur Hälfte frei ließ und Elizabeth anbot.

Kopf an Kopf lagen Elizabeth und Charles zusammen und Charles legte seinen Arm unter ihren Kopf und spielte an ihrer prallen Brust. Er zog ein paar mal an ihrem langen Nippel, was Elizabeth leise stöhnen ließ.

Ihr Hand suchte sich den Weg zu seinem Glied, umfasste es und begann es zu streicheln. Dankbar wurde sie ausdauernd von Charles geküsst, der es genoss, dass sie sein Glied so zärtlich zur vollen Größe brachte.

«Du bist wieder so stark und hart», flüsterte sie in sein Ohr. «Es ist so schön, deinen steifen Schwanz zu streicheln. Danke, dass ich das darf.»

Charles beugte sich vor, küsste ihre linke Brust und zog mit seinen Lippen an ihrem Nippel. Elizabeth presst seinen Kopf fest auf ihre Brust, ließ es freudig geschehen und mit der rechten

Hand massierte sie kräftig seinen Schwanz.

Aileen wurde von den Bewegungen im Bett wach und blickte in Charles freudig strahlendes Gesicht, der seinen Arm um ihren Kopf schlang, sie zu sich herzog und innig küsste. Dann erst erkannte sie, dass neben ihm seine Tante lag und erschrak. Aber Charles zog sie wieder zu sich, wünschte ihr einen Guten Morgen und küsste sie mit einem heftigen Zungenkuss.

Es beruhigte sie, machte sie glücklich und sie registrierte, dass seine Tante sie freundlich lächelnd ansah.

«Aileen, gib Elizabeth einen Kuss.»

Aileen beugte sich über Charles und drückte einen kurzen Kuss auf den Mund seiner Tante.

«Küsst euch richtig. Einen richtigen Guten Morgen Kuss.»

Mit seiner Hand presste er Aileens Kopf zum Kuss auf Elizabeths Mund und sie spürte plötzlich eine flinke Zunge tief in ihrem Mund. Es ließ sie etwas dahinschmelzen. Sie hatte diese gezeigte Zuneigung ihrer Tante nicht erwartet.

«Hast du gut geschlafen?»

«Ja, Charles. Ich glaube, ich habe gar nicht mitbekommen, als du gestern Abend zu mir unter die Decke geschlüpft bist.»

«Ja, du hast schon fest geschlafen. Allerdings hatte ich mich mit Elizabeth bis weit nach Mitternacht noch unterhalten. Aber nicht, dass du denkst, Elizabeth hätte gestern Abend schon in unserem Bett gelegen», lachte Charles. «Sie ist gerade eben hereingekommen und ich habe sie gebeten, sich zu uns zu legen, um dich noch schlafen zu lassen.»

«Danke, Charles.»

«Du hast Elizabeth noch gar nicht einen Guten Morgen gewünscht.»

«Guten Morgen, Ma'am, liebe Tante.»

«Nein, Aileen. Ab heute ist dir erlaubt, sie immer mit ihrem Namen Elizabeth anzusprechen. Auch in Gesellschaft. Ich bin Elizabeth sehr dankbar, dass sie sich das wünscht. Sie ist nicht deine böse Tante oder Countesse, sondern sie möchte dir eine enge Freundin sein. Ich möchte, dass ihr enge Freundinnen werdet.»

«Oh, Charles. Wirklich? Elizabeth, ich danke dir.»

«Aileen, ich bin deine enge Freundin.»

Aileen bekam glasige Augen, so sehr freute sie sich.

«Oh, Danke, Elizabeth. Ich will dir auch eine liebe Freundin sein. Das ist so schön. Danke.»

Charles hatte seine Hand unter Aileens Kopf zurückgezogen und legte sie tief unter der Bettdecke auf ihre Pussy. Mit dem Finger suchte er ihre Spalte und ihren Kitzler.

Im Nu hatte er Aileen feucht und sie begann heftiger zu atmen. Sie gab Charles einen Kuss, schloss die Augen und gab sich seinem Streicheln hin.

Charles drehte sich ganz zu Aileen, küsste ihre Brüste, spreizte ihre Beine mit seiner kräftigen rechten Hand und begann ihren Kitzler zu streicheln. Aileen verging vor Lust und sie dachte nicht mehr an Charles Tante, als Charles ihr ein süßes Stöhnen hervorlockte.

Charles schlug die Bettdecke ganz hinunter, hockte sich an Aileens Seite und küsste ihre Pussy. Seine Zunge bearbeitete ihren Kitzler, sodass sie sich vor Lust wand.

Elizabeth war ebenfalls zu Aileen gerückt und küsste sie innig. Dabei streichelte sie zärtlich Aileens Brüste. Jetzt erst sah Aileen, dass Elizabeth mit ihrer anderen Hand das steife Glied von Charles kräftig rieb.

Aber die Lust und Charles Zunge überwältigte sie so sehr, dass sie daran keinen Anstoß nahm. Im Gegenteil, sie fand es von seiner Tante unheimlich lieb. Sie wusste ja, wie gerne es Charles mochte, dass sein Glied gestreichelt wurde. Unwillkürlich dachte sie an die Unterhaltung gestern spät abends. Es hatte sie, als sie sich zum Schlafen gelegt hatte, schon mehr als erregt, dass beide nur darüber geredet hatten, wie sie zu mehr Lust erzogen werden soll. Erst recht, dass Tante Elizabeth immer das obszöne Wort Ficken gebrauchte und offen darüber sprach, dass sie heute und morgen erzogen werden sollte. Zum Ficken, wie Elizabeth es vollkommen ungeniert ausdrückte.

Charles Zunge wurde immer heftiger und Aileen konnte ihre Lust kaum noch zurückhalten. Dieser Gedanke, dass ihr Mann und ihre Tante sie zum Ficken erziehen wollten, war allein ungeheuerlich und er würde es gewiss gleich tun. *Er soll es. Er soll mich erziehen.* Als wenn es über sie hereingebrochen wäre, bekam sie plötzliche Wallungen und ein Orgasmus ließ sie zittern.

Charles erhob seinen Oberkörper und rutschte zum Bettende. Er ergriff ihre Beine an den Fesseln und hob sie gespreizt ganz hoch in die Luft. Dann postierte er sich mit seinem Schwanz vor Aileens Pussy. Elizabeth beugte sich vor, ergriff Charles Schwanz, berührte mehrmals mit der Eichel Aileens Kitzler und führt sein Glied in sie ein.

Aileen, die immer noch in der Lust ihres Orgasmus gefangen war, stöhnte laut zufrieden auf, als Charles tief in sie eindrang und begann, sie zu ficken.

Aileen fühlte sich im siebten Himmel. Sie wurde von Charles kräftig gefickt und das heiße Verlangen ergriff ihren ganzen Körper. Elizabeth hatte sich zu ihr gelegt, küsste ihre Brust und saugte zärtlich an ihrem Nippel, dass Aileen ein völlig neues Empfinden kennenlernte.

Sie hauchte stöhnend ein «Danke, Charles. Danke, Elizabeth», und wurde dafür von Elizabeth mit einem heißen Zungenkuss belohnt.

Charles fickte sie gleichmäßig und Aileen genoss ihr inneres Beben.

«Dein Charles liebt dich», flüsterte Elizabeth. «Gib dich ihm hin. Lass dich ficken!»

Aileen fühlte Elizabeths Finger auf ihrem Kitzler, während Charles sie kräftig weiter fickte. Sie vergaß sich und die Welt und die reine Lust nahm ihren Körper gefangen.

Ein Orgasmusbeben überwältigte sie in ungekanntem Ausmaß. Elizabeths Finger hörte nicht auf, ihren Kitzler zu streicheln und Charles stöhnte laut: «Die schönste Frau. Die schönste Frau der Welt wird von mir gefickt.»

Aileen bebte. Ihr Orgasmus schien nicht zu verebben. Immer wieder durchströmten die Wellen der Lust durch ihren Körper. Sie war in Ekstase und nahm nur im Unterbewusstsein wahr, das Charles mehrmals sagte. «Elizabeth, mach's dir. Sieh, wie ich Aileen ficke. Mach's dir.» Dann stöhnte er laut, schrie förmlich: «Ich komme. Ich komme.»

Heftig stieß er zu und ergoss er sich in Aileen und sie war mehr als glücklich. Elizabeth stöhnte und stieß ein paar schrille Schreie aus. «Wie schön. Charles, wie gut du sie fickst. Ohh, mir kommt's. Ohh.»

Noch immer erregt und heftig atmend, sah Aileen nun, wie Elizabeth breitbeinig neben ihr lag und wie sich ihre Hand auf ihrer Pussy bewegte.

Es erschütterte sie nicht. Ganz im Gegenteil, sie empfand plötzlich eine neue Art Zuneigung zu Elizabeth, die sie so wunderbar gestreichelt hatte, während Charles sie unermüdlich bestürmt hatte. *Diese Frau hat mich ein unglaubliches Gefühl erleben lassen, einen unglaublichen Orgasmus. Ich muss ihr sehr dankbar sein. Sie ist so erfahren, sie lebt allein, sie hat auch Lust. Eine tolle Frau*.

Vollkommen befriedigt lagen Aileen und Elizabeth rechts und links neben dem ebenfalls erschöpften Charles, der beide in seine Arme genommen hatte und jeweils an ihren Brüsten spielte.

Aileen hatte ihre Hand auf Charles Glied gelegt und wunderte sich nicht, dass Elizabeth ihre Hand auf die ihre legte.

Charles hauchte zufrieden in ihr Ohr. «Aileen, mein Liebling. Du warst wundervoll. War das ein schöner Orgasmus?»

«Oh, Charles. Danke. Du bist so stark. Das war so unglaublich.» Sie gab ihm einen Kuss. «So habe ich es noch nie erlebt. Es hörte gar nicht auf.»

Charles wandte sich an Elizabeth. «Hat es dich erfreut, meine liebe Freundin?»

«Charles, danke. Es war wundervoll. Danke das ich kommen durfte.»

«Ihr beiden! Küsst euch richtig. Ihr seid jetzt enge Freundinnen.»

Aileen gab sich dem Kuss von Elizabeth hin und sie bemerkte, dass Elizabeth ihre Hand um Charles kleines Glied formte und ihre Hand auf und ab bewegte.

«Das ist sehr lieb von euch beiden, dass ihr euch so liebevoll um meinen Schwanz kümmert. Aber Aileen hat mich geschafft. Ich brauche jetzt erst mal ein kräftiges Frühstück, mit zwei gekochten Eiern.»

Aileen lachte richtig entspannt. «Zwei gekochte Eier bekommst du. Du liegst ja auch mit zwei Frauen im Bett!»

Sie bekam nochmals einen Kuss von Elizabeth. «Du bist ein ganz liebes Mädchen, Aileen.»

In der Küche trat Elizabeth zu Aileen, ergriff ihren Kopf mit beiden Händen und gab ihr einen Kuss.

«Aileen. Ich bin dir unendlich dankbar, dass ich bei dir und Charles dabei sein durfte.»

«Ach, Elizabeth. Ich fand es aufregend.»

«Es hat mich sehr erregt. Es hat dich nicht gestört, dass ich mich dabei befriedigt habe?»

«Nein, liebe Elizabeth. Ich glaube, ich fand es sogar schön für dich.»

«Aileen. Danke. Du bist sehr lieb zu mir. Ich hatte einen wunderbaren Orgasmus. Charles ist so lieb. Ich bin ihm sehr dankbar, dass er es mir erlaubt hat.»

«Charles mag dich sehr. Das weiß ich jetzt und kann es auch verstehen. Er hat es mir wundervoll gemacht, aber dein Finger hatte mich schließlich verzaubert. Es hörte gar nicht mehr auf. Schier unglaublich. Ich bin dir sehr dankbar.»

«Ja, man sieht es dir an, dass es dir sehr gefallen hat.»

«Elizabeth, meine Wangen glühen jetzt noch. Du bist so erfahren, du hast mich in den Himmel gebracht.»

«Das tue ich doch gerne für dich. Du sollst die Lust genießen.»

«Ein unglaubliches Erlebnis. Zu dritt im Bett. Ich kann es immer noch nicht glauben.»

«Unser Geheimnis, Aileen. Nur wir wissen davon.»

«Ich denke, du bist jetzt meine engste und intimste Freundin. Ich habe niemanden, mit dem ich mich so unterhalten kann, wie mit dir. Ich habe es mir seit der Hochzeit manches Mal gewünscht, mich mit jemanden aussprechen zu können und ich wusste, dass das nie möglich sein wird. Aber jetzt habe ich dich, das macht mich sehr glücklich.»

«Danke, Aileen.»

«Weißt du, Elizabeth. Mit der Hochzeit bin ich in eine vollkommen neue, ungewohnte Welt gekommen. Es ist für mich schwer, mich in meiner Rolle als liebende Ehefrau zu finden. Männer sind schwierig zu verstehen.»

Elizabeth musste schallend lachen. «Das sagst du so süß. Aber du hast recht. Wir zwei werden uns heute noch ungestört darüber unterhalten können. Komm, wir wollen Charles nicht zu lange warten lassen. Wo hast du die Eier?»

«Elizabeth, geh du zu Charles. Ich mache das ganz flink. Der Kaffee läuft schon, auch das heiße Wasser für deinen Tee und auf dem Wägelchen hatte ich schon gestern Abend das Geschirr vorbereitet.»

«Du hast deinen Haushalt wunderbar im Griff! Sage Charles beim Frühstück oder danach etwas ganz Liebes. Er wird dich den ganzen Tag dafür lieben.»

«Charles, Aileen ist ein purer Glücksfall. Ein ganz liebes Mädchen. Sie bereitet das Frühstück allein vor. Ich soll mich um dich kümmern. Sie ist so süß.»

«Ja, du hast mir eine tolle Frau ausgesucht.»

«Du hast sie unheimlich hart gefickt.»

«Ja, ich wollte unbedingt, dass sie zum Orgasmus kommt. Aber du warst auch nicht unbeteiligt. Dein Finger hat gut auf ihrem Kitzler getanzt.»

«Ja, das mache ich doch gerne. Du weißt doch, dass ich das kann. Sie ist wunderbar gekommen. Sie ist ganz glücklich in der Küche. Richtig aufgedreht. Sie findet mich als ihre enge Freundin jetzt ganz toll. Ich hatte dir gestern Abend gesagt, dass du sie für den heutigen Tag am besten vorbereitest, wenn ihr einen glücklich machenden Orgasmus schenkst.»

«Was hast du denn mit ihr gleich vor?»

«Ich möchte sie dir eine Stunde entführen und ihre Pussy rasieren. Ich habe da eine neue Paste. Dann hat sie keine Härchen mehr.»

«Ja, ich habe gesehen, dass deine Pussy schön rasiert ist.»

«Dein Vater wollte es immer. Er sagte, er wolle eine Klein-Mädchen Pussy. Ich mache es noch heute alle zwei Wochen mit der Paste. Die Pussy ist dann wirklich wie blitzblank rasiert.»

«Ja, mach das. Danach soll sie mir ihre Pussy zeigen und ich werde sie ficken.»

«Wirst du ihr ein Spanking geben?»

«Ich denke, sie wird es erwarten. Ich werde sie ein wenig übers Knie legen.»

«Charles, könntest du sie über eine Sessellehne beugen und dann schlagen? Ich würde es dir gerne dabei machen.»

«Elizabeth. Ich staune.»

Sie gab ihm einen Kuss. «Bitte, Charles. Du könntest meine Hand länger genießen und sie viel öfter schlagen.»

«Hältst du es für notwendig?»

«Charles, Aileen braucht das. Sie muss das lernen. Im ersten Jahr der Ehe am besten immer bevor du sie fickst. Wenn sie regelmäßig geschlagen wird, setzt sich in ihrem Gehirn die Verbindung schmerzhafter Po und herrliches gefickt werden fest. Nur durch Schläge kommt sie in den Rauschzustand der gesteigerten Begierde. Du wirst sie zwischendurch streicheln und sie wird erwarten, dass du sie irgendwann fickst. Zöger es hinaus, bring sie nicht mit der Hand zum Orgasmus. Wenn du glaubst, dass sie kommt, schlag sie feste, dann dämpft sich die Erregung wieder. Versuch das Spiel mehrmals zu wiederholen, damit du sie schlagen kannst. Sie lernt dabei ganz intensiv, dass Schläge und Ficken zusammengehört. Irgendwann kannst du sie mit Schlägen zum Orgasmus bringen. Um das zu erreichen, muss sie oft geschlagen werden. Das halte ich für notwendig.»

«Elizabeth! Ich staune über dich!»

«Ach, Charles. Vertrau mir. Ich weiß, was du magst, auch wenn es furchtbar unanständig ist, einen Mann aufzufordern, seine Frau zu schlagen.»

«Ja. Das ist wirklich sehr unanständig. Hast du das bei meinem Vater gelernt?»

«Er war wie du. Er liebte es, mich zu schlagen und zu peitschen. Aber er führte mich immer wieder in den siebten Himmel. Das musst du mit Aileen auch machen.»

Aileens Stimme ertönte. «Das Frühstück ist fertig. Kommt ins Esszimmer!»

«Aileens. Das sieht gut aus. Toast, Brot, so viele unterschiedliche Marmeladen und frischer Orangensaft. Toll. Auch Eier. Oh, auch geräucherter Lachs!»

«Ich brauche Kaffee. Ihr könnt euren Tee trinken.»

Als Charles sich auf seinen Stammplatz setzte, fiel ihm ein Briefumschlag auf, der seitlich an seinem Teller lag. Er öffnete ihn und holte ein gefaltetes Blatt heraus. Darauf war ein großes rotes Herz gemalt mit einem Text darunter.

‚Mein liebster Gatte. Solange du mich liebst, bin ich nur noch, was du dir wünschst und was du begehrst. Ich liebe dich und deshalb will ich es auch!'

«Aileen, komm her!»

Aileen stellte sich neben ihn und er erhob sich. Er umarmte und küsste sie. «Danke, Aileen. Das ist allerliebst von dir. Ich werde es auf meinen Schreibtisch stellen.»

Charles hat sich richtig bei mir bedankt. Er ist ein ganz lieber Mann, durchfuhr es Aileen zufrieden.

«Danke, Charles.»

«Was ist?», fragte Elizabeth und Charles reichte ihr das Blatt.

«Och, wie lieb, Aileen. Das hast du geschrieben?»

«Ja. Eben in der Küche.»

«Charles. Das ist eine wunderschöne Liebeserklärung!»

«Ja. Dafür bin ich Aileen sehr dankbar. Damit hat sie mir eine ganz große Freude gemacht.»

Aileen bekam einen roten Kopf und war stolz. *Er hat sich zweimal bei mir bedankt und jetzt sogar ganz besonders. Er liebt mich.*

Aileen reichte zu den Eiern einen Toast und einen Teller mit Lachs. «Das ist frisch gebeizter schottischer Lachs von dem Lebensmittelhändler aus Oban, der zweimal die Woche herkommt.»

«Aileen! Sehr gutes Frühstück», meinte Charles anerkennend und langte zu.

Zum Ende des Frühstücks sagte Charles: «Aileen. Du gehst gleich mit Elizabeth. Am besten hoch ins Schlafzimmer, sie wird dir etwas zeigen. Ich gehe zur Stallung und werde Apollo ausreiten. Es ist neun. Ich werde in zwei Stunden wieder zurück sein.»

Im Schlafzimmer legte Elizabeth eine alte Überdecke aufs Bett.

«Aileen, zieh dich bitte aus.»

«Ganz?»

«Ja. Ganz nackt und leg dich mit dem Rücken auf die Decke.»

Elizabeth packte verschiedene Sachen aus einer Tasche und setzte sich zu Aileen auf Bett.

«Mach deine Beine ganz breit. Ich werde dir deine Pussy rasieren. Charles möchte eine blitzblank rasierte Pussy.»

Elizabeth sah sich Aileens Pussy an und strich zärtlich über ihre Schamlippen. «Du hast noch einen richtigen kleinen Busch da unten. Der muss weg.»

Sie nahm einen Becher und rührte Rasierschaum an, trug ihn auf und begann vorsichtig mit einem Handrasierer Aileens Busch zu entfernen.

Als sie fertig war und mit feuchten Lappen den Schaum und die Haare entfernt hatte, kreiste sie mit dem Finger eine Weile über Aileens Kitzler, bis sie leise stöhnte und feucht wurde.

«Du bist sehr schnell erregbar, nicht wahr?»

«Ja. Elizabeth. Wenn Charles mich nur mit einem Finger berührt, werde ich schon nass.»

«Aileen. Sei froh darüber. Es gibt Frauen, die überhaupt nichts da unten empfinden können. Dabei kommen von dort die schönsten Empfindungen. Jetzt erschrick nicht, ich trage auf deinen Venushügel und neben den Schamlippen eine Paste auf.»

Es war kalt, was Elizabeth ihr da dick auf ihre liebste Stelle auftrug.

«So, das muss jetzt eine halbe Stunde trocknen. Du musst so lange liegen bleiben.»

«Ja, Elizabeth.»

Sie säuberte ihre Hände und blickte zu Aileen. «Dein Briefchen für Charles war sehr schön. ‚Ich bin nur noch, was du dir wünschst und was du begehrst'. Ein schöner Satz. Er zeigt deine ganze Liebe.»

«Ja. Ich bin so glücklich, dass sich Charles dafür bei mir so lieb bedankt hat.»

«Da kannst du stolz drauf sein. Charles bedankt sich selten für etwas. Er setzt immer alles voraus, was man für ihn tut. So sind nun mal die Männer. Aber heute hast du ihn getroffen. Mitten ins Herz.»

«Danke, Elizabeth. Ich will wirklich alles für ihn tun, was er sich wünscht.»

«Aileen. Ich habe gestern Abend und heute Morgen mit Wohlwollen festgestellt, dass du wirklich schon so gut erzogen bist, seine Wünsche zu erfüllen. Du bist sogar aus Liebe bereit, zu akzeptieren, dass er meine Hand an seinem Schwanz mag.»

«Ja, ich habe gesehen, wie gerne er es hat, wenn du es ihm machst. Bringst du mir das bei?»

«Das verspreche ich dir. Nach dem Mittagessen werden wir zwei alleine üben. Ich habe da eine Art Nachbildung eines Penis, an dem werde ich es dir zeigen, wie es geht. Eigentlich ist es gar nicht schwer. Du brauchst nur etwas Ausdauer in der Hand. Es kann sein, dass er manchmal sehr lange braucht, um zu spritzen.»

«Will ein Mann immer spritzen, wenn man es ihm macht?»

«Nein. Meistens will er es nur eine Zeitlang genießen, um richtig hart zu werden, um dann besser ficken zu können. Und das möchtest du doch, oder?»

«Das möchte ich ihm gerne bieten. Ich glaube, er würde mir sehr dankbar sein, wenn ich es ihm so machen könnte, wie du.»

«Da bin ich mir ganz sicher. Ich bin deine enge Freundin. Ich werde es dir zeigen, wie du ihn damit glücklich machen kannst. Nicht nur, wenn ihr hier im Haus seid. Wenn ihr mich mal in Edinburgh besucht, die Fahrt dauert ja über vier Stunden, dann kannst du es ihm während er Fahrt machen.»

«Im Auto? Elizabeth!»

«Warum nicht. Er wird es lieben. Seinem Vater habe ich es auch öfter im Auto machen müssen, während er am Steuer saß. Du musst es so sehen, Aileen. Männer möchten von ihren Frauen befriedigt werden oder sich an ihrem Körper befriedigen. Männer, wie Charles, die also über ein sehr ausgeprägtes Verlangen verfügen, möchten es meistens mehrmals am Tag. Dich macht es doch auch glücklich, wenn du an einem freien Tag öfter gefickt wirst.»

«Ja, Elizabeth», antwortete sie mit Scham. «Es macht mich sehr glücklich. Wie heute Morgen. Das war traumhaft.»

«Du hattest einen unglaublichen Orgasmus. Um den ich dich beneidet habe.»

«Aber du bist auch gekommen. Ich habe es gesehen.»

«Ja, das stimmt. Ich bin euch beiden auch sehr dankbar, dass ich euch zusehen und mich befriedigen durfte. Euer Liebesspiel war bildschön und hatte mich sehr erregt. Charles hatte es mir vorher erlaubt. Und dir bin ich ganz besonders dankbar, dass du nicht entsetzt reagiert hast, sondern mir aufmunternd zugesehen hast.»

«Ja. Elizabeth. Ich hatte bemerkt, wie aufgeregt du warst. Elizabeth, es war schön, zu sehen wie dein Orgasmus kam. Darf ich dir das sagen?»

«Aileen. Danke. Du bist eine ganz Liebe. Du darfst mir alles sagen. Charles hatte es auch gesehen und es hat ihn angestachelt, dich intensiv zu ficken. Ich weiß, es ist furchtbar unanständig, dass eine Tante dabei ist, wenn ihr fickt. Aber Charles ist so großzügig. Er ist ein wahrer Gentleman. Er hat mir ein schönes Erlebnis geschenkt. Aileen! Aber bitte, denke immer daran. Das darf niemand erfahren!»

«Elizabeth. Sei unbesorgt, das weiß ich doch. Wir sind enge Freundinnen. Ich werde verschwiegen sein.»

«Ja. Charles hat mir erlaubt, mit dir über alles offen reden zu können. Du hast ja sicher bemerkt, dass ich eine sehr offene Sprache liebe.»

«Oh ja. Gestern war ich geschockt, als du plötzlich Charles gefragt hast, ob ich mich brav ficken lasse. Ich wäre am liebsten im Boden versunken.»

Elizabeth schmunzelte. «Aileen. Es war von mir beabsichtigt. Ich wollte deine Reaktion sehen. Du hast sehr gut reagiert. Du warst pikiert, das kann ich verstehen, aber dann warst du gehorsam, als du bemerkt hast, dass auch Charles diese offene Sprache mag. Ich weiß, es klingt manchmal sehr obszön. Aber ich bin von Charles extra deswegen hergebeten worden, dass ich mit dir offen über euer Liebesleben sprechen soll, um herauszufinden, wo du vielleicht Schwierigkeiten hast, weil es alles neu für dich ist. Außerdem sagt das Wort *Ficken* in seiner Klarheit genau das, was es bedeutet.»

«Tja», seufzte Aileen. «Das ist wirklich alles neu für mich.»

«Sicher werden wir beide uns auch über mögliche Probleme mit dem Haushalt oder dem Personal unterhalten. Wie ich erkennen konnte, bis du fähig einen Haushalt zu führen. Das ist aber Nebensache. Charles möchte, dass wir beide uns besonders über das Intime zwischen euch aussprechen. Das ist ihm ganz wichtig. Er ist ein Mann mit sehr hohen Ansprüchen an das Intimleben.»

«Ja, das habe ich bemerkt.»

«Er mag besondere Spielereien und da braucht man nicht drumherum zu reden. Offene, auch obszöne Worte, machen es leichter. Charles weiß, dass ich sehr erfahren in intimen Liebesdingen bin.»

«Ja, das habe ich auch bemerkt.»

«Ich sage es dir so. Ich habe mit Charles Vater sämtliche möglichen Schweinereien erlebt, die ein Mann mit einer Frau machen kann.»

«Elizabeth!»

«Warum soll ich das nicht so sagen? Was sind Schweinereien? So werden sie von moralisierenden Leuten bezeichnet, die nicht wissen, was wirklich bei der Liebe Spaß macht. Mir hat letztendlich alles Spaß gemacht, mir sehr große Gefühle beschert, auch wenn ich mich anfangs daran gewöhnen musste. Auch manchmal geschockt oder beschämt war. Ficken ist nun mal etwas sehr Intimes und Ficken muss nicht bedeuten, dass sich der Mann nur im Dunkel auf einen drauf legt und kurz loslegt. Ficken ist eigentlich alles, was einem körperlich Spaß macht, wo großartige Gefühle entstehen. Mit der Hand, mit dem Mund, der Pussy und dem Po. Ficken kann sehr exquisit sein und es gibt viele Männer und Frauen, die besonders das Exquisite, das Extravagante lieben, weil es sie mehr erleben lässt. Dazu muss man natürlich wissen, welche Spielereien es gibt. Charles wird mit dir auch einiges tun, was sehr extravagant ist, weil er besondere Genüsse liebt.»

«Das habe ich erkannt, Elizabeth. Aber ich bin so unerfahren in Liebesdingen.»

«Wir beide werden das schon hinbekommen. Das geht auch nicht von Heute auf Morgen, auch nicht an einem Wochenende. Es ist auch nicht notwendig, dass du schon alle Spielarten beherrscht, um ihn zu erfreuen. Er wird dir gerne mit der Zeit immer wieder mal neue Spielarten zeigen oder sie verlangen. Dann sei bereit, nicht geschockt. Charles will das für seine Lustbefriedigung. Aber er ist auch ein großartiger Mann, der sich um deine Gefühle kümmert. Er wird immer bemüht sein, dass auch du freudige Gefühle bekommst. Sicher, es ist schwer, sich seinen Schlägen oder Peitschenhieben hingeben zu müssen. Das ist eine Bereitschaft, die du ihm aus Liebe entgegenbringen musst. Dazu will er dich erziehen.»

«Ich weiß langsam, was Erziehung bedeutet.»

«Aileen. Eine junge Ehefrau braucht nach der Hochzeit einen guten und vorbildhaften Wegweiser ins partnerschaftliche Leben. Dieser setzt sich zusammen aus Liebe, Geborgenheit, körperliche Lust und deren Befriedigung. Dazu bedarf es einer gewissen Disziplin.

Eines der grundlegenden Merkmale der Disziplin in der Ehe ist, dass der Ehemann für die Festlegung von Regeln und Richtlinien zuständig ist - und Korrekturen vornimmt, wenn diese Regeln gebrochen werden. Eine Erziehung der Ehefrau mit fühlbarer Disziplinierung ist einerseits notwendig, wenn ein Ehemann eingreifen muss, wenn etwas anders läuft als gewünscht. Andererseits erlaubt die Disziplinierung der Ehefrau, von ihrem Mann Schritt für Schritt zu Grenzen der Lust hingeführt zu werden, um diese mit seiner begleitenden Hilfe zu überschreiten und neue Formen der Erfüllung zu erleben. Ich kenne zahlreiche Frauen, die die erotische Dimension der körperlichen Dominanz erregend und als luststeigernd empfinden. Frauen, die den ehrlichen Wunsch haben, sich dem Willen eines Mannes zu unterwerfen, der mit dieser Sehnsucht verantwortungsvoll umgehen kann und Befriedigung durch eine Disziplinierung erreichen. Eine wirklich devote Ehefrau liebt die Dominanz, die Unterwerfung und die Züchtigungen. Allein diese Geilheit, diese zeitweise heftige erotische Lust auf spürbare Unterwerfung, ermöglicht die schönsten Orgasmen. Ja. Charles will dich dazu erziehen, dass du dich seinem Willen unterwirfst. Du ihm deine Bereitschaft zur Unterwerfung zeigen musst, in dem du dich widerspruchslos schlagen lässt, weil es ihm Lust bereitet. Auch, wenn es dir weh tut und es dir Tränen bereitet. Nur so kann er den Grad deiner Unterwerfung erkennen, mit der du ihm dann Befriedigung schenken kannst. Das ist deine Erziehung. Und dafür, dass du dich brav dazu erziehen lässt, wird er dich an anderer Stelle belohnen. Charles ist sehr großzügig.»

«Ja, Elizabeth. Ich bin mir bewusst, was er mit meiner Erziehung vorhat. Ich habe gelernt, dass ich ihm meine Unterwerfung zeigen muss, auch wenn er mir dazu weh tut. Ich weiß aber auch, wie großzügig er mich danach seine Liebe spüren lässt. Es erregt mich sogar, wenn ich das Wort Erziehung höre oder daran denke.»

«Lass dich küssen, Aileen. Es ist gut, dass du das erkannt hast. Lass dich von ihm erziehen. Du bekommst ein paar Hiebe auf den Po, die machen ihn geil und er kann dich gut ficken»

«Oh, Elizabeth!»

«Es ist so. Wenn er auch nicht immer danke sagt, aber er wird dir immer sagen, dass er dich liebt. Und dich liebt er, weil du bereit bist, ihm auch zu besonderen Wünschen zu dienen. Mit dieser Bereitschaft fesselst du ihn an dich. Weißt du, eigentlich ist es gar nicht schwer, einen Mann an sich zu fesseln. Männer sind einfacher, als du denkst. Man sagt ja immer, Männer wollen nur das Eine. Ja, Männer sind sehr aufs Ficken fokussiert. Insbesondere Männer mit einem ausgeprägten Trieb, so wie ihn Charles und sein Vater hatten. Man sagt ja auch, sie denken mit dem Schwanz. Da ist was dran. Du brauchst gar nicht zu lachen, Aileen. Ein Schwanz kann nur steif werden, wenn sich die Gedanken eines Mannes durch seine Geilheit und Wollust auf das Ficken konzentrieren. Ficken oder sonstige Arten von Befriedigung zu erhalten, kann ein Mann nur mit einem steifen Schwanz. Ein Mann will Befriedigung seiner Begierde und die kann ihm seine Frau nur geben, wenn sein Schwanz hart und steif ist und sie sich um seinen Schwanz kümmert oder sich ficken lässt.

Das gilt auch für dich. Du kannst Charles nur Befriedigung schenken, wenn sein Schwanz steif ist oder du ihn steif gemacht hast. Sieh es als ein Zeichen der Liebe, wenn er dir seinen steifen Schwanz zeigt. Du erkennst daran, dass er dich begehrt. Es ist ein untrügliches Zeichen, nachlassenden Begehrens, wenn der Schwanz eines Mannes nicht mehr steif wird. Na ja. Ich erzähle dir hier Sachen.»

«Elizabeth! Ich bin dir dankbar, dass du es mir das so klar und deutlich erklärst. Aus dieser Sichtweise habe ich das noch nie betrachtet.»

«Nun, du wirst mit Charles nicht das Problem mit mangelnden Begehren haben. Ganz im Gegenteil. Es wird eine deiner Hauptaufgaben sein, täglich seinem steifen Schwanz Befriedigung zu schenken – und an besonderen Tagen, in allen möglichen Spielarten. Es ist deine Pflicht, ihm zu seiner Befriedigung zu dienen.»

«Dazu bin ich bereit, Elizabeth.»

«Diese Einstellung ist genau richtig und du wirst sehen, es wird auch dir höchste Gefühle bringen. Sich gegenseitig Befriedigung zu schenken ist das A und O in einer Ehe. Charles wird immer bemüht sein, er hält es für sehr wichtig und für seine Pflicht, dir möglichst viel Befriedigung zu schenken. Das Verlangen einer Frau ist genauso hoch, wie bei einem Mann und je älter und erfahrener eine Frau wird, umso mehr Verlangen nach körperlicher Befriedigung entwickelt sich bei ihr. Du wirst sehen, Charles ist kein Egoist, der nur an sich denkt. Akzeptierst du sein Verlangen nach ausgefallenen Liebesspielen und dienst ihm zu seiner Lust, wird er bemüht sein, dass du daran Gefallen findest und sich keine Widerstände bei dir aufbauen. Er wird sich aufmerksam um dein Gefühlsleben kümmern und wie er dir Ausgeglichenheit schenken kann. Du hast dich doch bis jetzt nicht über mangelnde Aufmerksamkeit beklagen können.»

Lachend antwortete Aileen: «Nein. Ganz und gar nicht. Er hat mich so oft kommen lassen, dass es mich richtig beschwingt. Ich fühle mich oft, als wenn ich schwebe, wenn er mich so liebevoll ansieht, mich in die Arme nimmt, mich streichelt. Nicht nur, wenn er mich bis zum Orgasmus liebt und ich ganz wegschwebe.»

«Ja. In den Himmel der Lust schweben ist etwas Schönes. Sorge dafür, dass er dich oft schweben lässt, dann ist eure Partnerschaft ausgeglichen und perfekt. Liebe ist ein Geben und Nehmen. Gib ihm Liebe und du erhältst sie. Du wirst sehen, wie schnell er darauf reagiert. Du hast gesehen, wie wachsweich Charles unter meinen Händen wird, wenn ich es ihm gehorsam mache.»

«Ja. Er war vollkommen ..., wie soll ich sagen, von dir eingenommen.»

«Lass dich dazu erziehen. Erziehung zur Disziplin bedeutet nicht allein, dass er dich schlagen will, sondern, dass du lernst, gehorsam seine Wünsche zu befriedigen. Er will sehen und fühlen, wie diszipliniert du seinem Schwanz Freude machen kannst.»

«Elizabeth!»

«So ist es, einfach gesagt», lachte Elizabeth.

«So hast du es aber nicht in deinem Roman geschrieben.»

«Aber im Zweiten. Im Buch *Die Disziplinierung der Lady Emily,* da habe ich sehr offen geschrieben.»

«Darf ich es lesen?»

«Ich werde Charles sagen, er soll es dir geben. Du hast jetzt genügend Reife dafür.»

«Ist es so schlimm?»

«Wie soll ich sagen. Der Roman ist heftig. Deftiger in der Sprache. Teilweise sogar sehr obszön. Du darfst also nicht erschrocken sein. Weißt du, es ist alles aus dem täglichen Leben, wie es in einigen Ehen der höheren Gesellschaftskreise in der viktorianischen Zeit vorkam. Nach dem Roman Royal Wedding hatten mir etliche Leserinnen über den Verlag geschrieben, sie wünschen sich eine intensivere Beschreibung der Spankingszenen, die auch härtere Bestrafungen beschreiben, auch heißere Liebesszenen.»

«Die viktorianische Zeit war doch prüde.»

«Ja, nach außen. Aber innerhalb der Ehen ging es zur Sache. Seit dieser Zeit ist das Spanking gesellschaftsfähig geworden und die hohen Herren lieben es. Seitdem hat es sich sehr verbreitet, dass nicht nur Ehefrauen, sondern auch das weibliche Dienstpersonal und auch die Töchter in den Internaten, mit dem Leder oder dem Stock auf dem blanken Hintern bei Verfehlungen bestraft werden. Du hast es doch auch im Internat erlebt.»

«Ja, aber selten. Warum wird denn Lady Emily bestraft?»

«Sie hat eine ganz große Schande über die Familie und ihrem Mann, dem Herzog gebracht. Sie ist vor ihrem Mann geflohen.»

«Sie ist weggelaufen?»

«Ja. Nicht nur das. Ausschlaggebend war ein Spanking am Vorabend, da sie unbeherrscht ihren Mann eine Szene gemacht hatte. Sie ist in den frühen Morgenstunden aus einem Fenster geklettert und einfach weggelaufen. Aber das Schlimmste war, dass sie spätnachmittags, vollkommen durchnässt an einer Straßenseite fünf Meilen entfernt, ausgerechnet von der Klatschbase Lady Randolf mit ihrem Fahrer entdeckt worden war. Die Lady hatte sie sofort erkannt und Emily nicht zum Schloss zurück, sondern zu ihrer Genugtuung zum Dorfpolizisten gebracht. Es war ihr eine ganz besondere Freude, ihren Wagen und den Fahrer dem Dorfpolizisten zur Verfügung zu stellen, damit er Emily zu ihrem Mann zurückbringen konnte. Du kannst dir vorstellen, dass der Herzog mehr als erzürnt war, als er vom Polizisten hörte, dass ausgerechnet Lady Randolf seine Frau gefunden hatte.»

«Oh ja, das kann ich verstehen.»

«Ein gesellschaftlicher Skandal sondergleichen. Diese Lady Randolf erzählte es in der ganzen Gesellschaft.»

«Und dann hat er sie bestraft?»

«Nicht an dem Abend. Er hat sie ins Bett schaffen lassen und sie mit einer langen Kette an einem Fuß mit Schloss befestigt, damit sie nicht mehr fortlaufen kann. Die Hausdame ihres Mannes, die Baroness Willis musste ihr ein Fieberthermometer in den Po stecken, um zu prüfen, ob sie sich erkältet hatte. Sie wurde gut zugedeckt und solle sich aufwärmen und ausschlafen. Das einzige, was ihr Mann noch sagte war, dass sie ab morgen Vormittag die nächsten drei Tage jeweils mit der Peitsche für ihre Ungeheuerlichkeit bestraft würde und sie sich vorbereiten soll.»

«Oh. Drei Tage?»

«Ja. Sie ist die drei Tage ausgepeitscht worden, nicht nur mit einem Spanking, sondern durch schmerzhafte Hiebe mit einer Pferdepeitsche auf den nackten Hintern, dass der dunkelrot wurde und sie die Tage nie sitzen konnte.»

Aileen überlegte. «Ich glaube, ich kann ihren Mann verstehen. Er ist durch die Lady, die Emily gefunden hat, zum Gespött der Gesellschaft geworden. Dann musste er sie hart bestrafen. Hat er sie denn danach wieder lieb gehabt?»

«Wie süß du das sagst. In dem Roman beschreibe ich offensiv, dass er sie zur Strafe die drei Tage nach der Auspeitschung nur anal genommen hat, um seine Lust zu stillen. Ich habe auch geschrieben, dass er ihr ab dem zweiten Tag von der Hausdame ein langes Stück einer Ingwerwurzel, die wie ein Penis geschnitzt war, in den Po schieben ließ, bevor er sie peitschte.»

«Och! Warum das denn?»

«Mit dem Stück Ingwer im Po wird die Strafe erheblich mehr weh tun. Es unterstreicht schmerzhafte Peitschenhiebe und dadurch wird sie versuchen ihren Po hochzuhalten und präsentiert ihn besonders unterwürfig.»

«Das ist ja schlimm!»

«Je nach Frische des Ingwers kann es sehr stark sein. Durch Zusammenziehen der Pomuskeln um die Wurzel wird das Brennen intensiver. Aus diesem Grund wird es seit der viktorianischen Zeit als zusätzliche Bestrafung verwendet, um den Po der Frau schön hochzuhalten, damit die Hiebe gezielter und schmerzhafter gesetzt werden können. Denn wenn sie sich nach einem Hieb windet und ihre Pobacken zusammenkneift, wird das Brennen heftiger.»

«Mein Gott! So etwas gibt es?»

«Man nennt das Figging und das war seit der Zeit unter Queen Victoria sehr populär geworden. Das Einführen eines Ingwerstücks in den Anus eines Pferdes bei einer Pferdeauktion war eine althergebrachte Praktik der Pferdehändler und Züchter. Das Pferd bewegte so seinen Hintern lebendiger und höher. Dieser Brauch war schon immer unter allen pferdebegeisterten Männern im englischen Adel nicht nur in der Pferdehaltung, sondern auch im Schlafzimmer verbreitet.»

Elizabeth befühlte die ausgehärtete Paste auf Aileens Scham. «Ich denke, es ist gut. Sei vorbereitet, es könnte etwas zwicken.»

Mit schnellem Griff riss sie die Paste hoch und Aileen holte tief Luft. Elizabeth zog ein feuchtes Tuch hervor und rieb zärtlich ihre Pussy sauber. Sie wollte ihr nicht noch mehr über das Buch erzählen. Sie wusste, dass Charles es irgendwann mit ihr auch so machen würde. Diese Pikanterie, wie sich Aileen winden wird und er zuschlagen kann, wird er genießen wollen. Genauso, wie sie es in ihrem Roman beschrieben hat.

«Na, schau. Sieh auf deine Pussy. Das sieht gut aus. Ein Mann, der bei diesem Anblick keinen steifen Schwanz bekommt, ist kein Mann.»

«Elizabeth!», lachte Aileen. «Solche Gedanken!»

«Lass mir meine Gedanken. Sie sind zu schön», antwortete Elizabeth und dachte insgeheim daran, wie sehr es auch sie ergötzen würde, wenn sie zuschauen könnte, wie Aileen mit einem Stück Ingwer im Po gepeitscht und anschließend gefickt würde. Das angenehm warme Gefühl, das der Ingwer in ihrem Po hinterlässt, wird ihr den heftigsten Orgasmus verschaffen, den sie erleben kann. Sie wird lernen, dass Figging nicht nur die Schmerzen, sondern auch ihre Belohnung erhöht, dachte sie.

Elizabeth kam mit Aileen ins Wohnzimmer zu Charles. Der legte ein Magazin, in dem er gelesen hatte, zur Seite.

«Na? Frisch rasiert?»

Elizabeth schob Aileen zu Charles, der aufgestanden war. «Zeig ihm deine frisch rasierte Pussy!»

Aileen bekam rote Wangen und öffnete aber bereitwillig ihren Morgenmantel. Charles trat näher, sah lange auf ihre Pussy und betastete sie dann. «Wunderbar. Fast jungfräulich. Aileen, du bist eine Schönheit. So gefällst du mir.»

«Danke, Sir. Sie ist für Sie rasiert.»

«Oh, das gefällt mir noch mehr. Zieh deinen Morgenmantel aus, ich möchte dich nackt sehen.»

Charles zog die nackte Aileen eng zu sich, küsste sie lange, während er seine Finger in ihre Pussy schob und sie massierte, bis sie feucht wurde. «Du fühlst dich so gut an. Es ist eine Freude.»

Dann führte er Aileen zu einem Sessel und

beugte sie über die Sessellehne. Er ließ sie breitbeinig davor stehen und rieb kräftig von hinten ihren Kitzler.

«Aileen, ich denke, ich möchte dich ficken. Eine solch frisch rasierte Pussy muss gefickt werden.»

Hatte mir Elizabeth nicht gesagt, dass eine frisch rasierte Pussy sofort den Schwanz eines richtigen Mannes steif werden lässt? Charles ist ein richtiger Mann, dachte Aileen erregt und wunderte sich nicht, dass es so schnell passierte.

Brav antwortete sie: «Bitte, Sir. Ficken Sie mich.»

Mit lockerer Hand klatsche Charles ein paar mal freundlich auf ihren Po. Aileen hatte es erwartet. Ihr war es klar gewesen, als er sie über die Lehne gebeugt hatte.

Sie sah, dass Charles seinen Hausmantel geöffnet hatte und mit steifem Glied seitlich hinter ihr stand. Als er ein paar Schläge auf ihren Po setzte und ihre Pussy streichelte, war sie voller Erwartung.

Sie hörte, wie er Elisabeth aufforderte, es ihm zu machen und wunderte sich überhaupt nicht mehr. Sie war glücklich, wie leicht es war ihn zu erregen.

Zur Seite blickend, sah sie, dass Elizabeth sich neben ihm stellte und sein Glied massierte.

Drei kräftige Schläge von seiner Hand schlugen auf ihren Po ein. Sie taten nicht sehr weh, aber Aileen schrie trotzdem bewusst laut und musste innerlich lächeln.

Sie wurde wieder von seiner Hand gestreichelt und grunzte zufrieden.

«Mach ich es dir gut?», hörte sie Elizabeth.

«Ja. Mach's mir fester. Ja, so ist es gut.»

«Charles, dein Schwanz ist wieder so steif und hart. Wirst du Aileen gleich ficken?» Elizabeth fragte extra so laut, damit Aileen es hören musste.

«Ja. Sie ist mein Weib und wunderschön. Mach's mir, Elizabeth. Du machst es mir fantastisch. Du kannst das.»

Aileen erhielt wieder in schneller Reihenfolge drei Schläge und schrie.

«Aileen», rief Elizabeth. «Charles peitscht dich nicht. Er schlägt dich ja nur mit der Hand.»

«Danke, Sir.»

«Oh, Aileen», sagte Charles erstaunt. «Das ist sehr brav, dass du dich bedankst. Dafür bekommst du jetzt eine Streicheleinheit.»

Aileen war zufrieden, dass sie das gesagt hatte. *Charles ist ein lieber Mann. Er belohnt mich sofort, wenn ich artig bin,* dachte sie und gab sich ganz den lustvollen Gefühlen an ihrer Pussy hin. Charles rieb sie heftig.

«Es hat dir gefallen, dass sich Aileen so spontan bedankt hat, nicht wahr?»

«Ja, Elizabeth. Ich sagte ja, dass sich Aileen bisher gut erziehen ließ. Sie lässt sich sehr dankbar schlagen und ihre Schreie sind für mich. Nicht wahr, Aileen?»

«Ja, Sir», stöhnte Aileen freudig. «Ich bin Ihnen sehr dankbar, dass sie mich schlagen.»

Sie dachte noch daran, wie unmöglich es

sei, seinen Mann aufzufordern, sie zu schlagen. Allein das Wort Schlagen sei schon unanständig.

In dem Moment erhielt sie zwei Schläge, die auf ihrem Po brannten. Sie schnappte nach Luft und dachte, er kann wirklich schlagen. Keuchend bedankte sie sich.

«Ist sie nicht lieb? Charles. Wie artig sie sich für die Schläge bedankt.»

Als Aileen wieder die erlösende Hand von Charles an ihrer Pussy spürte, hörte sie ihn fragen: «Aileen. Weißt du, warum ich dich schlage?»

Zögernd kam es von Aileen: «Bitte, sagen Sie es mir, mein Herr.»

«Weil ich dazu Lust habe, unbändige Lust, dich zu schlagen und weil Elizabeth so gekonnt meinen Schwanz dabei massiert. Er ist ganz hart und steif und sie macht es mir unheimlich gut. Ich fühle, deine Pussy ist ganz nass. Gönnst du es mir, dass ich dich schlage und Elizabeth es mir dabei macht?»

«Ja, Sir», keuchte Aileen vor Lust.

«Möchtest du Elizabeth nicht etwas Liebes sagen?»

Aileen überlegte einen langen Augenblick und bekam einen kurzen, schmerzhaften Hieb, bevor Charles wider an ihrer Pussy war.

«Aileen!»

Sie verging schier vor Lust. Es war so geil, sein Streicheln und auch, was er von ihr verlangte. Außer Atem antwortete sie: «Elizabeth, ich bin dir dankbar, dass du es Charles Schwanz so gut machst.»

«Das ist sehr brav, Aileen. Du machst mir Freude. Ja, Elizabeth massiert meinen Schwanz wirklich gut. Er kann dich gleich gut ficken.»

«Bitte, Sir, ficken Sie mich.»

«Das werde ich, wenn Elizabeth ihn noch steifer macht. Sie macht es außergewöhnlich gut.»

Aileen hatte sich damit abgefunden, dass Charles es wohl außerordentlich schätzte, Elizabeths Hand an seinem Schwanz zu spüren. Sie fand die Situation sehr unanständig und zugleich erregend, dass die Tante den steifen Schwanz ihres Mannes rieb. Und das, direkt hinter ihr.

Auf Aileens Po klatschten drei zärtliche Schläge. Sie schrie laut und stöhnend sagte sie: «Danke, Sir.»

Sofort fühlte sie eine intensive Anerkennung für ihren Dank und war beruhigt.

«Aileen, möchtest du von Elizabeth lernen, wie du es meinem Schwanz mit deiner Hand genauso machen kannst?»

«Ja. Sir. Ich möchte es gerne lernen.»

«Das ist sehr brav. Elizabeth wird dir nach dem Lunch Unterricht geben. Du wirst brav mit ihr üben und mir heute Nachmittag dann zeigen, was du gelernt hast. Ist das verstanden?»

Aileen war im Vollrausch ihr Lust und antwortete nicht sofort und prompt erhielt sie einen schmerzhaften Hieb.

Der Schrei hallte durchs Wohnzimmer.

«Du musst mir richtig antworten, sonst wirst du fester geschlagen.»

Schnell antwortete sie: «Ich habe es verstanden, Sir. Ich werde es lernen.»

«Du bist geil, nicht wahr, meine Kleine? Du willst gefickt werden.»

«Ja, Sir, bitte.»

Elizabeth mischte sich ein. «Charles. Bitte setze dich aufs Sofa. Du, Aileen, komm her und knie dich über Charles. Setze dich auf seinen Schwanz, deine Knie neben seinem Körper. Ja, so ist es richtig. Und jetzt reite ihn. Du kannst doch reiten. Zeig es. Zeige Charles, dass du ihn reiten kannst.»

Aileen hockte auf Charles, ritt ihn, spürte immer wieder seinen Schwanz tief in sich und sah Elizabeth, die sie anlächelte.

Zwei schmerzhafte Schläge von Charles rechter Hand landeten auf die sich rötende linke Pobacke. Aileen wunderte sich jetzt darüber, dass er sie richtig schlug. Es hatte richtig weh getan und stachelte sie an, ihn heftiger zu reiten.

«Elizabeth! Sie kann es! Mein Schwanz ist so steif. Es tut so gut, wie sie es macht.»

«Aileen. Reite auf Charles Schwanz. Mach ihn glücklich!»

Aileen atmete schwer, als sich Charles steifer Schwanz der Länge nach in sie bohrte. «Danke, Sir», hauchte sie und bemühte sich ganz ruhig und gleichmäßig zu reiten.

«Gefällt es dir, Aileen?»

«Ja, Sir. Sehr, Sir.» Ihre Arme hatte sie um Charles Kopf geschlungen. Er küsste sie heftig und schlug immer wieder leicht zu.

«Lerne. Lust und Schmerz gehört zusammen. Ficken und geschlagen zu werden ist eins. Du wirst von mir oft ein Spanking bekommen. Das ist mein Recht als dein Ehemann. Mit Schlägen wirst du von mir erzogen, wie du mir dienen sollst. Erziehung bedeutet, du wirst geschlagen und ich liebe es dich zu erziehen. Aber du sollst lernen, dass es für dich Lust bedeutet und du anschließend zum Orgasmus gefickt wirst.»

«Danke, Sir», keuchte Aileen. Sie spürte, dass ihre reitende Bewegung beantwortet wurde.

«Möchtest du morgen auch wieder geschlagen werden?»

«Ja, Sir», kam es von Aileen, die sich der erregenden Wirkung dieser unanständigen Sätze nicht entziehen konnte. Sie erkannte, dass es ihm mehr darum ging, sie mit solch harten Sätzen zu erniedrigen und seine eigene Lust zu steigern. Die letzten Hiebe waren nicht brutal gewesen, sie hatten kurz weh getan, aber nach jedem Hieb hatte er zärtlich ihren Po gestreichelt und das Gleiten auf seinem Schwanz war eine Wohltat. «Bitte schlagen Sie mich morgen wieder», keuchte sie, «und ficken Sie mich zum Orgasmus. Bitte, Sir.»

«Sehr brav, Aileen. Du bekommst deinen Orgasmus.»

Aileen stieß lauter Lustschreie aus. Sie wurde von Charles in der Taille festgehalten und so heftig gefickt, dass ihr Hören und Sehen verging.

Nach wenigen Minuten bekam sie einen ersten Orgasmus, aber Charles war noch nicht soweit.

Er schlug sie mit der Hand auf den Po und fickte sie weiter. Unermüdlich stieß er seinen Schwanz von unten in sie und Aileen übermannte eine zweite Welle orgiastischer Gefühle.

Wie in weiter Ferne, spürte sie die Schläge auf ihrem Po, aber der Orgasmus hielt sie gefangen und ließ sie beben.

Laut schrie Charles plötzlich seine Wollust hinaus und spritzte seinen Samen in ihren Körper.

Aileen zitterte am ganzen Leib und konnte kaum auf ihren Beinen stehen, als Elizabeth sie aufgerichtet hatte. Sie nahm eine Creme und massierte sie auf Aileens hochrotem Po ein.

«Setzt dich auf Charles Schoß, dann machst du das Sofa nicht schmutzig.»

Auf Charles Schoß lehnte Aileen ihren Kopf an seine Brust und liebevoll wische er ihr ein paar Tränen von den Wangen.

Sie wusste, was er hören wollte. «Danke, Sir, dass Sie mich geschlagen haben.»

«Hattest du einen schönen Orgasmus?»

«Ja, Sir», hauchte Aileen. «Es war wunderschön. Danke, dass Sie mich gefickt haben.»

«Brav, Aileen. Das ist ganz lieb, dass du dich für die Schläge, die ihr dir geben musste, bedankst. Verstehst du jetzt, warum es so wichtig, dich zu schlagen? Solch einen Orgasmus kannst du nur erleben, wenn du vorher kräftig geschlagen wirst. Dein Körper reagiert auf die Schläge auch mit Lust. Je mehr du von mir geschlagen wirst, desto mehr Lust bekommst du. Ist das so, Elizabeth?»

«Ja. Aileen, es ist wie Opium, sagen die Ärzte. Wenn du von Charles geschlagen wirst, tut es zuerst weh, aber dann, dann erhältst du durch seine Schläge dieses Rauschgefühl, das dir immer mehr Lust bringt. Die schönsten und heftigsten Orgasmen hatte ich immer, wenn ich vorher sehr fest von Charles Vater gezüchtigt wurde, sodass mein Po knallrot wurde und weh tat.»

Aileen setzte anstelle einer Antwort einige Küsse auf Charles nackte Brust.

«Du bist ein liebes Kind, du bist meine Aileen. Du hast etwas Neues gelernt, wie wir beide ficken können. Wie du mich geritten hast, war wundervoll. Bedanke dich bei Elizabeth für den Hinweis.»

«Ja, Sir. Danke, Elizabeth.»

«Brav! Weil ihr beiden mir eben soviel schöne Lust geschenkt habt, möchte ich etwas ankündigen. Morgen, am frühen Sonntag werden wir nach Oban fahren und dort den Gottesdienst in der Kathedrale besuchen. Anschließend gibt es einen Empfang im luxuriösen Coast Restaurant mit anschließenden Dinner auf Einladung der Clubs des Hohen Clans der Highländer.»

«Oh, Charles. Das sagst du erst jetzt!»

«Elizabeth. Ich wollte euch überraschen, aber weil ihr gerade so lieb zu mir gewesen ward, sage ich es jetzt schon. Aileen, du wirst das neue Cocktailkleid tragen, das wir letzte Woche gekauft haben und den neuen Sommermantel. Du hattest ja noch keine Gelegenheit, es in hochklassiger Gesellschaft zu tragen.»

Aileen stieß einen Schrei den Entzückens aus und fiel Charles um den Hals. «Danke, Charles, Danke. Du bist der liebste Mann.»

«Ja, Danke, Charles», sagte Elizabeth. «Deshalb hast du mir gesagt, ich solle ein vornehmes Kleid mitnehmen, da wir ausgehen werden. Ich hatte aber eher daran gedacht, dass du nur mit uns zwei ausgehen wolltest. Ein Empfang des Clubs der Hohen Highländer? Charles, das ist ja höchste Gesellschaft. Fast alles Adlige. Oh, ein richtiges gesellschaftliches Ereignis. Aileen, ist das nicht toll?»

«Ja, Elizabeth. Ich muss gleich nach dem Kleid sehen.»

«Aileen. Ich hatte dich aber eben noch etwas gefragt. Wegen morgen. Erinnerst du dich?»

Aileen schlug die Augen nieder. «Ja, Sir.»

«Und was hattest du geantwortet?»

«Bitte schlagen Sie mich morgen wieder. Sir.»

«Das ist sehr lieb von dir, Aileen. Wenn wir morgen Abend von Oban zurück sind, wirst du diese Bitte nochmal an mich stellen. Ja? Ich wünsche mir, dass du mich ganz lieb darum bittest.»

«Ja, Charles.» Sie wusste, was Charles hören wollte und fügte hinzu: «Bitte schlage mich, wann immer du es möchtest. Charles. Darf ich dir was sagen?»

«Ja. Was denn?»

«Wenn dir mein Mund, mein Körper und meine Brüste gehören, wenn du mich schlägst, dann werde ich ein Teil von dir.»

Charles holte tief Luft. «Sag mal, Aileen. Woher hast du denn diesen Satz?»

«Du hast im Regal ein Buch über Spanking in der Ehe. Da fand ich den Satz. Ich finde ihn wunderschön.»

«Aileen! Unglaublich. Das ist sehr brav. Nicht wahr, Elizabeth?»

«Ja, ein wunderschöner Satz. Aileen, das ist sehr lieb, dass du dir diesen Satz gemerkt hast.»

«Und du Elizabeth, wirst du auch brav sein?»

Elizabeth strahlte. «Ja. Mein Earl. Ich werde zu Ihren Diensten sein.»

«Aileen, aber eines muss ich noch sagen. Morgen werden da sehr vornehme, elegante Damen sein. Davon sind einige immer sehr neugierig. Sie werden versuchen, dich frecherweise über unser Eheleben auszufragen. Du wirst nichts, aber auch gar nichts sagen. Die meisten von ihnen bekommen auch regelmäßig ein Spanking auf den nackten Hintern von ihren Männern. Aber du wirst niemandem sagen, dass du geschlagen wirst. Auf die Frage nach einem Spanking antwortest du mit der Frage, was ist das? Verstanden?»

«Ja, Charles.»

«Es geht niemanden etwas an, was hier im Haus geschieht, geschweige denn, dass wir zu dritt im Bett lagen. Ich möchte nicht, dass du mich und meine Tante blamierst. Sonst müsste ich dich auf den Zuchtbock spannen und dich windelweich peitschen, dass du tagelang nicht sitzen kannst. Ist das klar?»

«Ja, Charles. Ich werde dich nicht enttäuschen. Wenn du dich allein mit Männern unterhalten willst, dann werde ich ganz nah bei Elizabeth bleiben.»

«Das ist gut.»

«Charles. Ich müsste jetzt in die Küche und das Mittagessen vorbereiten. Dazu brauche ich bestimmt eine ganze Stunde.»

«Soll ich dir helfen, Aileen?»

«Nein, Danke, Elizabeth. Das ist lieb. Aber ich kann das alleine. Bleib bei Charles.»

«Gut. Elizabeth. Gehst du mit mir spazieren?»

«Gerne Charles.»

«Aileen, wann sollen wir zurück sein?»

Aileen schaute auf die Standuhr. «Um halb eins. Bis dahin schaffe ich das gut.»

«Elizabeth, komm. Dann haben wir mehr als eine Stunde Zeit.»

Charles wanderte mit Elizabeth den sanften grünen Hügel hinter dem Castle hinauf.

«Sie ist ein unglaubliches Mädchen», meinte Elizabeth.

«Ja. Du hast mir einen Goldschatz ausgesucht, dass sie mich so gut geritten hat und sich so bereitwillig von mir dabei schlagen lässt. Erstaunlich.»

«Sie hat wunderbar vor Lust geschrien. Ich hatte dir gesagt, dass sie oft von ihrem Vater mit einem Lederriemen gezüchtigt worden ist.»

«Dem Mann kann man dankbar sein. Bei der Hochzeit machte er gar nicht so diesen Eindruck auf mich.»

«Ich wusste es, weil ich vorher zweimal bei ihnen war und mit ihrer Mutter die Hochzeit besprochen habe.»

«Wie bist du eigentlich auf sie gestoßen?»

«Sie war zuletzt in einem Internat für junge Damen. Ich kenne die Direktorin. Die hatte mir Aileen empfohlen.»

«Aha.»

«Die Direktorin hat ihre Mädchen alle bei Ungehorsam gezüchtigt. Aileen war ihr aufgefallen, weil sie sehr korrekt war, sich allen Anordnungen fügte und gehorsam Bestrafungen akzeptierte.»

«Gute Frau, dass sie das erkannt hat. Ich bin dir sehr dankbar, dass du der Empfehlung der Direktorin gefolgt bist. Du hast einen wahren Schatz gefunden.»

«Ja, Charles. Aileen ist außergewöhnlich. Sie ist in der Phase frischer Verliebtheit und kann sich eine Liebe ohne Lustbefriedigung gar nicht mehr vorstellen, sie schwebt auf Wolken und erlebt die ersten geilen Abenteuer und die ersten schmerzhaften Prüfungen als einen mitreißenden Rausch, der ihr bisheriges Leben umkrempelt und ihr dann ungeahnte neue Befriedigung schenkt. Sie ist so begeistert, von dir gefickt zu werden und möchte sich am liebsten als dein totales Eigentum für immer sehen. Sie möchte dir mit ihrer Hingabe ihre Zugehörigkeit zeigen und wünscht sich in der Euphorie, auch bei einem Spanking, die Größe ihrer Unterwerfung zu zeigen. Es ist eine rauschhafte romantische Verliebtheit, verstärkt dadurch, dass sie eine ganz neue Art der Liebe und Lustbefriedigung gefunden hat. Das können wir für ihre besondere Erziehung nutzen und sie in Lektionen mit konsequenter körperlicher Züchtigung auch zu exquisiten Liebesdiensten erziehen. Charles, ich denke, du hast die einmalige Möglichkeit ein liebes junges Mädchen mit der Peitsche zu sehr unanständigen obszönen Handlungen zu formen, um sie nur für deine Befriedigung benutzen zu können. Sie wird deine Hand küssen, von der sie schmerzhafte Schläge erhält und deinem Schwanz mehr Aufmerksamkeit schenken, als du es jemals zuvor bei einer Frau erlebt hast.»

Nachdenklich antwortete Charles: «Du hast nicht Unrecht. So, in dieser Art hatte ich auch schon gedacht.»

«Ich kenne dich doch. Du magst geile unanständige Sachen, um dich zu befriedigen. Erziehe sie dir dazu. Ich werde dich unterstützen.»

«Du bist unvergleichlich, Elizabeth.»

«Mich hat heute was erstaunt, als ich allein mit ihr in der Küche war, um das Frühstück vorzubereiten.»

«Was war da?»

«Wir hatten uns einige Minuten unterhalten und ich hatte sie dann gefragt, ob sie nicht erschrocken gewesen wäre, dass ich heute Morgen neben euch nackt lag, als sie von dir gefickt wurde. Ich wusste, dass sie gesehen hatte, dass ich mich beim Zusehen befriedigt habe, weil unsere Blicke sich dabei ein paar mal getroffen hatten.»

«Und, was hat sie geantwortet?»

«Nein, liebe Elizabeth, sagte sie. Es war sehr erregend, ich glaube, ich fand es sogar schön für dich.»

«Das hat sie gesagt?»

«Ja. Sie hat es nicht nur gesehen, sondern in ihrem Gehorsam dir und mir gegenüber, hat sie es als gegeben akzeptiert, dass ich mich an eurem Liebesspiel aufgeile und befriedige. Stell dir vor, sie hat es mir sogar gegönnt.»

«Außergewöhnlich.»

«Ja. Es ist reiner Gehorsam von ihr, alles was im Bett mit dir geschieht zu akzeptieren.»

«Du wirst die kommende Nacht bei uns im Bett verbringen.»

«Charles! Du bist verrückt.»

«Nein. Wir werden die Nacht zu dritt verbringen und ein paar unanständige Dinge treiben.»

«Charles, nein!»

«Wieso nicht? Gib zu, dir würde es gefallen.»

«Charles. Ich bin sprachlos. Ich hätte nicht mal im Traum daran gedacht.»

«Gib zu, dass das nicht stimmt.»

Elizabeth hakte sich bei Charles ein. «Och, Charles. Du holst meine schlimmsten Seiten hervor.»

«Na, also. Du möchtest doch meinen Schwanz.»

«Mein Gott, Charles. Das ist zu unanständig.»

«Tante, wie alt bist du jetzt?»

«Vierundfünfzig.»

«Du bist eine attraktive Frau, die mitten im Leben steht und auch geile Gedanken hat. Du hast auf deine Figur geachtet, bist schlank. Hast wunderbare Brüste und eine ganz liebliche Pussy.»

«Charles!»

«Eine Pussy, die sich nach einem Schwanz sehnt. Stimmt es?»

Elizabeth griff fest in Charles Arm. «Ja, ab und zu habe ich mir das gewünscht.»

«Hast du keine Verehrer?»

«Ach, Charles. Diejenigen von Statur wollen alle junge Frauen. Und die Alten, die um mich herumlungern, würden mir keine Befriedigung ermöglichen. Du weißt doch, dass auch ich eine kräftige Hand brauche, die mich führt.»

«Das heißt, du brauchst es ab und zu übers Knie gelegt zu werden.» Dabei gab er ihr einen festen Klaps auf ihren Po.

«Charles!», schrie Elizabeth.

«Ach. Du hast ein dickes Kleid an. Heute Abend erhältst du ein Paar Hiebe auf den nackten Po!»

«Charles! Jetzt wird es sehr intim.»

«Das dürfen wir beide. Sags mir!»

«Du bist streng mit mir.»

«Ja. Ich will es hören!»

«Ich sage es dir. Ich glaube, wenn ich es mir nicht selbst mache, würde ich zu einem Orgasmus nur kommen, wenn ich vorher richtig gepeitscht werde. Ich bin oft unter der Peitsche gekommen.»

«Na. Das ist doch ein schönes Geständnis, was du mir machst. Wir haben verabredet, dass ich dich heute Abend in den Po ficke.»

«Aber Charles. Doch nur kurz, um Aileen zu beschämen.»

«Habe ich dich und Vater nicht mal im Schlafzimmer beobachtet, wie er dich in den Po gefickt hat und du gekommen bist?»

«Charles, wie hast du das gesehen?»

«Das ist unwichtig. Bist du oft in den Po gefickt worden?»

«Ja.»

«Und dabei gekommen?»

«Ja, wenn ich mich streicheln durfte. Immer. Aber er hat mich vorher immer gepeitscht.»

«Hat er eure Hausmädchen auch so gefickt?»

«Immer. Er wollte nicht, dass sie schwanger werden.»

«Hmm. Das war also Vater. Durch und durch verdorben.»

«Genau, wie du!», schmunzelte Elizabeth. «Du hast das von ihm. Diesen Drang zu peitschen und exquisite Liebespraktiken. Für sehr exquisite Praktiken war er zu haben.»

«Meinst du, wir bekommen Aileen dazu?»

«Ich denke, ja. Sie ist so was von devot. Du kannst sie dazu erziehen.»

«Wirst du mir dabei helfen?»

«Gerne Charles. Das weißt du, dass ich dazu bereit bin. Wenn ich euch besuche, dann immer.»

«Zieh zu uns. Wir haben genügend Zimmer.

Edinburgh ist so weit. Eine ganze Tagesreise.»

«Och, Charles. In das einsame Castle? Deswegen bin ich doch weggezogen. Ich brauche eine Stadt um mich herum.»

«Glen Coe liegt malerisch an den Ufern des Loch Leven, es ist einer der wunderschönsten Orte Schottlands. Aber ich hätte eine bessere Idee. Ich besorge dir ein kleines Haus in Oban. Das ist auch eine große Stadt und nur eine halbe Stunde entfernt. Da könnten wir dich auch öfter besuchen und du könntest schnell zu uns kommen.»

«Hmm. Wäre zu überlegen. Edinburgh ist manchmal so hektisch.»

«Na ja. Überlege es dir. Ich würde es dir gerne anbieten und würde mich freuen, dich in meiner Nähe zu wissen.»

«Du möchtest es nur öfter gemacht haben.»

«Ja, Tante. Das auch.»

«Du bist unmöglich.»

«Aber dein Neffe!»

«Lass uns zurückgehen. Ich muss mich ablenken. Ich möchte Aileen zu gerne helfen. Sie kann bestimmt Hilfe gebrauchen. Ich denke, sie will uns nur beweisen, dass sie es kann.»

«Sie kann es. Sie hat die letzten Tage hervorragend gekocht.»

«Du hast die richtige Frau. Für die Küche und fürs Bett. Es war gut, dass du ihr gesagt hast, dass Lust und Schmerz zusammen gehören und dass Ficken und geschlagen zu werden eins ist. Auch, dass du ihr gesagt hast, dass du sie oft schlagen wirst, weil es dein Recht als Ehemann ist. Ich glaube, das hat sie verstanden.»

«Es war lustig, dass du ihr erzählt hast, dass Vater dir die schönsten und heftigsten Orgasmen geschenkt hatte, wenn du vorher sehr fest von ihm gepeitscht worden bist.»

«Nein. Ich habe bewusst gesagt, gezüchtigt. Damit sie glaubt, ich sei mit der Hand geschlagen worden. Die Peitsche hätte sie zu sehr erschreckt.»

«Du magst recht haben. Wir wollen sie nicht zu sehr erschrecken. Sie ist zu wertvoll.»

«Ja, Charles, das sehe ich auch so. Mach es heute Abend gnädig. Sonst kann sie morgen nicht in der Kathedrale sitzen.»

«Du hast recht. Daran habe ich noch gar nicht gedacht. Gut, zweimal drei Hiebe bekommt sie. Dafür wird sie morgen, wenn wir zurückkommen richtig gepeitscht. Ich möchte sie weinen hören, wenn du es mir dabei machst.»

«Ja, Charles. Mach das. Ich werde es dir sehr gut machen.»

«Das weiß ich zu schätzen.»

«Willst du sie auch vorm Abendessen ficken?»

«Sie ist heute Morgen zweimal gekommen und wird nach dem Abendessen, wenn wir uns um sie kümmern, nochmals kommen können. Dreimal reicht.»

«Aber du möchtest doch heute Nachmittag prüfen, ob sie es dir schon richtig machen kann?»

«Ich gehe nach den Mittagessen Jagen. Dann hast du zwei, drei Stunden Zeit, ihr was beizubringen. Ihr könnt euch auch etwas ablegen.

Vielleicht lasse ich es mir nur von euch machen und werde es genießen, ohne mich zu bemühen.»

«Du bist ein Egoist sondergleichen!»

«So darfst auch nur du mit mir reden, jede andere würde ich auf den Zuchtbock spannen.»

«Mach es doch!»

Charles hielt an und blickte zu Elizabeth. «Ich garantiere dir, ich würde dich zum Schreien bringen.»

«Versuch es!», antwortete Elizabeth keck und gab ihm einen Kuss.

Nach dem Mittagessen, als Charles sich zurückgezogen und für die Jagd fertig gemacht hatte, war Elizabeth mit Aileen in das Gästezimmer gegangen.

«Setzt dich aufs Sofa, Aileen. Ich will dir etwas zeigen.»

Aus ihrem Koffer holte sie eine längliche Holzschachtel und setzte sich zu Aileen .

Sie öffnete die Schachtel und Aileen stieß einen Schrei aus. «Elizabeth. Was ist das denn?»

«Das sind zwei Dildos.»

«Dildos?»

«So nennt man sie. Es sind handgeschnitzte Nachbildungen eines steifen männlichen Schwanzes.»

«Och, Elizabeth, wie unanständig.»

«Warum? Sie sind aus Hongkong und aus echtem Elfenbein. Sie sind beide acht Zoll lang. Fast so lang wie Charles Schwanz, wenn er richtig steif ist.»

«Elizabeth!»

«Der eine ist ganz glatt, bei dem anderen sind schwach die Äderchen geschnitzt. Das sind zwei sehr wertvolle Stücke.»

«Ich sehe es. Bei beiden ist der Kopf genau wie in Wirklichkeit.»

«Den Kopf nennt man Eichel. Die Eichel eines Penisses. Die empfindlichste Stelle bei einem Mann.»

«Oh.»

«Über die musst du ab und zu mit dem Finger zärtlich streichen. Das macht Charles verrückt.»

«Dein Vorschlag vorhin, mich auf ihn zu setzen hat ihn auch verrückt gemacht.»

«Nimm meine Ratschläge an. Mach es in dieser Art, wenn er auf dem Bett liegt. Hocke dich über ihn. Die Reiterstellung ist die bekannteste - wenn nicht sogar bequemste - Stellung für Frauen, die im Bett auch mal die Kontrolle übernehmen wollen. Hockst oder sitzt du nämlich auf ihm, kannst du dich so in die beste Position für einen sicheren Orgasmus bringen. Du hast in dieser Stellung eine sehr große Bewegungsfreiheit und gibst ihm den Rhythmus, den Winkel und die Eindringtiefe vor. Es ist für dich einfach extrem erregend, die eigene Lust selbst beeinflussen zu können. Aber dann musst du dich ausdauernd auf seinem Schwanz auf und ab bewegen. Das ist anstrengend, aber du wirst es erleben, es wird ihn glücklich machen. Du kannst die Knie seitlich neben seinem Oberkörper anschmiegen und er hat bei dieser Position die Möglichkeit, deine Brüste mit dem Mund oder den Händen zu stimulieren, ihr könnt euch dabei in die Augen sehen, küssen und nette unanständige Sachen sagen. Lob seinen Schwanz, wie steif und hart er ist, wie tief er in dir drin steckt. Sag ihm, dass du gerne auf seinen Schwanz reitest.»

«Elizabeth! Du schwärmst ja richtig.»

«Hör auf mich, mein Kind. Ganz glücklich wird es ihn machen, wenn er dich dabei mit der Hand oder der Tawse auf den Po schlagen kann. Die Klapse, dir er dir vorhin auf den Po gegeben hat, hast du doch kaum gespürt.»

«Oh. Die habe ich wohl gespürt.»

«Du bist doch wundervoll gekommen. Das zeigt, wie wunderschön Lustschmerz sein kann und wie viel Erfüllung du dabei gefunden hat. Nicht wahr, Aileen? Du bist doch sicherlich glücklich, so viel Liebe gespürt zu haben, dass du kommen konntest.»

«Ja. Himmlisch. Ich bin dir sehr dankbar. Ich lerne gerne von dir.»

«Du hast mich gestern ungläubig angesehen, als ich dir gesagt habe, dass wir uns heute intensiv über das Ficken unterhalten werden. Es ist das schönste auf der Welt. Charles braucht Abwechslung und das kannst du ihm bieten.»

«Nur dieses alte Sofa, das knarrt so unanständig. Hättest du etwas dagegen, wenn ich ein Neues kaufe. Ich habe etwas Geld gespart. Meinst du, ich könnte ihm damit eine Freude machen?»

«Aileen ! Wunderbare Idee. Bring neuen Wind

in das Haus. Du hast vollkommen recht. Die Wohnzimmermöbel sind uralt. Er wird es mögen, besonders wenn ich ihm sage, dass ich dich dabei unterstützt habe.»

«Oh, danke, Elizabeth.»

Elizabeth entnahm dem Kästchen den glatten Dildo und reicht ihn Aileen, die ihn ganz ehrfürchtig entgegennahm.

Sie umfasste ihn mit der ganzen Hand und strich nach oben und unten.

«Schau her! Ich zeige dir den richtigen Griff. Es ist gar nicht so schwer. Ich halte ihn dir hin. Umfasse ihn nur mit Daumen und Zeigefinger. Ja, so ist richtig. Jetzt leg auch noch den Mittelfinger neben dem Zeigefinger. Die anderen zwei strecke nach hinten. Es ist so, wie wenn du eine Kerze hältst, wenn du sie in den Kerzenständer steckst. Nur mit den drei Fingern. Daumen und gegenüber die zwei Finger. So, und jetzt bewege deine Hand auf und ab. Ja, das ist richtig. Mach weiter.»

«Das ist der Griff, wenn du es Charles machst?»

«Ja. Genauso.»

Elizabeth hielt ihr ihren ausgestreckten Zeigefinger hin. «Mach es mal mit meinem Finger.»

Vorsichtig ergriff Aileen den Finger und machte ein paar zögerliche Bewegungen.

«Aileen, du musst fest mit den Fingern drücken.»

Elizabeth nahm Aileens Hand und streckte den Zeigefinger vor. Dann packte sie den Finger und massierte ihn. «Spürst du, wie fest ich drücke? Jetzt bewege ich die Finger auch fest auf und ab. Und zwar gleichmäßig. So macht man es. Jetzt mach es noch mal mit meinem Finger.»

Eine ganze Zeit lang ließ Elizabeth ihren Finger von Aileen massieren, bis sie Aileen aufforderte es mit dem Dildo zu machen.

«Nimm ihn in die linke Hand und mit der rechten massierst du ihn. Gleichmäßiger auf und ab. Mach das mal. Richtig umfassen. Er ist fast so dick wie Charles Schwanz, nur der ist weicher und fühlt sich besser an.»

«Elizabeth!»

«Stimmt doch, oder? Jetzt mach das mal eine Weile. Du willst es doch lernen.»

Während Aileen den Dildo rieb, stand Elizabeth auf und holte sich ein Glas Wasser. Sie setzte sich neben sie und beobachtete genüsslich, wie Aileen das Elfenbein massierte.

«Ist anstrengend, nicht wahr?»

«Ja», stöhnte Aileen .

«Mach nur. Das musst du lernen. Du kannst zwischen drin auch mal die Bewegung aus dem Handgelenk machen. Aber du solltest nie loslassen, wenn du Charles Schwanz in der Hand hast.»

Aileen bemühte sich und Elizabeth plauderte dabei. «Mit den beiden kann man sich auch schöne Gefühle bereiten.»

«Elizabeth!»

«Dir kann ich es doch sagen. Ich habe sie beide schon genossen.»

«Du meinst, du hast sie in …?»

Elizabeth lachte. «Na, was denkst du denn? Dazu sind sie ja gedacht. Aber du darfst das nicht probieren. Dazu müsste Charles erst seine Erlaubnis geben. Schau mich nicht so erstaunt an. Mach weiter und übe. Aileen , du darfst dich noch nicht einmal mit dem Finger selbst berühren, ohne dass es dir Charles erlaubt. Deine Pussy gehört ihm und deine Lust auch. Als du mich gesehen hast, hatte Charles es mir ausdrücklich erlaubt. Wenn er bemerken würde, dass du dich heimlich selbst befriedigst, würde er dich auspeitschen.»

«Ach, Elizabeth. Das ist nicht nötig. Charles schenkt mir so viel Befriedigung, dass ich glücklich bin.»

«Ja, das weiß ich. Er ist sehr großzügig.»

«Muss ich noch lange machen?»

«Wenn du es Charles machen musst, dann kann es schon einmal lange dauern. Komm, mach es noch mal an meinem Finger. Ich möchte dich prüfen!»

Eine ganze Stunde ließ Elizabeth Aileen an ihrem Finger oder am Dildo üben, bis sie einigermaßen zufrieden war.

«Du wirst heute noch Gelegenheit bekommen, Charles mit deiner Hand zu befriedigen.»

«Glaubst du?»

Sie tätschelte Aileens rote Wangen. «Da bin ich mir ganz sicher.»

«Wir machen eine Pause», sagte Elizabeth, entnahm ihrer Reisetasche ein in Leder gebundenes Büchlein und reichte es Aileen.

«Huch», kam es von Aileen, als sie es aufschlug.

Auf jeder Seite war links eine Strichskizze, die ein Paar beim Liebesakt zeigte und rechts ein Text dazu.

«Es ist eigentlich ein Buch für Männer. Es zeigt auf 50 Seiten 50 Position, wie ein Mann eine Frau ficken kann.»

«Mein Gott. So ein Buch gibt es?»

«Ja. Das Buch ist bekannt und sehr aktuell. Da kannst du auch als Frau viel lernen.»

Elizabeth zeigte ihr ein paar Stellungen, wie eine Frau von hinten gefickt wird.

«Hier, diese Stellung kennst du jetzt.» Sie zeigte auf eine Frau, die auf einem Mann saß. «Er liegt auf dem Rücken und du hockst dich auf seinen Schwanz und dann reitest du ihn, als wenn du auf einem Pferd reiten würdest. Er kann dann in Ruhe zusehen, wie du ihn auf seinem Schwanz fickst.»

«Elizabeth», lachte Aileen. «Wir reden heute ja ununterbrochen übers Ficken.»

«Das ist auch der Sinn und Zweck dieses Tages. Es sind alles erotische Lektionen, in denen du lernen sollst, wie du ihm viel Lust bereiten kannst. Und natürlich, wie du ihn gekonnter befriedigst. Das ist wichtig für dich zu wissen.»

Aileen schüttelte ungläubig den Kopf.

«Die brauchst du aber jetzt nicht alle zu lernen. Nimm dir das Büchlein ab und zu vor und lese die Texte. Sie beschreiben die Stellungen sehr gut. Natürlich in erster Linie, wie die Männer zu einer guten Befriedigung kommen, aber es wird auch beschrieben, welche Stellungen der Frau einen guten Orgasmus bescheren. Warte. Wo war das? Ganz am Anfang. Ach ja, hier. Sieh nur. Ein Mann liegt auf dem Rücken, sein Schwanz steht steil empor und wird von der Hand der Frau gehalten. Der Text dazu ist nicht nur für Männer gedacht. Er beschreibt, wie ein Mann es sich von der Hand seiner Frau machen lassen soll.»

«Unglaublich. Und so detailliert gezeichnet.»

«Ja. Das ist ein gutes Büchlein. Hier noch ein ganz exquisiter Tipp.»

Elizabeth zeigte Aileen eine Seite, auf der abgebildet war, wie ein Mann auf seiner breitbeinigen Frau liegt und sie fickt. «Schau auf ihre Hand, auf dem Po des Mannes. Sie steckt ihren Finger in seinen Anus. Das macht einen Mann verrückt. Ich sag es dir. Probiere es mal. Du wirst erleben, wie es ihn anstachelt. Das ist etwas ganz Pikantes.»

«Elizabeth! Solch pikante Sachen zeigst du mir?»

«Mein Mädchen. Du willst ihn doch glücklich machen und er liebt Pikanterien.»

«Mein Gott. Und so etwas steht in dem Buch.»

«Es ist auch von mir. Ich habe es aus dem Französischen übersetzt. Die Französinnen wissen, wie sie ihre Männer beglücken können. Also, studiere das Buch in Ruhe. Jetzt erzähle mir aber von eurer Hochzeitsnacht. Denke daran, Charles möchte, dass du mir alles erzählst.»

Aileen schmunzelte. «Ach, Elizabeth», stöhnte sie. «Ich war doch so unerfahren. Anfangs war er bemüht, mir meine Aufgeregtheit zu nehmen. Er streichelte und küsste mich immer wieder zärtlich und wir sprachen über das schöne Fest. Dann begann er Stück für Stück mich auszuziehen, bis ich ganz nackt vor ihm stehen musste und er mich in Ruhe betrachtete. Er lobte meine Schönheit und sagte mir, dass ich die schönste Frau der Welt sei.

Aber dann zog er mich zu sich und ich musste mich über seine Knie legen. Mit der flachen Hand schlug er ein paar Mal auf meinen nackten Po und streichelte dann meine Pussy. Ich war mehr verwundert als entsetzt, denn sein Streicheln löste bei mir eine Welle der Erregung aus. Er küsste mich sanft auf den Nacken und das nächste, was ich spürte, war ein schrecklicher stechender Schmerz auf meinem linken Gesäß. Ich schrie und trat mit meinen Füßen in Reflex. Ich hörte ein hartes «still und still», bevor ein zweiter Schlag mich gleich hart auf meine rechte Pobacke traf. Ich biss mir auf die Lippe und hielt mich fest, bis ich es beim sechsten Schlag nicht mehr länger aushalten konnte und ich schrie auf, als mir die Tränen aus den Augen liefen. Als der nächste Schlag kam, legte ich meine Hand in den Weg und hielt ihn davon ab, den Schlag vollständig zu vollenden. Er hielt inne und sagte mit ruhiger Stimme: «Aileen. Wir sind jetzt Mann und Frau. Du wirst zukünftig meine Autorität anerkennen und wirst von mir ab und zu eine Erziehungslektion mit ein paar Klapsen auf den Po erhalten. Wenn du dich in eine Erziehungslektion einmischst, bekommst die zwei schmerzhafte Strafschläge auf deinen Hintern. Die Bestrafung ist nachsichtig, da dies dein erstes Spanking als meine Ehefrau ist, aber zukünftige Übertretungen werden noch schwerer behandelt werden.»

Die zwei Hiebe auf meinem Hintern schmerzten. Während meiner Kindheit hatte mein Vater mich mit der Hand geschlagen, als ich besonders ungezogen war, auch hatte ich die Jahre im College Internat öfter den Rohrstock gespürt. Aber nun erkannte ich, dass es meine weibliche Pflicht als Ehefrau war, ihm zu gehorchen. Ich wurde gestreichelt und erhielt noch ein paar sehr zärtliche Klapse. Die ertrug ich ohne weitere Klagen oder Bewegung. Am Ende des Spankings küsste mich Charles leidenschaftlich und umarmte mich liebevoll. Er sagte mir, dass er mich sehr liebte und er glaubte, dass unsere Ehe wundervoll wird. Liebesgefühle überflogen mich Welle um Welle. Ich konnte fühlen, dass er sehr erregt war.»

«Aileen! Das hört sich wundervoll an. Erzähl! Wie kam es zum Liebesakt?»

«Er hob mich hoch und legte mich in die Mitte aufs Bett. Bis auf zwei Kerzen löschte er das Licht und zog sich aus. Nur kurz konnte ich sein riesiges steifes Glied sehen und war erschrocken. Ich konnte es mir noch gar nicht vorstellen, dass er mich damit ficken würde. Ich hatte ja keine Ahnung. Ich wusste zwar, was Männer mit Frauen im Bett machen, aber so genau wusste ich es eben doch nicht. Er war wirklich sehr zärtlich, er legte sich zu mir, küsste mich, meine Brüste, öffnete meine Beine und küsste meine Pussy. Es war himmlisch. Dann legte er sich auf mich. Er sagte noch: «Jetzt mach ich dich zu meiner Frau», da stieß er auch schon zu. Langsam schob er sein monströses Ding in meine Pussy und es tat kurz weh.»

«Er hat dich mit seinem Schwanz entjungfert. Wie schön.»

«Ja. Er hat mich entjungfert. Es kam auch ein schönes Gefühl in mir auf. Ich weiß nicht mehr, wie lange er mich gefickt hatte. Ich hörte nur plötzlich sein heftiges lautes Stöhnen und gewaltige Stöße seines Gliedes in mir.»

«Tja. So ist es meistens in der Hochzeitsnacht. Wann hattest du denn deinen ersten Orgasmus?»

«Du glaubst es nicht, Elizabeth. Schon kurz danach. Erschöpft lag Charles neben mir, aber er streichelte unentwegt meine Pussy und meinen Kitzler. Es war wunderschön. Es flüsterte mir dabei dauernd ins Ohr, wie schön ich sei, wie schön es für ihn gewesen war, mich zu entjungfern und es dauerte nicht lange und ich konnte mich nicht zurückhalten - und zu seiner großen Freude bekam ich einen Orgasmus. Er küsste mich so heftig, wie ich es gar nicht gewohnt war und er lobte mich, dass ich die Lust so genießen kann.»

«Du siehst du, wie besorgt Charles um deine Gefühle ist. Das glaube ich, dass er sich gefreut hat, dir einen Orgasmus zu schenken.»

«Och ja, es war ein Geschenk. Er hat mich

überhäuft mit Küssen. Am nächsten Morgen hat er meine Pussy geküsst und geleckt, bis ich gekommen bin, dann erst hat er mich genommen. Es war traumhaft.»

«Hat er dir irgendwann eine Lektion erteilt?»

«Ja. Ein paar Tage später. Er hatte mir abends ein kräftiges Spanking gegeben und sagte mir, ich solle mich vor ihm hinknien, und während er das tat, schien sein enorm aufgerichtetes Glied meine ganze tränenreiche Vision zu füllen. Er sagte mir, ich solle meine Hände hinter mir halten und meinen Mund öffnen. Er nahm eine Handvoll meiner Haare und legte meinen Kopf auf seinen Penis, bis er meinen Mund voll füllte. Verzeih mir, dass ich mich manches Mal unbeholfen ausdrücke, da ich das erst lernen muss. Ich weiß, dass meine Hochzeit mit meinem hoch verschuldeten Vater arrangiert war und der durch meine Ehe und Charles Unterstützung seine kleine Länderei mit der Farm wieder aufbauen kann – wofür ich Charles und dir sehr dankbar bin. Mein Vater, Sir Robert Cunningham, der den untersten Adelsrang eines Barons inne hat, hatte mehrere Missernten eingefahren und kann nun beruhigt in die Zukunft blicken. Natürlich hatte ich erwartet, dass ein Ehemann so sein würde wie mein Vater. Der Kopf eines Haushalts, der liebevoll, fürsorglich und entschieden handelt. Genau das habe ich auch bekommen und vor der Zeremonie hatte ich auch zugestimmt, dass unsere Ehe eine Partnerschaft mit Disziplin sein würde. Charles hatte mir in den Tagen nach der Hochzeitsnacht erklärt, dass er mir in den kommenden zwei Wochen volle Aufmerksamkeit schenken und sich ganz auf meine Erziehung zu einer gehorsamen Gattin konzentrieren möchte. Ich war ihm dankbar, denn ich hatte im Grunde genommen keine Ahnung von den ehelichen Pflichten.

Ich gebe zu, es hatte mich überrascht, als er mir erklärte, dass ich bestraft würde, wenn ich seine Regeln nicht befolgen würde. Auch würde ich ab und zu eine sogenannte *Auffrischung*, wie er es formulierte, von zehn Hieben auf meinem nackten Po erhalten, um unsere Beziehung mit dem notwendigen Respekt in meinem Kopf zu festigen. Diese regelmäßige Auffrischung seien eine Notwendigkeit für eine Neubelebung, Festigung und Entfaltung meines Gehorsams. Die Schwere der Strafen, die es unabhängig von den Auffrischungen gibt, würde von der Art meines Versagens oder Ungehorsams abhängen, aber es sollte klare Regeln geben. Ich dachte nicht wirklich, dass ich weltfremd wäre, aber mein Wissen über die Liebe in der Ehe, hatte mich nicht auf die Realität vorbereitet. Ich wusste, dass es Paaren Spaß machte, andere Dinge zu tun als einfachen Geschlechtsverkehr zu haben. Zum Beispiel hatte ich von Oralsex gehört. Ich dachte, das würde bedeuten, dass er erwarten würde, seinen Penis zu küssen, auch dachte ich, das tun zu können. Die volle Wichtigkeit erkannte ich erst dann. Charles erklärte mir sanft, dass ich bei diesem ersten Mal seinen Penis lutschen und lecken sollte, bis er ihn entferne. Ich sollte meinen Mund benutzen, um ihn zu stimulieren, so viel ich konnte. Ich müsse zukünftig seinem Glied dienen, als ob ich es mit all der Hingabe anbete, die ich aufbringen kann. Er sagte, dass er mir in Zukunft seinen Samen in meinen Mund geben würde und dass meine Kehle ihn genauso aufnehmen würde wie meine Pussy. Während ich mit meinem Mund so gut wie möglich arbeitete, fing Charles an, meinen Kopf öfters auf sein Glied zu pressen. Er erklärte, dass er mir sein Glied tief in den Rachen drücken würde und als ich den Kopf seines Penis spürte, musste ich schlucken, damit er leichter eindringen konnte. Er sagte mir, dass ich zuerst würgen würde, aber mit wiederholter Anstrengung und täglicher Übung würde ich ihn vollständig aufnehmen können. Er versuchte es zwei- oder dreimal bei dieser ersten Gelegenheit, aber meine Kehle reagierte jedes Mal heftig, sodass ich husten und würgen musste und es mir Tränen in die Augen trieb. Nach etlichen Minuten dieser Lektion, in dem es lange Zeiten gab, dass ich sanft saugen durfte, ohne dass meine Kehle getestet wurde, sagte er, dass er bereit sei, mir seinen Samen zu schenken. Ich wusste gar nicht, was ich zu erwarten hatte. Ich erstarrte, bis Charles sagte: «Mein geliebtes Weib. Du wirst dich gut an den Geschmack gewöhnen», und da wusste ich, dass er seinen Samen in meinem Mund spritzen würde. Trotzdem war es ein großer Schock, ein paar Sekunden später zu fühlen, wie sein Glied pulsierte und mein Mund mit seinem Samen überflutet wurde, während er meinen Kopf fest hielt. Ich hustete und etwas davon spritzte von meinen Lippen. Ich hörte ihn sagen: «Schluck alles hinunter. Ich will, dass du es schluckst!» Ich tat es, obwohl ich es beim ersten Mal sehr schwer fand. Mein Mund schien voller Klebrigkeit und Charles verlangte auch noch, dass ich ihm mit geöffneten Mund zeigen sollte, ob ich alles geschluckt hätte. Anschließend wurde ich mit mehreren Hieben auf meinen Po dafür bestraft, dass ich die Bettwäsche beschmutzt habe, aber er übertrieb es nicht, wegen meiner Unerfahrenheit. Ich müsse in Zukunft lernen, seine Samen ganz zu schlucken, sonst würde er mich hart bestrafen. Er lachte dabei, zog mich zu sich, spreizte meine Beine und streichelte mich, bis ich kam.»

«Wie süß. Nun ja, Aileen. Das musst du lernen. Einen Mann mit dem Mund zu befriedigen ist eine eheliche Pflicht.»

«In den ersten Erziehungslektionen, wie er es immer bezeichnete, gelang es mir immer mehr, sein Glied tief in meine Kehle zu nehmen und seinen Samen vollständig zu schlucken, egal ob er es in meinem Mund oder in meinem Hals tat. Sein erklärtes Ziel war es, meinen Mund so gut für den Geschlechtsverkehr nutzbar zu machen, wie meine Pussy, und ich bin stolz darauf, dass wir dieses Ziel erreicht haben.»

«Aileen, ja. Das ist die richtige Einstellung einer gehorsamen Ehefrau.»

«Sechs Tage nach unserer Hochzeit war ich soweit, um das erhabene Gefühl, das steife Glied meines Mannes in meinem Mund zu haben, wirklich schätzen zu können. Ich könnte stundenlang mit dem Kopf in seinem Schoß liegen und sein Glied sanft saugen und lecken. Gelegentlich kam er aufgrund meiner Bemühungen zum Orgasmus und ich konnte seinen Samen schlucken. Es war nicht mehr schwierig, weil ich gelernt hatte, dass sobald ich spürte, dass sein Glied etwas größer wurde und zu pulsieren begann, er seinen Samen in meinen Mund spritzen wird. Wenn ich dabei zu ihm hoch sehe, kann ich an seinen Augen erkennen, wie glücklich es ihn macht. Diese Gemeinsamkeit mit ihm hat sich sehr vertieft, seitdem ich dank seiner Erziehung gelernt habe, seinen Samen mühelos zu schlucken.»

«Das ist ganz toll, Aileen, wie gelöst du darüber sprechen kannst. Ist die Liebe und die Lust nicht etwas Wunderbares? Kindchen, im Bett gilt: *Reden ist Silber. Blasen ist Gold*! Ab und an ist es vernünftig, nicht vernünftig zu sein. Einen wirklich guten Orgasmus bekommst du nur ohne Moralvorstellungen. Aber, jetzt kannst du es mir doch sicherlich sagen. Er hat dich letzte Woche einmal bestraft?»

Aileen nickte mit dem Kopf. «Mit seinem Automobil war Charles mit unserem Dienstmädchen Ann und mir in die Innenstadt von Oban gefahren. Charles sandte Ann und mich zum Markt, um die notwendigen Einkäufe für die nächsten Tage zu machen und wir sollten pünktlich in einer Stunde wieder zurück sein.

Er hatte etwas zu erledigen. Wir kamen, beladen mit Einkäufen, fünfzehn Minuten zu spät und Charles war sichtbar ärgerlich. Erst wieder zu Hause, nachdem wir die Sachen verstaut hatten, befahl er Ann und mir, ihm in die Bibliothek zu folgen. Schnell hatte er eine Tawse in der Hand und hielt Ann einen Vortrag, wie wichtig es im Leben sei, pünktlich zu sein.

«Deine Aufgabe war es, auf die Uhr zu achten. Für die Unpünktlichkeit erhältst du zweimal drei Hiebe. Bück dich tief, zieh deinen Rock hoch und biete mir deinen nackten Hintern für die Bestrafung an.» Elizabeth, du kannst dir sicher vorstellen, dass ich sehr erschrocken war, dass er vor meinen Augen das Dienstmädchen züchtigte. Es waren harte Hiebe, sie schrie laut und hielt sich die Hände auf den Po, als sie weinend die Bibliothek verließ. Ich traute mich nicht, irgendetwas zu sagen.

«Aileen, du siehst, es wird gerecht bestraft», sagte er zu mir. «Ann hätte dich auf die Unpünktlichkeit aufmerksam machen müssen. So sind die Regeln hier in diesem Haus. Aber auch du warst ungehorsam. Du besitzt eine Uhr. Ich verlange von dir Pünktlichkeit.»

Er schloss die Türe zur Bibliothek ab, setzte sich in seinem Sessel, öffnete seine Hose, holte sein bereits steifes Glied hervor und verlangte von mir, mein Kleid abzulegen. Während er genussvoll sein Glied rieb, legte ich das schwere Kleid mit dem weiten Rock ab und musste eine Zeitlang vor ihm stehen bleiben. Nur mit der

Korsage bekleidet, mit der ich ihm meine Brustspitzen und meine Schamlippen offen präsentieren musste, erfreute er sich lange an meiner Schönheit. Dann befahl er mir, dass ich mich über die Sessellehne beugen solle. Ehe ich mich versah, stand er hinter mir und ich erhielt zweimal zwei Hiebe mit der Tawse, die brennend schmerzten. Ich musste weinen. Charles streichelte tröstend meinen Rücken und meinen Po. «Das war eine Bestrafung, damit du das in Erinnerung behältst. Es muss sein, Aileen. Und jetzt sei gehorsam, spreize deine Beine und halt still!» Als er das sagte, drang er mit seinem steifen Glied in mich ein.»

«Nein! Er hat dich gefickt?»

«Ja. Elizabeth. Und sogar liebevoll.»

«Ach, das ist ja eine wunderbare Geschichte. Da siehst du, wie viel Lust er auf dich hatte. Ist das nicht schön zu wissen? Herrlich. Er liebt dich wirklich. Nur vier Hiebe, sehr rücksichtsvoll von ihm. Normalerweise besteht eine richtige Bestrafung aus mindestens zweimal zehn Hieben.»

«Oh!»

«Ja, ja. Sei dir dessen bewusst. Erzürne Charles nicht.»

«Nein, das werde ich nicht.»

«Ich sehe, wie sehr du dich bemühst, Charles Befriedigung zu schenken. Das ist gut. Es wird dir dein Liebesleben noch aufregender gestalten und du wirst sehr viel Freude daran haben.»

«Aber, als er mich gestern in den Po genommen

hat, war das keine Freude. Es hat weh getan.»

«Aileen, du bist eine junge, zierliche und sehr schlanke Frau, der es, wie ich nachvollziehen kann und wie ich gesehen habe, gewisse Probleme bereitet, wenn der große Schwanz in deinen Anus eindringt. Mein liebes Kind. Wir beide sollten uns offen mit dieser Thematik befassen. Dem Gatten das Eindringen in den engen Anus mit Freude zu ermöglichen, ist eine hohe Verpflichtung für jede liebende Frau, da der anale Verkehr dem Mann und seinem Glied höchste Freuden bringt. Lass uns ehrlich darüber austauschen, keine Scheu, ich möchte nur dein Bestes. Aufgrund meiner großen Erfahrung, bin ich in der Lage, dir mit Rat zur Seite zu stehen. Damit wirst du dich in Zukunft noch besser vorbereiten können, Charles diesen exquisiten Liebesdienst anzubieten und kannst dabei erkennen, warum eine Gattin dazu erzogen werden muss. Ich muss es dir ehrlicherweise sagen, Charles wird dich in Zukunft sehr oft in den Po ficken. Das war keine einmalige Entjungferung. Ich weiß, Charles Schwanz ist nicht nur lang, sondern auch sehr dick und es dauert, bis er mit seinem Glied in einen solch engen zarten Po, wie sie du ihn hast, mein liebes Kind, eindringen kann. Wenn dein Schließmuskel aber sein Glied fest umklammert, dann beginnt der unbeschreibliche Genuss für ihn, den du ihm schenken kannst. Lerne, ihm das zu schenken.»

«Oh, Elizabeth. Das ist so obszön.»

«Nein. Es ist Lust. Es dauert etwas, aber dann wirst auch du erkennen und erleben, dass der anale Liebesakt sehr viel Freude breiten kann. Wir werden mit Charles gemeinsam klären, wie du dazu besser erzogen werden kannst.»

«Mein Gott. Wie sich das anhört.»

«Ich rede offen mit dir. Wer einmal Analsex hatte, wird vermutlich schnell feststellen, wie viel Spaß er machen kann. Männer lieben ihn, weil der weibliche Schließmuskel enger ist als die Pussy und die Reibung des Gliedes deshalb intensiver. Der Anus ist aber auch aufgrund zahlreicher Nervenenden eine hoch erogene Zone. Deshalb empfinden auch Frauen eine Stimulation, ob mit dem Finger oder dem Penis, als lustvoll und können sogar zum Orgasmus kommen. Eine solche notwendige Schulung werden wir mit Charles besprechen, um die Lust und Bereitschaft bei dir zu entfachen. Ich habe Charles eine spezielle Gleitsalbe mitgebracht, mit der er deinen Anus besser vorbereiten kann und die es dir erleichtert, sein Glied zu empfangen. Du willst ihm doch diese Freude schenken, oder?»

«Ja, natürlich, Elizabeth. Aber es bereitet mir Schwierigkeiten.»

«Das kann ich verstehen. Ich werde dir ein paar Lockerungsübungen zeigen, die es dir erleichtern. Aber wichtig ist, dass du die Bereitschaft hast, ihm zu seiner Lust zu dienen. Ich rate dir dringend, dazu innerlich bereit zu sein, auch wenn es die ersten Male für dich schwierig wird. Ich glaube, Charles würde dich sehr streng dazu erziehen, diese Bereitschaft zu zeigen.»

«Du meinst, er würde mich peitschen?»

«Aileen. Ja. Ich weiß, wie wichtig für Charles auch der anale Genuss ist. Er wird es verlangen und wenn du dich verweigerst, wird er dich mit der Peitsche zu deiner Pflicht erziehen.»

«Mein Gott, wie schlimm sich das anhört.»

«Ich will dir helfen, Aileen. Öffne dich innerlich seinem Verlangen und dann öffnet sich auch dein Po. Es ist ganz leicht.»

«Mir wird ganz unheimlich.»

«Probiere mal, ob du Charles dazu bewegen kannst, sich mit dem Rücken auf das Bett zu legen, sodass du dich über sein Glied mit dem Rücken zu ihm hocken und beim Niederhocken seinen Schwanz in dein Rektum aufnehmen kannst. Der Anblick, wie sich dein zarter schlanker Po mit dem zierlichen Anus auf seinem Schwanz auf und ab bewegt, wird ihn begeistern. Sag ihm, dass du ihm etwas bieten möchtest, was seine Tante vorgeschlagen hat und er wird es begrüßen.»

«Was für eine unanständige Empfehlung.»

Elizabeth schmunzelte und umarmte Aileen. «Von mir bekommst du nur unanständige Empfehlungen. Und manchmal mit drastischen Worten. Charles hat mir aufgetragen, mit dir dieses Wochenende übers Ficken zu reden. Du wirst in den Mund, in die Pussy und in den Po gefickt und du hast dazu bereit zu sein.»

«Das klingt jetzt sehr streng!»

«Ja, Aileen. Ich mache dir nichts vor. Du sollst wissen, zu was Charles dich erziehen will.»

«Diese Unterredung macht mich ganz nervös.»

«Aileen. Zeig mir doch dein Kleid für morgen.»

«Oh ja, das mach ich gerne.»

«Sehr gut», meinte Elizabeth, als sich Aileen in ihrem Kleid zeigte. «Sehr elegant. Schönes Dekolleté, eng, es betont deine Figur und das Kleid geht bis knapp über die Knie. Das ist gut. Züchtig, aber sehr elegant. Sag mir, was hast du für drunter? Dessous?»

Aileen schmunzelte. «Nach der Hochzeit, war ich mit Charles in einem großen Modegeschäft in Edinburgh. Da haben wir das Kleid und auch andere für täglich gekauft. Er war mit mir dann in eine Wäscheabteilung gegangen. Er hat mir tolle Wäsche gekauft.»

«Zeig sie mir!»

Aileen führte Elizabeth zum Kleiderschrank und zeigte ihr die Sachen.

«Aileen! Das ist ja todschick. So verführerisch. Zwei Korsagen, Büstenhalter, Höschen. Oh, auch Strumpfhalter.»

«Ja. Er hat mir fünf Paar weiße Seidenstrümpfe gekauft und sechs Paar schwarze. Auch hohe Schuhe.»

«Das ziehst du morgen an. Ich bestehe darauf. Die Korsage, die weiße, die hebt deine Brüste und gibt ein schönes Dekolleté. An den Strapsen kannst du die Strümpfe befestigen, die weißen, das macht dich jugendlich. Ein luftiges Höschen. Wunderbar. Ich werde auch eine Korsage und Seidenstrümpfe tragen. Das ist das schickeste, was es zurzeit gibt. Komm, Aileen. Wir gehen hinunter und machen uns einen Tee. Charles wird bestimmt später kommen, weil das Wetter so gut ist. Wir können ja auch noch mal in den Garten gehen.»

«Aileen, was hast du da Tolles gezaubert? Das sieht ja hervorragend aus!», lobte Charles, als er im Esszimmer Platz nahm.

«Es ist ein Chateaubriand vom Angusrind aus der Grafschaft Argyll, klassisch medium rare, mit Kräuterbutter und Sauce Béarnaise, Gemüseplatte und gebratenen Kartoffeln. Das Fleisch vom Angusrind ist doch dein Lieblingsfleisch.»

«Das stimmt. Wo hast du das gelernt?»

«Im Internat. Da war eine Köchin, die mir guten Unterricht gegeben hat und unser Mädchen, die Ann, die mir in der Küche hilft, hat mir gesagt, dass du am liebsten Steaks vom Angusrind isst.»

«Da hast du gut aufgepasst», meinte Elizabeth. «Es schmeckt vorzüglich.»

Charles war sehr spät gekommen und erzählte beim Essen von seiner Jagd. Er hatte zwei Hasen, einen Fasan und ein Moorhuhn geschossen und würde morgen den Hasen seinem Fahrer geben, da er keinen Hasen mag.

«Deinem Fahrer?», fragte Elizabeth.

«James, der mich täglich zur Destillerie bringt, fährt uns morgen mit den Bentley nach Oban. Er kann in irgendein Restaurant gehen und uns nach dem Empfang zurückfahren. Was habt ihr denn heute Nachmittag feines gemacht?»

«Oh. Ich habe mit Aileen geübt, wie du es wolltest. Dann haben wir uns auch lange unterhalten. Das war ein sehr gutes Gespräch, dann waren wir noch im Garten und ich habe Aileen mit dem Essen geholfen. Wir beide verstehen uns, nicht wahr Aileen?»

«Ja, Elizabeth. Es war sehr schön heute.»

«Nach dem Essen könnt ihr abräumen. Ich gehe in meine Bibliothek, werde einen Scotch trinken und eine Zigarre rauchen. Das brauche ich nach diesem hervorragenden Essen. Aileen, gut gemacht!»

«Danke, Sir.»

«Danach sehen wir uns im Wohnzimmer auf ein Glas Wein.»

«Huh», stöhnte Elizabeth in der Küche, als sie mit Aileen den Esszimmertisch abgeräumt hatte und sie dabei waren das Geschirr zu spülen und wegzuräumen. Überspitzt betonend, sagte sie: «Der Lord befiehlt abräumen. Der Lord braucht einen Scotch und der Lord beordert uns ins Wohnzimmer.»

Aileen lachte laut. «Elizabeth! Ein Lord darf das.»

«Sag mal, Aileen. Du hast doch das Negligé?»

«Ja. Warum?»

«Wir werden ihn sprachlos machen. Komm, wir gehen hoch.»

Im Schlafzimmer sagte Elizabeth: «Zieh die

Wäsche an, die wir heute Nachmittag für morgen besprochen hatten. Ich gehe ins Gästezimmer und zieh auch meine Korsage und die Strümpfe an. Dann ziehen wir beide unsere Negligés drüben und gehen ins Wohnzimmer.»

«Was hast du vor? Mein Negligé ist fast durchsichtig.»

«Meines auch. Warte es ab.»

«Ich warte auf euch», wurden sie von Charles im Wohnzimmer begrüßt. Dann stutzte er, als er seine beiden Damen in den durchsichtigen Negligés sah.

«Elizabeth!», lachte er. «Das war bestimmt deine Idee. Du hast Aileen dazu verführt, gestehe!»

«Ja, mein Lord. Aileen und ich möchten dir zeigen, was wir morgen zu der Festlichkeit drunter tragen möchten und ob du das erlaubst.»

Elizabeth öffnete Aileens und ihr eigenes Negligé. Unterwürfig fragte Elizabeth: «Würde das der hohe Lord erlauben?»

Genussvoll betrachte Charles Aileen und Elizabeth. «Ihr seht bezaubernd aus. Alle beide. Ich bin begeistert. Ihr seid Schönheiten. Wenn es auch morgen verborgen ist, das gefällt mir. Das dürft ihr beide gerne tragen. Setzt euch aufs Sofa. Ich hole den Wein.»

In seinem Hausmantel gekleidet kam Charles mit einer Flasche Wein in der Hand zurück.

«Aileen, hole bitte drei von den großen

Weingläsern und dann setzt dich zu mir.»

Nachdem er die Flasche entkorkt und die Gläser gefüllt hatte, reichte er Aileen und Elizabeth jeweils ein Glas.

Er nahm sein Glas in die Hand. «Ich lade euch auf ein besonderes Glas Wein ein. Nach diesem wunderbaren Chateaubriand, das wir Aileen zu verdanken haben, müssen wir einen besonderen Tropfen genießen. Ich habe einen Bordeaux, einen 1932 Château Margaux, Premier Grand Cru Classé. Mein Bester. Stoßt mit mir an. Zum Wohl.»

Für Aileen, die rechts neben ihm saß, war es das erste Glas mit echtem französischen Rotwein und er schmeckte ihr hervorragend. Auch Elizabeth, die links neben Charles saß, ließ ihrer Begeisterung freien Lauf und gab ihm einen Kuss. «Der ist noch von deinem Vater. Nicht wahr, Charles?»

«Ja, Elizabeth. Es sind noch zwanzig Flaschen da. Es war ein Jahrhundert Jahrgang und Vater hatte richtig gut eingekauft.»

«Er ist himmlisch.»

«Aileen, höre, was Elizabeth sagt. Sie kennt sich mit Wein noch besser aus als ich. Schmeckt er dir?»

«Ja, Charles. Einen solchen Wein habe ich noch nie zuvor getrunken.»

«Ist ja auch ein besonderer Tag.» Charles legte seine Hand auf Aileens Schenkel oberhalb des Seidenstrumpfs. Zärtlich strich er über die nackte Haut und über den Strumpf. Das Gleiche tat er dann bei Elizabeth.

«Das gefällt dir?», fragte sie keck.

«Und ob», antwortete Charles. «Ihr beide seid Schönheiten. Es ist etwas ganz besonderes, zwischen euch zu sitzen.»

«Du hast Aileen sehr schöne Unterwäsche gekauft. Sehr aufregend.»

«Ich war mit ihr in Edinburgh noch aus. Das gibt es natürlich nicht in Oban.»

«Ich kann für sie das nächste Mal aus Edinburgh Strümpfe mitbringen. Die kann sie immer gebrauchen.»

«Oh ja!», rief Aileen begeistert aus. «Charles bräuchte auch neue Hemden.»

«Wir werden Tante Elizabeth demnächst besuchen. Ich muss sowieso nach Edinburgh. Zum Einkaufen können wir immer mal wieder nach Edinburgh fahren. Freitags hin, sonntags zurück. Das würde ich dir anbieten, Elizabeth, falls du dich nicht doch mit den Gedanken anfreunden könntest, ein Haus in Oban zu beziehen.»

«Was? Elizabeth? Du willst nach Oban ziehen?»

«Charles hat mir den Vorschlag gemacht. Edinburgh hat Vor- und Nachteile. In Oban hätte ich von früher her viele Freundinnen und gesellschaftlichen Kontakt. Wir könnten uns öfter sehen und du könntest mich besuchen.»

«Elizabeth! Ich wäre begeistert. Dich, als meine Freundin in der Nähe, das wäre ganz toll.»

«Lass das Elizabeth in Ruhe überlegen und entscheiden.» Er zwinkerte mit dem Auge zu

Elizabeth. «Zumal sie mir bei deiner Erziehung zur Seite stehen könnte.»

Aileen schmunzelte. Sie begriff sofort, dass Charles das nicht nur symbolisch meinte. «Es würde mich glücklich machen, wenn Elizabeth dir bei der Erziehung hilfreich zur Seite steht.»

Elizabeth gefiel Aileens Antwort, da es ein erotisches Knistern hervorrief. «Es ist überlegenswert. Ich könnte ab und zu ein Wochenende bei euch verbringen und etwas zu Aileens Erziehung beisteuern. Aileen hat mich gebeten, ihr dabei zu helfen, eine Dame der Gesellschaft zu werden, auf die ein Mann mit solch hohem Stand, wie du Charles, stolz sein kannst.»

Aileens schürte das Feuer. «Ich habe heute Nachmittag in den ausführlichen Gesprächen mit Elizabeth schon viel lernen können. Charles, überzeuge sie, zu kommen. Ich habe erkannt, wie sehr sie mir helfen kann.»

«Worüber hast du denn alles mit Elizabeth gesprochen?»

«Das musst du nicht so genau wissen, Charles», mischte sich Elizabeth ein. «Wir haben uns sehr innig ausgetauscht. Aileens ist sehr wissbegierig und, wie sich mir zeigte, ist sie dankbar, von meinen Erfahrungen aus einer erfüllten Liebe zu lernen.»

«Charles! Durch Elizabeth habe ich begriffen, wie wichtig es für mich ist, von dir erzogen zu werden. Ich weiß doch so wenig.»

«Ja, Charles. Ich habe es für meine Pflicht gehalten, Aileen eingehend drüber aufzuklären, wie wertvoll für sie eine strenge Erziehung durch dich ist, die auch manchmal anstrengend ist.»

«Ja, das muss sie manchmal sein, Aileen.»

Aileen nahm die Hand von Charles und küsste sie. Fast erleichtert meinte sie: «Elizabeth hat mir erzählt, wie notwendig die anstrengenden Erziehungslektionen durch deinen Vater für ihre Liebe waren.»

«Das freut mich zu hören, dass ihr beide euch intensiv darüber unterhalten habt. Ernste, durchschlagende Lektionen sind das A und O deiner Erziehung, Aileen, und am wirksamsten, unsere Ehe zu festigen.»

«Ja. Bitte, Charles. Ich bin dir dankbar, wenn du so unsere Ehe festigen kannst.»

«Liebe Aileen. Zur Festigung unserer Ehe, wirst du regelmäßig spürbare Lektionen erhalten. Sie allein bestimmen deine zukünftige Erziehung.»

«Ja, Sir», antwortete Aileen unterwürfig. «Elizabeth hat mich begreifen lassen, dass es regelmäßig geschehen muss.»

«Ich sehe, Elizabeth ist wirklich eine große Hilfe. Sie hat dich zur einer Einsicht gebracht, die dir hilft die Notwendigkeit dieser Lektionen zu erkennen. Sehr schön. Ich freue mich, dass wir so offen darüber sprechen können.»

«Charles», warf Elizabeth ein. «Ich habe mich mit Aileen sehr offen und ausführlich unterhalten können. Auch über ihre intimen Empfindungen, die sie mir bereitwillig offenlegte. Sie ist ja noch so unerfahren, aber Aileen ist sehr einsichtig. Wir beide konnten auch über ihre besondere Erziehung reden und ich bin wirklich erbaut davon, wie sehr sie bereit ist zu lernen. Sie ist voller Liebe zu dir und willig, sich ganz deiner Führung zu unterwerfen. Das hat mich sehr beeindruckt.»

«Oh, Aileen. Hast du das gehört? Elizabeth ist voll des Lobes für dich.»

«Elizabeth, danke, dass du das gesagt hast. Charles, mein Liebster, ich liebe dich über alles. Ich bin ganz dein. Führe mich und erziehe mich.»

«Lass dich küssen, mein Schatz!» Charles zog Aileen zu sich und küsste sie innig.

«Das hast du sehr lieb gesagt. Es ist schön zu sehen, wie du dich zu meiner Zufriedenheit entwickelst und einsichtig bist, dass du eine gewisse besondere Erziehung brauchst. Ich werde dir nachher eine kleine Erziehungslektion geben. Aber zuvor werde ich noch eine Flasche Wein aus dem Keller holen. Dieser gemütliche Abend gefällt mir außerordentlich.»

Als Charles das Wohnzimmer verlassen hatte, schaute Aileen Elizabeth ein wenig fassungslos an. «Er will mir eine Lektion geben?»

«Aileen. Sei tapfer. Er ist in guter Stimmung. Es wird nicht sehr streng, da bin ich mir sicher. Mit deinen Worten hast du ihm eine große Freude bereitet. Wenn er wieder bei uns sitzt, lege deine Hand auf seinen Schoss.»

Gut gelaunt kehrte Charles ins Wohnzimmer

zurück. Zu ihrem Erschrecken sah Aileen, dass er nicht nur die Flasche Wein in der Hand hielt, sondern mit der anderen Hand die lange lederne Tawse auf die Kommode legte.

«Ihr seid beide zwei besondere Wesen. So besonders, wie der Wein. Das will ich in gemütlicher Runde genießen», erklärte Charles, als er sich zu ihnen setzte und die Flasche öffnete.

Mit keinem Wort erwähnte er die Peitsche, die, wie er mit Genugtuung erkannte, sowohl von Aileen, als auch von Elizabeth gesehen worden war.

Er bot seiner Tante und Aileen ein Glas an. «Zum Wohl, ihr beiden. Ich möchte gerne unser schönes Gespräch fortsetzen. Einen solchen Besuch von dir, Elizabeth, würde ich mir öfter wünschen.»

Elizabeth stieß mit Charles an. «Schau nach einem Haus für mich in Oban. Es sollte aber ein großzügiges Gästezimmer haben, damit auch ihr mich oft besuchen kommt.»

«Tante. Das freut mich zu hören. Ich habe da schon ein wunderschönes Haus im Visier, mit Aussicht auf das Meer. Mit dem grandiosen Blick vom Wohnzimmer aus. Da könnten wir immer wieder entspannend zusammen sitzen und über Aileens Erziehung reden. Das würdest du doch begrüßen.»

«Du weißt, Charles, wie sehr mir daran liegt, dass du glücklich bist und ich eine zufriedenstellende Erziehung Aileens hilfreich unterstützen würde.»

Dass wieder unverhohlen über ihre Erziehung geredet wurde, erregte Aileen. Sie legte ihre Hand auf Charles Schoss und spürte durch den Stoff seines Hausmantels sein Glied.

Elizabeth sah es. «Willst du mit Aileen ins schwarze Zimmer?», fragte sie Charles.

«Nein, Elizabeth! Ich habe meinen Plan geändert. Wir sitzen hier so gemütlich zusammen. Es ist ein wunderschöner Abend, sich mit euch auszusprechen.»

Er gab Aileen wieder einen Kuss. «Ich bin so froh, dass ihr beide euch so gut versteht. Ich kann verstehen, dass es für Aileen ungewohnt ist, sich mit dir über Intimes auszusprechen. Aber ich halte es für die besondere Erziehung für sehr hilfreich.»

«Aileen ist sich vollkommen bewusst, dass sie eine besondere Erziehung erhält. Sie hat mir freimütig erzählt, dass alles für sie so neu war in eurer Hochzeitsnacht. Auch, dass sie öfter übers Knie gelegt wurde. Sie hat mir auch gebeichtet, wie sie die erste Bestrafung empfand.»

«Ja, das war notwendig, nicht wahr, Aileen?»

«Ja, Sir. Das war sehr gerecht.»

«Schön, dass du das einsiehst.» Charles hatte seine Hand tief in Aileens Höschen geschoben und streichelte ihren Kitzler. «Ach, ist das ein wunderschöner Abend. So eng verbunden zusammen zu sitzen und offen über Aileens intime Erziehung reden zu können. Aileen! Du wirst noch viel lernen, wenn du dazu bereit bist.»

«Das bin ich, Sir!»

Elizabeth hatte registriert, was Charles mit seiner Hand machte. «Charles! Du bist ein unverbesserlicher Genießer! Aileen! Zeige Charles, was du heute Nachmittag ganz ohne strenge Lektion gelernt hast.»

Aileen öffnete seinen Hausmantel und schlug ihn zurück. Sie ergriff sein Glied, wie sie es gelernt hatte und begann es langsam und zärtlich zu reiben.

«Oh ja, Aileen. Ich spüre, du hast brav gelernt.»

«Macht sie es gut, Charles?»

«Hervorragend. Elizabeth. Du bist die perfekte Lehrerin.»

«Oh, Charles. Das macht mich so stolz.» Innig küsste sie ihn.

«Es ist noch nicht so gekonnt, wie du es machst, aber für eine Anfängerin ist es zufriedenstellend.»

«Ich werde es weiterhin mit ihr üben. Sie wird dich voll zufrieden stellen können.»

Es erregte Aileen zunehmend, dass sie alle drei gebannt nach unten auf Charles steifen Schwanz starrten und zusahen, wie sie versuchte, ihn kunstvoll zu massieren.

Charles fuhr mit seinem Finger in ihre Spalte und grunzte zufrieden, als sie feucht wurde. «Oh ja. Sie macht's mir richtig gut. Elisabeth, du muss dich anstrengen, mir bei ihrer Erziehung zu helfen.»

«Das mache ich doch.»

«Aber sag, Aileen. Ich spüre, du machst es mir richtig gut. Wie hast du das so schnell gelernt?»

Aileen lief rot an. «Danke, Sir. Äh, Elizabeth hatte zwei …!»

«Dildos», warf Elizabeth ein. «Du kennst doch die zwei Elfenbein Dildos, die dein Vater aus Hongkong mitgebracht hatte und die immer in der Vitrine lagen.»

Charles schmunzelte. «Ja, daran erinnere ich mich. Du hast die!»

«Ja, ich habe sie mitgenommen, als ich nach Edinburgh gezogen bin.»

«So, so. Und daran hast du Aileen üben lassen?»

«Ja. Du siehst, wie gut sie es begriffen hat. Sie hat fleißig geübt.»

«Aber ihr habt sie nicht benutzt, oder?», fragte Charles sehr ernst.

«Nein, nein», beeilte sich Elizabeth. «Nur mit der Hand geübt.»

Charles blickte zu Aileen. «Ich warne dich, Aileen. Ohne meine ausdrückliche Erlaubnis darfst du sie nie benutzen. Ich würde dir fünfzig schmerzhafte Peitschenhiebe geben, wenn ich das bemerken würde.»

Aileen rieb seinen Schwanz ganz liebevoll und strich mit den Fingern über seine Eichel.

«Sei ohne Sorge, Charles. Das habe ich nicht nötig. Du gibst mir soviel Liebe. Du schenkst mir doch täglich mit deiner Kraft so glücklich machende Momente.»

«Elizabeth! Hast du diesen liebevollen Satz gehört?»

«Ja. Charles. Man spürt, dass Aileen deine

Liebe zu würdigen weiß.»

«Mein kleines Mädchen ist ganz nass. Ich fühle es. Sie will gefickt werden. Nicht wahr, Aileen? Möchtest du gefickt werden?»

«Bitte, Sir. Ficken Sie mich.»

«Ja, mein Liebling, du wirst gleich ganz sicher gefickt.»

«Danke, Sir. Ich warte sehnlichst auf ihren Schwanz. Er ist so hart, so gewaltig. Er macht mich glücklich.»

«Aileen, du bist ein ganz braves Mädchen. So ist es lieb. Elizabeth, hast du gehört? Sie ist nicht so frech, wie du heute beim Spaziergang.»

«Charles, ich weiß, das war böse von mir. Verzeih mir. Es ist mir so herausgerutscht.»

«Es ist eigentlich unverzeihlich und gehört bestraft.»

«Ja. Charles. Ich möchte es wieder gut machen. Lass mich meine Schuld büßen.»

«Was denkst du, kann mich dazu bewegen, dir zu verzeihen.»

«Eine Bestrafung?»

«Ja. Ich glaube, das wäre richtig. Zieh dein Negligé aus und knie dich auf den Teppich!»

«Hier!?»

«Ja. Hier! Aileen hat mich gut in Stimmung gebracht.»

Vollkommen überrascht sah Aileen, dass Elizabeth sich auf den Boden kniete, ihr Negligé hochschlug und den Oberkörper tief vorgebeugte. Charles stand auf und holte die Tawse.

«Aileen, knie dich neben mich und mach es mir weiter!»

Schwungvoll hieb er zu, dass man es laut klatschen hörte. Elizabeth stöhnte nur kurz.

Staunend sah Aileen, dass Charles Elizabeth immer fester peitschte. Sie stöhnte und keuchte, stieß aber bei besonders harten Hieben nur kleine kurze Schreie aus.

Aileen konnte es kaum glauben, dass sich Elizabeth von Charles peitschen ließ, bis sie bemerkte, dass Elizabeth sich mit ihrer Hand befriedigte. Ihr Po färbte sich rosa und Charles hieb immer fester zu. Sie keuchte jetzt laut, aber es klang irgendwie anders. Ihr Körper begann zu zittern und ihr Stöhnen wurde heftiger. Sie zuckte und schrie vor Lust, als sie einen Orgasmus bekam.

Charles trat näher zu Elizabeth. Dabei ergriff er Aileens Kopf und zog sie nah zu seinem aufrecht stehenden Glied und nahm es in die Hand.

Aileen hielt es nicht für möglich, was sie sah. Charles drückte seinen steifen Schwanz langsam in Elizabeths Po und begann sie zu ficken.

Plötzlich zog er seinen Schwanz heraus und hielt ihn vor Aileens Gesicht.

«Aileen, mach deinen Mund auf!»

Pures Entsetzen stand in Aileens Gesicht. Das Blut schoss in ihre Wangen. Ihre Gedanken rotierten. *Das kann er nicht machen. Das kann er nicht verlangen. Das ist so was von unanständig, anstößig, schamlos, dass Charles mir so etwas obszönes antun will. Das kann ich nicht. Wie furchtbar.*

«Aileen, ich warte!», rief Charles mit erzürnter Stimme.

Elizabeth hatte sich herumgedreht und Charles Schwanz in die Hand genommen. «Aileen! Tu, was Charles verlangt.»

Aileen war noch mehr geschockt. *Elizabeth! Sie will, dass ich seinen Schwanz in den Mund nehme. Warum will sie das? Wie furchtbar.*

«Aileen! Muss ich dich peitschen?»

Von oben herab schlug Charles mit der Peitsche auf ihren Po. Widerstrebend öffnete Aileen ihren Mund und Elizabeth steckte ihr Charles Schwanz in den Mund. Die Schamröte stand in ihrem Gesicht. Sie schloss die Augen und hörte Elizabeth. «Schau wie rot ihr Kopf ist, wie sie sich schämt. Wie süß. Sie ist lieb, Charles. Sie gehorcht dir. Sieh doch. Sie IST gehorsam.»

Charles ging einen Schritt zurück und nahm die Tawse in die Hand.

«Aileen, knie dich auf alle Viere und hebe mir deinen Po entgegen. Es beglückt mich, festzustellen, wie sehr du bemüht bist, Gehorsam zu lernen. Ich werde als Anerkennung sehr gnädig sein und dir nur fünf Hiebe mit der Tawse geben. Aber zur Strafe, weil du gezögert hast mir meinen Wunsch zu erfüllen, zählst du sie jeweils laut mit und bedankst dich bei jedem Hieb brav dafür, dass du erzogen werden musst.»

Der erste Hieb kam augenblicklich und vollkommen unerwartet. Aileen schrie auf und rieb sich mit einer Hand den Hintern. «Eins, Danke, Sir, dass Sie mich erziehen.»

«Hand nach vorne. Stütz dich ab!», bellte Charles Stimme.

Der zweite Hieb schlug brennend auf Aileens Po. Sie schrie laut und begann zu weinen. Das war ein Schmerz, der durchzog. Kläglich hörte man: «Zwei. Danke, Sir.»

Sie konnte Elizabeth Stimme nicht hören. «Charles. Erziehe sie. Ich bin dir so dankbar, dass ich bei Aileens Erziehung dabei sein darf. Mache ich es dir gut?»

«Sehr gut, Elizabeth.»

«Erziehe sie streng. Ich möchte dir dabei helfen. Dein Schwanz ist so steif. Es ist so schön, wenn Aileen mit der Tawse erzogen wird.»

Das hatte Aileen gehört und weinte noch mehr.

Zwei Hiebe schlugen in schneller Reihenfolge ein. Entsetzt stieß Aileen Schreie aus, die das Wohnzimmer erschütterten . «Drei, Vier. Danke, Sir.» Da spürte sie Charles Hand an ihrer Pussy. Er streichelte sie kräftig, bis sie feucht wurde.

«Ein bisschen den Kitzler necken - ein bisschen Zeit für Lust, anstelle von Schmerz». Hörte sie Elizabeth sagen.

Dann setzte er den fünften Hieb. Dieser rasend schmerzende Hieb brachte Aileen in einen Weinkrampf.

Charles zog ihren Po zu sich hoch. «Elizabeth, führ meinen Schwanz ein. Aileen wird gefickt.»

Heftig weinend spürte Aileen Charles Schwanz tief in ihre Pussy stoßen und sich gleichmäßig bewegen.

Es dauerte lang, bis sich bei Aileen eine lustvolle Erregung einstellte. Sie hatte die Peitsche überstanden und war nun dankbar, gefickt zu werden.

Charles fickte sie sehr ausdauernd und forderte Elizabeth auf, Aileens Kitzler zu streicheln.

Trotz aller Tränen, sorgte die heftig streichelnde Hand Elizabeths und die kräftigen Stöße von Charles, dass sie nach langen Minuten zum Orgasmus kam und Charles sich kurze Zeit später in sie stöhnend ergießen konnte.

Mit Charles linker Hand unter ihrer Achsel wurde sie von ihm hochgehoben und zum Sofa getragen. Sie hatte ihre Arme um Charles Hals geschlungen und saß trotz des erlebten Orgasmus, bitterlich weinend auf seinem Schoß. Immer noch spürte sie die schmerzenden Hiebe auf ihrem Po. Ein Kuss konnte sie nicht beruhigen.

Charles streichelte ihren Rücken und drückte ihren Kopf auf seine Schulter.

«Weine ruhig. Wein dich aus. Das hilft dir.»

Aileen zitterte und die Tränen flossen die Wangen hinunter.

«So muss ich dich erziehen, Aileen. Nächste Woche erhältst du eine Lektion mit zehn Hieben. Du musst dazu erzogen werden, ohne zu Zögern meine Wünsche zu erfüllen. Und erzogen wirst du mit der Peitsche. Auch, um dich artig zu bedanken.»

Aileen erlitt einen Weinanfall. Charles gab ihr Zeit und als sie sich etwas gefasst hatte, brachte sie schluchzend heraus: «Danke für die Peitschenhiebe, Sir.»

«Siehst du, es geht doch. Man muss dich nur manchmal daran erinnern. Kopf hoch, du lernst das schon! Es ermutigt mich, deine Erziehung voranzutreiben.»

Charles wandte sich an Elizabeth. «Schenk mir bitte noch Wein ein und reich Aileen von dem Wasser. Ich möchte mich noch um sie kümmern.»

Er nahm das Glas für Aileen in die Hand und reichte es ihr. Dann stieß er mit seinem Gas Wein an.

«Ich weiß, Aileen. Nach einer schmerzhaften Züchtigung fühlst du dich, als fällst du in ein tiefes Loch. Ich bin aber bei dir, mein liebes Mädchen. Weine ruhig. Die Tränen lösen deine Anspannung und du fühlst dich erleichtert und ruhiger. Mein Liebling, ich will dich trösten. Trost ist wie Balsam, es tut dir einfach gut und lässt dich nach einer schmerzhaften Erziehungslektion erkennen, dass ich für dich da bin, dass du nicht alleine bist. Ich liebe dich. Ich bin ganz nah bei dir, das wird dir Mut schenken.»

Er umarmte Aileen fest und küsste sie, drückte sie an sich und streichelte zärtlich ihren Kopf.

«Elizabeth, reich mir bitte ein Taschentuch.»

Liebevoll trocknete er ihre Tränen, hob ihr Kinn an und blickte ihr in die Augen.

«Schau mich an. Gib mir einen Kuss, Aileen.»

Die letzten liebevoll gesprochenen Worte von Charles beruhigten Aileen. Mit ihren verweinten Augen blickte sie ihn an und gab ihm einen Kuss auf den Mund.

«Du bist ein ganz braves Mädchen, das ich immer lieben werde. Du bist mein wahrer Schatz.»

Aileen war hingerissen und gab ihm noch einen Kuss. Sie nahm das Taschentuch aus Charles Hand, trocknete ihre Tränen und lächelte ihn an. «Ich liebe dich.»

«Ich liebe dich auch. Es ist lieb, Aileen, dass du mir ein Lächeln schenkst», und Charles drückte sie ganz eng an sich. «Du warst überrascht von der Heftigkeit der Züchtigung und bist nicht in der Lage, klare Worte zu fassen. Du musst meine Wünsche erfüllen, sonst könnte es mich böse machen. Ich war aber nicht böse auf dich. Es war überraschend für dich, was ich verlangte. Das habe ich anerkannt. Ich wollte dich in gewisser Weise prüfen. Ich wollte deinen Gehorsam prüfen, wenn ich etwas Ungewöhnliches von dir verlange. Deshalb habe ich dir auch nur fünf Hiebe gegeben. Ich liebe dich.»

Wieder musste Aileen heftig weinen.

«Aileen, du musst lernen, nicht zu zögern, wenn ich etwas wünsche. Du hast meine Wünsche zu erfüllen. Das werde ich dir beibringen, auch wenn ich dir dabei weh tun muss. Aber ich verlange von dir die Einsicht, dass du eine schmerzhafte Züchtigung benötigst, um den von mir geforderten Gehorsam zu lernen. Wenn du hemmende Moralvorstellungen abgelegt hast und bereit bist, meine besonderen Wünsche zu akzeptieren, erlebst du plötzlich dein Verlangen in einer Intensität, wie du es vorher nicht gekannt hat. Die höchste Form der Unterwerfung erlebst du, wenn du dich aus freiem Willen meinen Wünschen hingibst. Du wirst sehen, Unterwürfigkeit kann sehr erfüllend sein.»

Aileen deutete an, dass sie es verstanden hatte, nickte gehorsam mit ihrem Kopf und nahm Elizabeths Hand, die sie liebevoll über Charles gereicht bekam, dankend entgegen.

«Mein liebster Schatz. Könntest du für uns ein paar Käsehäppchen machen und von dem Roastbeef einige Scheiben abschneiden. Ich wäre dir sehr dankbar. Elizabeth wird dir helfen. Ich möchte, dass wir noch eine Weile hier zusammensitzen. Das war ein denkwürdiger Abend für uns alle und wir sollten ihn mit einer beruhigenden Unterhaltung abschließen.»

Aileen und Elizabeth erhoben sich. Charles ergriff Elizabeths Hand. «Creme ihre betroffenen Stellen ein. Das wird ihr guttun.»

«Ja, Charles. Das mache ich.»

Als beide Frauen zurückkehrten, sah Charles die Teller mit Käse und liebevoll arrangierte, dreieckige Toast Stücke mit Roastbeef. «Oh, ihr habt ein paar Leckereien gezaubert. Danke. Setzt euch zu mir. Ich habe euch so gerne um mich. Aileen, ich sehe, dein Gesicht hat sich erhellt. Du siehst bezaubernd aus. Deine ganze Erscheinung erhellt auch mein Gesicht.»

Aileen hatte von Elizabeth die Haare gebürstet und ein wenig Puder auf die Wangen bekommen. Sie hatte Aileen empfohlen, so wie sie, auch wieder das Negligé anzuziehen. Als sie ihr gesagt hatte, sie solle es züchtig und sittsam schließen, hatte Aileen lachen müssen. Ein befreiendes Lachen, sodass Elizabeth sie freudig in die Arme nahm. «Schön, dass du wieder lachst.»

«Entschuldige. Du hast gesagt züchtig und sittsam. Das Negligé ist doch vollkommen durchsichtig und ich bin nackt darunter.»

«Du siehst wunderschön aus. Es macht dich so begehrenswert.»

Aileen bedankte sich für Charles Kompliment, das er ihr gemacht hatte, als sie sich zu ihm setzte und fügte hinzu: «Danke, Charles. Elizabeth hat mir einige aufmunternde Worte gesagt. Sie ist so lieb zu mir. Eine echte Freundin.»

«Na. Das höre ich doch gerne. Elizabeth kann dir viel Halt geben. Auch wenn ich sie für ihren Ungehorsam betrafen musste, weiß ich ihre Hilfe zu schätzen. Komm, Elizabeth, setzt dich auch zu mir.»

«Deine Bestrafung spüre ich noch.»

«Du weißt, dass ich das Recht zur Züchtigung habe. Als Ehemann, habe ich die Verpflichtung, Aileen zu erziehen. Als Earl des Hauses Sutherland bin ich verpflichtet, Familienmitglieder zur Raison zu bringen. Als Hausherr habe ich auch das Recht, dich zu züchtigen.»

«Oh ja. Der hohe Herr steht über allem.»

Charles lachte. «Elizabeth, zügel deine Zunge!»

«Ja, mein Lord.»

«Wenn du uns das nächste Mal besuchst, wirst du wieder eine strenge Lektion bekommen, damit auch du deine Worte überlegst. Du bist sehr oft vorlaut!»

«Verzeihung, Sir!»

«Wirst du uns besuchen?»

Elizabeth küsst Charles auf den Mund. «Mein Lord, ich werde euch gerne besuchen.»

Aileen wunderte sich darüber nicht mehr. Elizabeth war wohl Charles offensivem Charme verfallen. Genau wie sie.

Unvermittelt fragte Charles: «Aileen, wie geht es deinem Po?»

«Oh, Sir. Es geht. Ich spüre ihn aber noch.»

«Ihr könnt euch morgen für die harten Bänke in der Kathedrale Kissen mitnehmen. Ihr werdet etliche Frauen auf Kissen sitzen sehen.»

«Wirklich, Charles?», fragte Aileen mit einem Mal aufgeregt.

«Na ja», grinste Charles. «Bei den jüngeren Frauen mit Kissen kannst du davon ausgehen, dass sie heute Abend auch eine Lektion bekommen haben.»

Aileen lehnte sich an Charles, der sich einen kleinen Toast mit Roastbeef vom Teller nahm. Der Gedanke, dass sie morgen Frauen sehen würde, die auch erzogen wurden, amüsierte sie. Aber sie konnte sich nicht vorstellen, dass es andere Frauen gab, die auch mit der Peitsche zu solch obszönen Sachen erzogen wurden.

Aileen war noch nicht richtig eingeschlafen. Sie hatte bemerkt, dass sich Charles und seine Tante liebkosten. Sie hörte die leise Stimme: «Charles, was machst du? Das ist verboten.»

«Du weißt doch, dass ich Verbotenes liebe.»

Jetzt sah sie, dass sich Charles auf seine Tante zwischen ihren weit gespreizten Beinen legte und sie fickte.

Bin ich schockiert? fragte sie sich. Das war sie, wie sie feststellte, aber zugleich wurde es ihr bewusst, dass es Charles Wille war, seiner Tante Befriedigung zu schenken, um sie glücklich zu machen. Sie empfand plötzlich eine Hingabe für ihn, die ihre Wangen heiß werden ließen. Fasziniert sah sie, wie Charles sich rhythmisch bewegte, wie er immer wieder Elizabeths Brüste küsste, sich abstützte und sie an ihren Beinen auf seinen Schwanz zog.

«Charles, leg dich auf mich», hörte Aileen. «Ich bin seit mehr als zwei Jahren nicht mehr gefickt worden. Ich glühe vor Verlangen. Ich will deinen Schwanz spüren. Bitte.»

Aileen gab sich einen Ruck und rutsche näher zu Elizabeth, die sie erschrocken ansah. Aber Aileen beugte sich über ihr Gesicht und küsste sie auf den Mund. Es wurde mehr und mehr ein intensiver Kuss. Ihre beiden Zungen trafen sich und spielten miteinander. Da Charles jetzt kräftig fickte, bewegte sich Elizabeth Körper unter seinen Stößen. Sie schnappte nach Luft.

Aileen glitt mit ihrem Kopf etwa hinunter, küsste Elizabeths Brüste und saugte an ihren Nippeln.

Heftig begann Elizabeth zu stöhnen. Bei jedem kräftigen Stoß stöhnte sie immer lauter. Stieß kleine schrille Schreie des Entzückens aus und ihr Körper zitterte.

Immer mehr geriet Elizabeth in Ekstase und plötzlich bebte sie. Sie schrie laut, fick mich. Immer lauter, mach's mir. Keuchte, dein Schwanz ist so gut. Und immer wieder, fick mich. Sie schrie, sie zitterte, vor Lust.

Charles hatte sich an ihre Seite gelegt und bedeckte ihr Gesicht mit Küssen, die Elizabeth begierig erwiderte.

«Danke», stöhnte sie zwischen den Küssen immer wieder. Keuchte unzählige Male noch immer erregt. «Charles, Danke.»

Aileen war sichtlich angetan, von der großen Glückseligkeit, die Elizabeth zeigte. Sie sah, dass sie zufrieden mit ihrem vor Hitze erröteten Gesicht Charles anlächelte und ihm kleine Küsse gab. Sie konnte nachempfinden, dass Elizabeth sich diesen Orgasmus herbeigesehnt hatte. Und sie empfand Achtung vor der Großzügigkeit Charles, seiner Tante einen langersehnten Liebesdienst zu schenken. Sie sah sich nicht als betrogene Ehefrau, schließlich war Elizabeth Charles Tante und sie war jetzt ihre beste Freundin geworden. Aileen ahnte, wie sehr der Orgasmus Elizabeth befriedigt haben musste, genauso wie sie sich immer vollkommen befriedigt fühlte, wenn sie von Charles zum Höhepunkt gefickt wurde.

Elizabeth richtete sich auf, rutschte zu Charles Beinen und ergriff seinen immer stramm stehenden Schwanz.

Aufblickend lächelte sie. «Du bist nicht gekommen, Charles. Lass mich dir meinen Dank zeigen. Ich bin dir so dankbar, für das, was du mir geschenkt hast.» Sie beugte ihren Mund vor und nahm seinen Schwanz tief in ihren Mund.

Ruhig und gleichmäßig begann sie ihren Kopf auf und ab zu bewegen, seinen Schwanz immer im Mund haltend und zu ihm hoch blickend.

Charles stöhnte zufrieden. Er schlang seinen Arm um Aileen und zog ihren Kopf zu sich.

«Aileen. Ich bin dir zu großen Dank verpflichtet, dass du Elizabeth so liebevoll geküsst hast. Das war ein ganz großes Geschenk. Nicht nur für Elizabeth, sondern ganz besonders für mich. Du hast es für mich aus Liebe getan und dafür danke ich dir von ganzem Herzen.»

Aileen konnte nicht antworten, zu sehr war sie von Charles Dankesworten überrascht. Es erfasste sie, einen solchen tiefen Ausdruck des Dankes von Charles zu hören und sie begann zu weinen. Schluchzend flüsterte sie: «Ich habe es für dich und Elizabeth getan. Charles, ich liebe dich.»

«Aileen, dafür danke ich dir. Ich liebe dich.» Inständig küsste er Aileen lange, während Elizabeth seinen Schwanz mit ihrem Mund befriedigte.

«Schau, Aileen. Schau, wie dankbar Elizabeth ist. Schau genau hin. Du kannst lernen.»

Beide blickten zu Elizabeth hinunter, die zeitweise Charles Glied in seiner gesamten Länge in ihrem Mund aufnahm. Sie nahm keine Hand zu Hilfe. Nur ihr Mund flog an Charles Glied auf und ab.

Mehr als von dem Anblick, wie Elizabeth Charles Schwanz blies, war Aileen immer noch erfasst von Charles Dank an sie. *Einen so generösen Dank, habe ich bisher noch nie von Charles erhalten. Er ist dankbar, weil ich mich nicht entsetzt abgewendet habe, sondern weil ich ihn unterstützt und beigestanden habe. Ich werde ihm immer dienen, egal, was er macht und von mir verlangt. Ein Dank von ihm macht mich so glücklich.*

Charles bäumte sich auf und stieß stöhnende Laute aus. Elizabeth hielt in ihren Bewegungen inne und Aileen sah, wie sie ihre Lippen fest um seinen Schaft presste. Charles Körper zuckte und Aileen konnte ermessen, dass er sein Sperma in Elizabeths Mund spritzte. Langsam begann Elisabeth wieder mit den Bewegungen ihres Mundes und Aileen konnte erkennen, dass sie keinen Tropfen herausließ, sondern alles hinunterschluckte.

Zufrieden schaute Elizabeth hoch zu ihnen und leckte mit ihrer Zunge Charles Glied sauber. Dann kroch sie hoch und küsste Charles, der sie feste umarmte.

«Das war sehr lieb, Elizabeth», sagte Charles. «Du hast dich sehr brav bedankt.»

«Danke, mein Lord», antwortete sie. «Danke, dass Sie mich gepeitscht und mir diesen schönen

Höhepunkt geschenkt haben. Der schönste Höhepunkt seit langer Zeit.»

Elizabeth neigte sich auch zu Aileen und küsste sie. «Danke, Aileen, dass du Charles erlaubt hast, mir so viel Liebe zu schenken.»

Aileen hatte es am frühen Morgen, als sie Charles Schwanz an ihrer Seite spürte, erwartet. Sie schlang ihre Arme voller Verlangen um ihn, zog ihn zu sich und schnell fand seine Hand zu ihrer Pussy. Aileen ergriff seinen Schwanz, wie sie gestern gelernt hatte und im Nu hatte sie ihn gewaltig pochend und hart.

An der Seite von Elizabeth wurde sie von ihm stürmisch genommen und konnte sich einem berauschenden Orgasmus hingeben.

Als sie erschöpft in Charles Armen lag und von ihm immer wieder zärtlich geküsst wurde, legte sich Elizabeth eng an sie, mischte sich in das Spiel der Küsse ein und küsste abwechselnd Charles und Aileen.

«Es ist so schön, zuzusehen, wie sehr ihr euch liebt. Aileen, du hast ganz rote Wangen.»

«Elizabeth. Charles ist so lieb zu mir. Es war traumhaft, seine Liebe zu spüren.»

«Küss ihn und zeige deinen Dank!»

Aileen gab sich einem langen Kuss von Charles hin. Atemlos stammelte sie: «Danke, mein Liebling. Dein Schwanz ist so wunderbar, du bist so stark, ich liebe deine Kraft. Du machst mich immer glücklich.»

«Charles. Ist das nicht süß, wie sie deinen Schwanz lobt?», flüsterte Elizabeth. «Du musst sie so oft wie möglich glücklich machen.»

«Wir müssen gleich aufstehen», meinte Charles trocken. «Ein schnelles Frühstück und dann fahren wir. Wir sollten nicht zu spät kommen.»

Bevor sich Aileen an den Frühstückstisch setzen konnte, trat Elizabeth, die sich erhoben hatte, zu ihr und hielt eine Schmuckschatulle in der Hand.

«Aileen. Du hast mir einen großen Liebesdienst als meine Freundin gezeigt. Ich sage es mit offenen Worten. Ich bin dir unsagbar dankbar, dass du mich gestern Abend so liebevoll geküsst hast, als Charles mich liebte. Das war ein ganz liebes Zeichen deiner innigen Freundschaft zu mir. Und heute Morgen hatte mir deine Erfüllung auch eine wundervolle Erfüllung meiner Lust bereitet. Es ist so überwältigend für mich, bei euch zu sein, dass ich mich bei dir bedanken möchte. Nimm als Zeichen meines Dankes dieses Geschenk von mir an.»

Sie überreichte Aileen die geöffnete Schatulle.

Aileen erstarrte, als sie auf dem Samtbesatz der Schatulle ein breites goldenes Collier mit Brillanten sah. Ungläubig fragte sie: «Für mich»

«Aileen. Für dich. Mein Dank an dich.»

Aileen nahm es in die Hand und stieß einen Laut des Entzückens aus. «Charles, sieh nur. Wie schön. Oh, Elizabeth, danke. Charles, darf ich es heute tragen?»

«Selbstverständlich», antwortete Elizabeth. «Du sollst es zum Kirchgang und zum Empfang tragen. Es ist das letzte Collier, das Charles Vater mir bei einem Juwelier in Paris gekauft hatte. Komm wir gehen zum Spiegel. Ich lege es dir an.»

«Elizabeth, es ist traumhaft schön», rief Aileen begeistert vorm Spiegel aus. «Wie wundervoll. Danke.»

«Aileen», flüsterte Elizabeth ihr ins Ohr. «Es ist ganz besonders dafür, dass du Charles erlaubt hast, mich zu ficken. Vergiss es nie. Ich werde es auch nicht vergessen. Trage es an deinem Herzen und wenn du es siehst, denke immer daran, dass wir drei gemeinsam gefickt haben. Ich habe es von Charles Vater bekommen, weil ich ihm immer gehorsam im Bett gedient habe. Und du musst Charles gehorsam dienen und sei es noch so unanständig.»

Mit hochrotem Kopf antwortete Aileen. «Ja, Elizabeth. Ich werde es nicht vergessen.»

«Danke, Aileen. Du brauchst auch nicht eifersüchtig zu sein. Ich werde dir deinen Charles nicht wegnehmen.»

«Das weiß ich doch.»

«Hast noch Probleme mit deinem Po. Spürst du die Peitschenhiebe noch?»

«Nein, Elizabeth. Ich habe sie gestern Abend gespürt, aber heute Morgen nicht mehr. Ich glaube, Charles hat mich sehr rücksichtsvoll gepeitscht.»

«Ja, das hat er. Mir hat er ein paar sehr kräftige Hiebe gegeben, deshalb war ich auch so geil im Bett. Keine Sorge, ich kann das sehr gut vertragen.»

Stolz saß Aileen, in aufgeregter Laune, mit ihrem Collier am Frühstückstisch. Sie musste unentwegt daran denken, was Elizabeth ihr so unverhohlen gesagt hatte und was sie deshalb innerlich so bewegte. Sie habe das Collier bekommen, weil sie Charles erlaubt habe, sie zu ficken und das solle sie nie vergessen. Aileen blickte an sich herunter und befühlte das Collier. Sie fand es ungeheuerlich, was das Collier jetzt für sie bedeutete und hatte unwillkürlich das Bild vor Augen, als Elizabeth gefickt wurde. Es muss Elizabeth tief bewegt haben, dass sie nach langer Zeit wieder mal gefickt wurde. Sie muss sehr großes Verlangen nach körperlicher Befriedigung haben und Aileen sagte sich, dass sie es verstehen kann. Sie spürte, dass seit gestern eine unheimlich erotische Atmosphäre um sie herum entstanden war. Dass sie fast immer in einem Erregungszustand war, weil Elizabeth und Charles fast ununterbrochen mit ihr über das Ficken sprachen.

Sind das so besondere Tage, an dem sie zur Lust erzogen werden sollte? Hatte Elizabeth das nicht gestern angedeutet? Erziehung bedeutet nicht nur, dass ich gepeitscht werde. Ich soll nicht nur lernen, mich brav ficken zu lassen. Sie wollen mich dazu erziehen, Charles gehorsam zu allen Spielarten zu dienen, auch wenn sie noch so obszön sind. Ist es das, was sie mit Erziehung meinen? In was für eine Welt habe ich da hineingeheiratet? Ist das in allen Ehen so? Zu solch unaussprechlichen Praktiken erzogen zu werden? Bestimmt nicht. Hat Elizabeth nicht gesagt, dass Charles nicht nur ein außergewöhnlich lieber Mann sei, sondern außergewöhnliche Liebespraktiken liebt? Charles ist außergewöhnlich. Es muss auch ein ganz außerordentliches Verhältnis zu seiner Tante sein. Hat sie nicht gesagt, dass Charles Vater alle möglichen Schweinereien mit ihr gemacht habe, die sich ein Mann ausdenken kann? Sie hat offen gesagt, Schweinereien. Ist damit all das Obszöne gemeint, was aber auch so erregend ist? Es war so erregend Elizabeth Brüste zu lecken, während sie gefickt wurde. Meine Wangen werden heiß, wenn ich daran denke. Es war mehr als unanständig und doch hatte ich soviel Lust, Elizabeths Orgasmus war himmlisch.

Ich mag Elizabeth. Sie ist eine Freundin, wie ich es noch nie hatte. Sie hat Verständnis für meine Gedanken, die ich ihr offen sagen kann und hilft mir. Wenn meine Erziehung, wie Charles es nennt, eine Einführung in die unbekannte Welt der Lust ist, dann darf Elizabeth ihm gerne bei meiner Erziehung helfen. Ich glaube, ich möchte gerne erzogen werden.

Unerwartet sagte Aileen über den Frühstückstisch: «Charles, Elizabeth. Ich bin dankbar, dass ich von euch erzogen werde.»

Erstaunt blickte Charles auf.

Elizabeth lächelte sie an. «Wie kommst du jetzt darauf?»

Aileen zögerte eine ganze Weile zu antworten. «Ach. Ich wollte es euch einfach sagen. Es war gerade so in meinen Gedanken.»

Charles reichte Aileen seine Hand, die sie freudig entgegennahm und küsste.

Aileen war im Schlafzimmer und kleidete sich an, als sie von unten Charles rufen hörte: «James ist mit dem Wagen da. Wir müssen los.»

Elizabeth trat zu ihr ins Bad. «Bist du fertig? Aileen? Wir müssen gehen!» Elizabeth schaute sie kurz von oben bis unten an. «Siehst gut aus, mein Kind.»

«Elizabeth. Erziehung heißt, seine Peitschenhiebe zu erdulden und ihm zu sehr obszönen Geilheiten zu dienen, nicht wahr?»

«Ja. Aileen.»

In Gedanken versunken, legte Aileen ein wenig Rouge auf ihre Wangen und zog mit einem Stift ihre Lider nach. Die äußerst kurze Antwort von Elizabeth gab ihr die Bestätigung, was sie vermutet hatte. Charles ist ein Mann, der genau das liebt.

Elizabeth klopfte ihr auf die Schulter. «Du bist noch ganz in Gedanken woanders, nicht wahr? Denk jetzt nicht mehr daran. Charles will nur Gehorsam. Freue dich jetzt auf diesen Tag. Und, Aileen, kein Wort zu anderen. Es ist unser Geheimnis.»

«Ja, Elizabeth. Ich liebe dieses Geheimnis.»

Aileen schwebte auf Wolken. Sie war rundum glücklich. Es war nach der Hochzeit, der glücklichste Tag in ihrem Leben. Zufriedenheit legte sich auf ihr Gesicht, als sie daran dachte, wie sehr von allen ihr Collier bewundert worden war. *Wenn die Leute wüssten, was es für mich bedeutet. Charles war jede Minute der Gentleman, ganz der Earl of Sutherland. Und ich bin seine Frau, die Countesse of Sutherland. Ich werde ihn zu Hause mit Küssen überschütten und mich für diesen Tag bedanken. Ich werde es ihm mit der Hand machen, wie er es noch nicht erlebt hat. Elizabeth hat recht. Wenn ich meine Hand an seinem Schwanz habe, wird er wachsweich. Es ist ein traumhaftes Gefühl einen solch großen und harten Schwanz in der Hand zu halten. Und dann kann er mich nehmen und soll sich an mir seine Lust befriedigen. Ich werde ihm alle Befriedigung schenken, die er sich nur wünschen kann.*

Sie dachte zurück an die Messe in der Kathedrale von St. Colomba in Oban, der Hauptkirche des Bistums Argyll and the Isles. Als zum Ende die Gläubigen nach und nach die Kirche verließen und Aileen mit Elizabeth und Charles durch das Portal herausgetreten waren und sie etlichen Bekannten von Charles und Elizabeth als neue Countesse of Sutherland vorgestellt worden war.

Auch danach, beim Empfang im Foyer des luxuriösen Coast Restaurants und dann beim gemeinsamen Lunch mit den Mahagoni-Tischen und weißen Stühlen. So viele interessante Leute, Frauen, die alle ihr Collier bewundert hatten und freudvolle Kommentare dazu abgegeben hatten.

Sie dachte an Sir Brian Gainsburgh und seine junge Ehefrau Melanie, die mit einem anderen Paar an ihrem Tisch gesessen hatten. Charles hatte Sir Brian als seinen schärfsten Konkurrenten, aber auch als guten Freund, vorgestellt, da er die größte Whisky Destillerie in Oban betrieb. Sir Gainsburgh hatte erzählt, dass seine Frau ihm ein Jahr nach der Hochzeit vor drei Monaten einen Sohn geschenkt habe und sie jetzt wieder fleißig üben, noch ein Kind zu bekommen. Es war natürlich unausgesprochen geblieben, aber Aileen hatte sofort begriffen, dass es bedeutete, dass seine Frau täglich gefickt wurde und sie hatte es sich vorgestellt. Sie hatte sich gefragt, ob Sir Gainsburgh seine Frau auch öfter übers Knie legt, denn so zurückhaltend, wie sich seine Frau verhalten hatte, wurde sie bestimmt auch erzogen. Dieser Sir Brandis hatte einen außerordentlich dominanten Eindruck hinterlassen, ähnlich wie Charles. Aileens Vermutung war bestätigt worden, als sich Charles im Wagen auf der Rückfahrt mit Elizabeth über Sir Gainsburgh und dessen Frau unterhalten hatte. Charles hatte erzählt, dass Brian ihm schon vor einem Jahr im Club gesagt hätte, dass junge Frauen mit harter Hand erzogen werden müssten. Auch hätte er beim Empfang mit dem Finger auf das Badge mit dem Wappen der Sutherlands auf seiner Jacke gezeigt und hätte ihn gefragt, ob seine junge Frau schon den Leitspruch der Sutherlands verinnerlicht habe. Charles hatte gelacht, als er es Elizabeth im Wagen erzählt hatte. «Ich habe

Brian geantwortet, dass ich dank seiner hervorragenden Ratschläge, die er mir jedes Mal im Club gegeben habe, damit begonnen habe, Aileen darauf hinzuweisen. Er hat sich schier totgelacht, dass ich ihn verstanden hätte.»

Aileen hatte es zunächst nicht verstanden, aber dann hatte sie es begriffen, da bei Charles vorne auf seiner schweren Tweedjacke in Schottenrock Muster das große Wappen der Sutherlands aufgenäht war. Promtus et Fidelis. Bereit und treu ergeben. Schlagartig hatte sie sich erinnert, dass Elizabeth ihr schon mal gesagt hatte, dass der Leitspruch im Besonderen auch für sie gelte. Jederzeit bereit zu sein, der Lust ihres Mannes widerspruchslos zu dienen.

Aber Aileen dachte auch dankbar an Lady Rockwell-Gould, einer engen Freundin von Elizabeth, die so überschwänglich gezeigt hatte, wie sehr sie sich freut, sie als Charles junge Frau kennenzulernen. Die begeistert darüber gewesen war, dass Elizabeth ihr das wertvolle Collier geschenkt habe und hatte Aileen und Charles zu einem Empfang in zwei Wochen in ihrem Schloss unweit Obans eingeladen.

Mit all diesen schönen Erinnerungen an dem heutigen Tag, lag Aileen nackt im Bett, in freudiger Erwartung.

Sie hatte ein kurzes Abendessen zubereitet und Charles hatte mit Elizabeth deren morgige

Abreise in der Frühe besprochen. Dann hatte Charles etwas gesagt, was Aileen ganz warm ums Herz werden ließ. «Meine liebe Aileen. Ich bin ganz stolz auf dich. Du hast dich heute in höchster Gesellschaft als eine würdige Countess of Sutherland bewegt und mit deiner charmanten Art alle Anwesenden beeindruckt, was mir sehr gefallen hat. Du hast nicht nur mit deiner Stilsicherheit das Ansehen unserer Familie gestärkt, sondern mich als einen beneidenswerten Ehemann aussehen lassen, wie mir einige der Herren und Damen zu verstehen gaben. Dafür bin ich dir sehr dankbar. Du hast mich aber ganz besonders damit erfreut, dass du an diesem Wochenende so gehorsam warst, dich von mir und Elizabeth zu sehr exquisiten Liebesspielen hast erziehen lassen. Du hast mir sehr viel Lust und Befriedigung geschenkt und eine Ehefrau, die zu so viel Hingabe bereit ist, wünsche ich mir. Dein Erziehungswochenende ist beendet und ich hoffe, dass Elizabeth uns in zwei Wochen wieder besucht, um sich das Haus in Oban anzusehen und wir deine Erziehung mit einer nächsten Lektion fortsetzen können. Zur Belohnung für deine bisherige Bereitschaft zu lernen, werde ich dich bis dahin ganz zärtlich lieben. Jetzt sag Elizabeth *Gute Nacht,* wir wollen alle zeitig ins Bett. Das war ein langer Tag.»

Mit Tränen in den Augen war Aileen zu Charles gegangen und hatte ihm einen Kuss gegeben. Als sie danach von Elizabeth umarmt und für ihren Gehorsam gelobt wurde und von ihr den Satz hörte «Behalte die Worte von Charles in deinem Herzen, sie zeigen, wie sehr er dich liebt», musste sie laut schluchzen. Dann sagte Elizabeth auch noch: «Mein liebes Kind. Ende August kommt König Georg VI. und die ganze königliche Familie für mehrere Wochen auf ihr Schloss in Balmoral, was nur zwei Stunden entfernt ist. Charles wird sicherlich wie jedes Jahr zum Empfang der Clans eingeladen werden und wird dich als seine Ehefrau dem König vorstellen. Denke immer daran, wenn du dich in der Öffentlichkeit bewegst, du bist die Countess of Sutherland. Bewahre immer Contenance und führe dich sittsam auf! Ich freue mich, dich bald wiederzusehen.»

Charles hatte ihr einen festen Klaps auf den Po gegeben und ihr gesagt, sie solle schon hoch gehen und bereit sein, ihn zu empfangen.

Als Charles nackt aus dem Umkleideraum ins Schlafzimmer kam, war Aileen aus ihrem seligen Traum, der Queen die Hand reichen zu können, herausgerissen. Sie war aufgestanden und hatte sich, nackt, wie sie war, über seine Knie gelegt.

«Sir, bitte züchtigen Sie mich.»

«Ich hatte doch gesagt, dass deine Lektion beendet.»

«Aber du hattest dir gestern gewünscht, dass ich dich heute bitten soll, mich zu schlagen. Das habe ich nicht vergessen. Bitte schlagen Sie mich, Sir, und erziehen Sie mich.»

«Das ist sehr brav, Aileen», und Charles setzte

einen brennend harten Hieb auf ihren Hintern, dass Aileen laut schrie.

«Sir, Sir», stöhnte Aileen laut. «Schlagen Sie mich fest. Ich gehöre Ihnen. Ich möchte Ihnen meine Tränen schenken. Bitte!»

Charles ließ es sich nicht zweimal sagen und schlug kräftig zu.

Es waren wirklich ernsthafte Hiebe und obwohl ihr Po langsam brannte, spürte sie zu ersten Mal eine seltsame Erregung in sich emporkommen, die sie maßlos geil werden ließ. Zitternd und mit ersten Tränen, die über ihre Wangen liefen, sagte sie: «Danke, Sir.»

«Du bist so lieb, Aileen. Ich liebe dich.»

«Sir, darf ich Ihren Schwanz küssen, um Ihnen meinen Dank für die Schläge zu zeigen?»

Sie wartete die Antwort gar nicht ab, sondern erhob sich und kniete sich zwischen seine Beine. Mehrmals nahm sie seinen steifen Schwanz tief in den Mund und blickte mit ihren tränenreichen Augen zu Charles hoch.

Dann wimmerte sie weinend. «Danke, für diesen wundervollen Tag.»

«Aileen! Das macht mich sehr geil. Ab, aufs Bett, öffne dich. Du wirst gefickt.»

Überglücklich empfing Aileen ihren Charles.

Bücher von Amelie und Hendrik Blomberg

978-3-86332-048-5 Die Gadolinium-Verschwörung
978-3-86332-025-6 Educazione Inglese Band 1, Die englische Erziehung
978-3-86332-047-8 Educazione Inglese Band 2 Die Hochzeitsreise
978-3-86332-049-2 Ménage à trois, Traum in einem Traum
978-3-86332-050-8 Ein mörderischer Plan
978-3-86332-051-5 Boarding School
978-3-86332-052-2 Le dressage de haute école, Band 1, Die hohe Schule der Lust
978-3-86332-056-0 Fortschrittliche Domestic Disciplin
978-3-86332-057-7 Abend der O Band 1, Short Stories
978-3-86332-059-1 Le dressage de haute école, Band 2 – Im Boudoir der Äptissin
978-3-86332-058-4, SchlagArtig!, Short Stories

Ménage à trois

Traum in einem Traum

Hendrik Blomberg und Melanie Müller

Eine sinnliche Dreieck-Liebesgeschichte aus dem hohen Norden nördlich des Polarkreises.

Eine gelungene Mischung aus Träumen, Verlangen, Erotik – in einer fast unwirklich wirkenden Landschaft und zugleich eine Hommage an Edgar Allan Poe.

Rezi: Ganz eigene Akzente

In ihrem Buch "Ménage á Trois, Traum in einem Traum", begeben sich Hendrik Blomberg und Melanie Müller auf die Spuren von Edgar Allen Poe – mit ganz eigenen Akzenten.

Sie wagen ein Experiment und empfinden Edgar Allen Poes Gedichte Mahlstrom und Traum in einem Traum nach. Ute und Hartmut, ein erfolgreiches deutsches Unternehmer-Ehepaar, machen eine Reise nach Spitzbergen. Dort lernen sie die norwegische Studentin Solveig kennen, eine Geophysikerin, die das Magnetfeld der Erde erforscht. Ute ist gleich hin und weg, ihr Mann spätestens, als Solveig erzählt, dass sie von den Lofoten stammt – einer Traumlandschaft des deutschen Unternehmers.

Bald darauf besucht Solveig die beiden in

Deutschland (Köln), eine Reise zu den Lofoten bahnt sich an. Und dort entwickelt sich das, was Ute von Anfang an erseht hat: Eine Affäre mit Solveig, der schönen Ex-Miss-Norwegen; wobei ihr Mann auch nicht untätig bleibt und die drei, wenn auch nach kurzem Zögern, eine Menage à Trois beginnen, die beglückend verläuft und ohne moralische Skrupel und schlechtes Gewissen seinen Lauf nimmt. Hier lebt jeder seine Träume aus mal zu zweit, mal zu dritt – wobei die eigentlich tiefe Beziehung und ungezügelte Leidenschaft zwischen Ute und Solveig entsteht. Hartmut darf zwar mitmachen (manchmal), aber die beiden Frauen wollen vor allem sich.

Die drei begeben sich in einem Mahlstrom der Lust und der Hingabe, bei der sich Ute schließlich fragt, ob sie das alles wirklich erlebt oder ob es nur ein schöner Traum ist.

Damit nehmen Blomberg und Müller die beiden Gedichte Poes auf, verknüpfen sie geschickt zu einer Geschichte und variieren sie neu. Sie geben ihnen eine neue Bedeutung und neue Tiefe; zumindest eine andere. Heraus gekommen ist ein Büchlein, das sich gefällig liest. Und in dem die beiden Autoren zeigen, dass sie in der Lage sind, eine Geschichte locker und stringent zugleich zu komponieren und durchzuhalten.

In Ménage à Trois ist die Sprache so leicht, beschwingt und unbeschwert, wie das Leben der Protagonisten. K. Ende

ISBN Buch: 978-3-86332-049-2, 12,90€
ISBN E-PUB: 978-3-86332-173-4, 4,99€